本书由兰州大学"双一流"建设资金人文社科类图书出版经费资助

监察程序法研究

拜荣静　著

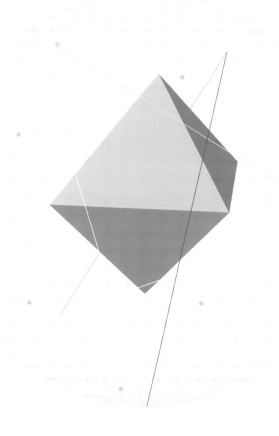

中国社会科学出版社

图书在版编目（CIP）数据

监察程序法研究／拜荣静著. —北京：中国社会科学出版社，
2022.2

ISBN 978 - 7 - 5203 - 9900 - 5

Ⅰ.①监… Ⅱ.①拜… Ⅲ.①行政监察法—研究—中国
Ⅳ.①D922.114.4

中国版本图书馆 CIP 数据核字（2022）第 041251 号

出 版 人　赵剑英
责任编辑　许　琳
责任校对　谈龙亮
责任印制　郝美娜

出　　版　中国社会科学出版社
社　　址　北京鼓楼西大街甲 158 号
邮　　编　100720
网　　址　http://www.csspw.cn
发 行 部　010 - 84083685
门 市 部　010 - 84029450
经　　销　新华书店及其他书店

印刷装订　北京君升印刷有限公司
版　　次　2022 年 2 月第 1 版
印　　次　2022 年 2 月第 1 次印刷

开　　本　710×1000　1/16
印　　张　14.25
字　　数　212 千字
定　　价　88.00 元

凡购买中国社会科学出版社图书，如有质量问题请与本社营销中心联系调换
电话：010 - 84083683

前　　言

改革开放以来，我国法治建设取得了举世瞩目的成果，特别是党的十八大以来，全面依法治国和依宪治国方略的实施，使我国法制的建设性、科学性水平提升到了历史新阶段。党的十八届四中全会做出了《中共中央关于全面推进依法治国若干重大问题的决定》，这是党中央第一次以中央全体会议决定的方式推进法治建设，亦昭示着新一轮全面司法改革成为中央决策。党的十八届四中全会公报中首次出现"严格司法"的提法，"严格司法"有三个方面的要求：一是认定案件事实必须符合客观实际；二是案件裁判结果符合实体正义；三是司法过程符合程序正义。依据"严格司法"要求，人民法院依法纠正聂树斌案、呼格案、金哲宏案等重大冤错案。反思造成上述冤错案件的成因，可以发现，司法人员在办理上述案件刑事诉讼程序中的违法、犯罪问题非常突出。进入新时代，人民群众对司法公正有了更高的要求，对司法裁判中的公平正义，除了案件实体正义，程序正义亦不可或缺，而"严格司法"的提出则代表了中央决策层对程序正义的关注。

冤假错案的出现是过去我国刑事司法领域长期固守程序工具主义价值态度所致，案件办理过程中重实体、轻程序，导致程序虚无主义表现在刑事诉讼的各个阶段，尤其在侦查阶段这种观念根深蒂固，对程序正义自有价值重视不够，程序法规定的制度形同虚设。自 2010 年刑事诉讼中的程序正义理念开始自上而下严格树立，表现为通过各层次立法对非法证据排除规则建立了较为完整的适用体系，形成了中国特色程序性制裁的制度形式，可以认为，刑事诉讼在中国经历了惨痛的教训后终于完成了对于刑事司法活动的程序规制。因此，以现阶段司法改革中刑事诉讼制度的修改为契机和样本，结合当前我国监察体制改革的目标和方向，针对监察调查程序立法不完善的现状，研究构建我国监察调查程序制度十分必要。基于以上考虑，本书选取了监察程序法中最为重要的节点问题进行了系统研究，包括了留置权的属性、初步核查的程序规制、调查程序、补充调查程序、证据裁判原则、非法证据排除、自行回避、监察权和审判权的衔接和制约关系、认罪认罚从宽制度的适用等问题。

目前适用《监察法》过程中，对于留置权属性的认识已成为调查权的核心问题。关于留置权的性质，已有观点认为留置权具备强制性或者行政性，但也有强制性和行政性兼具的论点。但是作为和刑事侦查强制措施类似的限制人身自由方式，留置更多的是一种人身保全性质，其作用是防止嫌疑人脱逃、死亡，及时配合监察委调查。留置权的适用对象、留置条件、已掌握部分违法犯罪事实及证明均应该有明确的程序控制。留置权的监督机制应该包括监察委内部的相互制约机制和外部近亲属知情权和律师帮助权的制约机制。现在看来本轮司法改革主要集中在刑事司法领域，与司法改革配合的是监察体制的改革。

刑事初查制度自形成以来，法律性质和地位就饱受争议，主要原因在于刑事诉讼法和司法解释并未对此作出明确规定，亦缺乏相应的刑事诉讼理论基础，立法和理论上的缺陷进一步导致初查制度在司法实践中的适用也较为随意。从初查制度在刑事诉讼中的发展历程来看，由于不同时期办案模式不同，初查制度的性质亦有所差异。职务犯罪案件职权转隶监察机关，初查制度这种性质上未达成共识的制度应该何去何从备受关注。《监察法》规定了监察委初步核实程序，这说明监察委在行使调查权过程中继受了刑事初查制度，但是《监察法》只是原则性的规定，仍然留存潜在隐忧。在分析监察委初步核实程序在实践中存在的缺陷和问题时，应肯定继受初查制度的积极作用，阐明该制度在我国监察体系中得以运行的原因及必要性，在当前监察体制的法治进程中，应当尽快规范和稳定监察委初步核实程序适用的理论基础，使其相关制度得到完善与发展。

《监察法》对于监察机关调查措施的适用目的、适用条件、适用对象、适用程序均未做出详细和具体规定。在调查过程中，监察机关可以询问证人等人员，但也只是原则性规定，对于询问地点、询问方式、询问程序等均未规定，造成监察委调查权行使相对封闭，正当程序阙如，被调查人权利保障不力。监察委调查过程中，相关程序性决定的合法性亦缺乏内设法律部门审查，这使案件质量存忧。应立法明确被调查人的程序权利保障机制，完善监察委员会刑事调查权运作的监督机制，在此基础上，以审判为中心应成为监察委调查权程序的立法规制目标。

我国《监察法》第四十七条规定，"人民检察院经审查，认为需要补充核实的，应当退回监察机关补充调查，必要时可以自行补充侦查。对于补充调查的案件，应当在一个月内补充调查完毕。补充调查以二次为限。"由于监察机关的本质属性与刑事诉讼所规定的一般侦查机关不同，监察法的规定也并不能决然地适用于刑事诉讼程序。《刑事诉讼法》通过第一百七十条的规定，以诉讼基本法的形式阐释了这一规定在刑事司法中的正当性。上述规定充分体现了监察机关和检察机关在办理职务犯罪案件过程中各司其职而又相互配合、相互制约的立法精神。

全面贯彻证据裁判原则是"以审判为中心"诉讼制度改革的核心内容，刑事诉讼中该原则起到规制证据收集审查和运用工作，预防冤假错案的积极作用。在诉讼制度改革的时代背景下，监察体制改革亦快速推进，解决监察调查程序适用证据裁判原则的合理性、现存困境及解决对策等问题不仅关乎监察与刑事司法衔接，也是大力反腐精神的重要体现。

监察体制改革逐步深化背景下，证据收集活动对监察委准确高效办理职务犯罪案件的重要性凸显，监察调查与刑事诉讼衔接中的证据排除适用也是具有代表性的问题之一。比较监察法和刑事诉讼法的相关立法，调查活动与侦查活动中非法证据排除规则立法模式存在明显差异。非法证据排除作为刑事诉讼中的重要证据规则立法，规则严格法定、发挥监督、制裁和保障功能是其在当前刑事司法中的特点。但审视监察法的证据规定，不仅立法内容偏少，而且存在非法证据排除规定范围模糊、权力行使与责任承担不够清晰、内部监督成效不明显等问题。比较刑事诉讼非法证据排除规则立法模式和监察调查非法证据排除规则立法模式的差异性，促进监察法和刑事诉讼法良好衔接，从而严格排除非法证据，实现公正司法目标。

回避制度是程序正义的应有之义，而自行回避制度则是回避制度不可或缺的组成部分。国家监察程序中自行回避制度功能的实现既需要外在约束，也需要内在自觉。虽然自行回避制度在我国存在法治传承，但由于回避事由的内生性和信息源的不对称性现实存在，导致其制度作用发挥存在隐忧。所以，国家监察程序中自行回避功能实现的根本还在于自行回避程序制裁制度的完善，使监察委员会调查权行使中实体正义的实现不能羁绊于正义主持者自身。

宪法和监察法就监察权和审判权的衔接和制约关系并未给出明确具体的表述，仅作了原则性的表述。在职务犯罪案件查办范围内，监察权与审判权的衔接和制约既涉及监察调查取证行为与审判权对刑事犯罪案件取证行为合法性审查的制度规范的衔接，还牵涉到监察调查取得的证据标准和审判权对刑事案件取得证据的证据裁判标准的衔接。但目前，监察法并未就职务犯罪案件中监察调查取证行为及其证据标准作出详细具体的制度安排。在监察法未就这些要求作出具体规范之前，审判权对监察调查取证行为及其取得证据的审查与认定，均须依照监察法和刑事诉讼法关于证据裁判规则的共同规定对职务犯罪案件的调查取证行为及取得证据进行审查认定与裁判。因此，监察权和审判权的衔接和制约关系中，要实现其有序性，监察机关既要做到严格依照监察法和刑事诉讼法等法律规定依法监察审判人员履职行为，还要做到充分保障审判权的权威。这样才能实现二者衔接和制约的良性互动。

为全面推进依法治国，实现建设中国特色社会主义法治体系，建设社会主义法治国家的总目标，党的十八届四中全会审议通过了《中共中央关于全面推进依法治国若干重大问题的决定》，该决定明确指出"完善刑事诉讼中认罪认罚从宽制度"。认罪认罚从宽制度是贯彻我国"宽严相济"刑事政策的重要体现。现行《刑事诉讼法》的已有相关规定。《监察法》对该制度的规定与刑事司法规则不一致，但职务犯罪案件调查程序引入认罪认罚从宽制度对其后续与刑事司法的衔接有积极作用。论证制度适用的合理性，提出立法层面、证据审查层面及认罪自愿性认定层面的建议，对诉讼过程中保障当事人基本人权，促进两法衔接有显著效果，也有利于实现"宽严相济"中"从宽"要求的刑事目标。在监察委调查案件中适用认罪认罚从宽制度更能发挥其强化人权司法保障和节约司法资源等作用，在监察委调查案件中适用认罪认罚从宽制度与《中国共产党纪律处分条例》的从宽处分制度也存在着密切的联系，完善监察委调查案件中认罪认罚从宽制度，加强认罪认罚自愿性的审查和健全监察证据的诉讼审查机制，一方面有利于保障被调查人的人权，另一方面也有利于实现监察程序的公开透明性，实现党内处分的公开透明，保障党的纯洁性和先进性。

作为国内监察法学界首部系统研究监察程序法的著作，虽然本书尽力对于需要完善解决的监察程序法重要问题进行系统研究，但是，仍然存在诸多不足，比如本书只是对于监察程序法主要框架涉及的节点问题进行了论述，这些问题的研究出发点也仅限于程序正义的视角，因此结构略显宏观。另外，本书仅对监察调查中的非法证据排除规则和证据裁判原则进行了讨论，而关于监察证据法的其他问题并没有涉及，这个问题应该是今后我的研究课题。

本书的顺利完成，我首先要感谢我的家人，他们对我工作、生活的关心、照顾使我可以心无旁骛地开展学术创作活动，本书的顺利出版也是他们期待、支持的结果。同时，我也要感谢我的研究生罗桂霞、孙晶晶、王钰彤、袁丹敏、杨婕等同学，她们以不同方式参与了研究工作，既锻炼了学术能力，也起到了协助科研的作用。没有她们的大力支持，本书是无法及时呈现给读者的。

目　　录

第一章　监察委留置权

第一节　问题的提出

《监察法》从立法层面赋予了监察委员会职务违法、犯罪案件的调查权，为了保证其调查权的有效实施，相应赋予其对所查办的案件采取相应调查措施的权力，其中包括留置措施。2016年，第十二届全国人大常委会审议通过《关于在北京市、山西省、浙江省开展国家监察体制改革试点工作的决定》（以下简称《决定》），明确了监察改革试点工作地区的监察委员会对本地区所有行使公权力的公职人员依法实施监察。监察委履行监督、调查、处置职责，监督检查公职人员依法履职、秉公用权、廉洁从政以及道德操守情况。监察委调查涉嫌贪污贿赂、滥用职权、玩忽职守、权力寻租、利益输送、徇私舞弊以及浪费国家资财等职务违法和职务犯罪行为并作出处置决定，对涉嫌职务犯罪的，移送检察机关依法提起公诉。监察委为履行上述职权，可以采取谈话、……、留置等措施。2017年，十九大报告再次提出要制定监察法，以法律形式赋予监察机关一定职权，赋予留置权以取代"两规"措施。2018年《监察法》审议通过，党政机关对党政人员的职务案件调查所采用的"双规"措施被以立法的形式加以确定，以"留置"代替"双规"，这亦是我国贯彻依法治国，以法治思维和法治方式开展反腐败工作的直接体现。

"两规"或"双规"见之于 1994 年 1 月 28 日由中共中央纪律检查委员会常务委员会第六十五次会议通过的《中国共产党纪律检查机关案件检查工作条例》第二十八条第三款中的规定,即"规定的时间、规定的地点"。以及《中华人民共和国行政监察法》(以下简称《行政监察法》)第二十条中的第三款中规定的"指定的时间、指定的地点"的"两指"。从"双规"及"两指"措施制定的主体及其规范性文件的性质、其法律层级地位来看,其属于党内法规层面内的党内纪律管理措施和行政法规意义上的行政管理措施。因此,相关部门在办理职务违法犯罪案件过程中,对党政人员的职务违法、犯罪案件采取"双规"或"两指"的职权行为,其合法性备受争议。因为无论是"双规"还是"双指",均属于限制人身自由的强制措施,根据我国《立法法》的有关规定,限制人身自由的强制措施属于法律绝对保留的事项,对于该类事项只能由全国人民代表大会及其常委会通过法律来设定。这就使得有关国家机关在开展惩治贪污腐败等职务违法犯罪行为的工作时,面临法律层面的授权阻却。

经过部分地区的改革试点,2018 年《监察法》,将上述党内纪律法规及行政法规中的"双规"、"双指"措施转隶其中,并赋予规范性的名称,即"留置"。自此留置权正式替代了"双规""双指"措施,也进而实现了"双规""双指"措施从党内纪律法规、行政法规层面的非法律地位,向国家基本法层面具有法定地位的"留置"权的升级。这使其在形式上符合了《宪法》及《立法法》就限制人身自由的措施所做的法律保留,实现了"双规""双指"措施的法制化。留置的法制化进程有效地解决了运用"双规""两指"办理腐败犯罪案件所面临的法理依据障碍。

《监察法》通过第二十二条、第四十三条、第四十四条对留置权适用对象、适用条件、适用程序,包括被留置对象的保障措施及适用留置的期限等方面作了规定,但这些规定均过于抽象和简单,对被调查人权利的保障性不足。第二十二条关于留置措施的适用条件的规定中,留置措施适用以下几种情况:"涉及案情重大、复杂;可能逃跑、自杀可能串供;可能有其他妨碍调查行为"。其中"案情重大"、"可能……"等概念过于模糊、抽象，没有相对明确的标准导致判断完全依赖职权主体的自由裁量，这些问题为监察委职务违法犯罪调查过程中权力行使的随意性预置了可能性。关于监察机关采取留置措施后的通知程序规定："应当在二十四小时以内，通知被留置人员所在单位和家属，……。"该规定对采取留置措施后当事人有权委托律师介入的这一权利并未明确。相比较《刑事诉讼法》第三十三条"犯罪嫌疑人自被侦查机关第一次讯问或采取强制措施之日起，有权委托律师作为辩护人"的规定，《监察法》的这一"缺漏"显然有悖于程序正义的理念。① 亦是对被调查人权利保护的削弱。关于适用留置权的审批方面，根据《监察法》第四十三条规定，省级以下监察机关采取留置措施的，审批主体为其"上一级监察机关"，省级监察机关采取留置措施的只需报国家监察委备案即可。关于留置时间延长的规定，省级以下监察机关采取的留置措施需要延长的由上一级监察机关批准，省级监察机关留置时间的延长既未作批准的规定也未作备案的规定。所以，就留置措施的批准适用这方面来看，对监察机关行使强制性调查措施的职权行为的监督机制缺位，《监察法》只规定了上下级之间的监督程序，而外部监督并未涉及到。

　　形式上的法制化的实现并不意味着实质法治化的实现。留置权是《监察法》赋予监察委员会查办案件的一项重要的权力，这项权力在监察委员会的调查措施中属于较为严厉的保障措施，是对留置人员人身自由作出限制的公权力行为。因此，在适用留置权过程中应当依法作出严格限制，否则就有可能造成权力滥用。但是，《监察法》关于留置权的规定，存在授权内容不明确，审批备案程序不完善，权利（力）配置不均衡，监督机制不健全等问题，这些规范适用中的问题使留置权可能无法受到来自正当程序的合理制衡，从而对被调查人合法权益造成侵害。本书通过界定留置权的性质，分析留置权行使中可能存在的隐忧，提出留置权适用应该规定的程序遵循，和配套的监督、救济机制。

---

　　① 刑事诉讼程序正义的内容应当包括法官中立、程序参与、平等武装、程序理性以及程序及时等原则。平等武装包含对当事人的平等对待，比如获得律师帮助的权利。参见易延友《刑事诉讼法：规则 原理 应用》，法律出版社 2019 年第 5 版，第 71—72 页。

第二节 留置权的性质

《宪法》《监察法》对于国家权力机构的调整和权力重新安排，将原本隶属于行政权、司法权的监督权从中脱离出来，成为了一项新公权力，我国的国家权力结构形成了以行政权、立法权、司法权、监察权四大权力相平行的公权力划分格局，也使得监察委员会成为人大领导下的一府一委两院的一部分，独立且平行于行政机关、司法机关，具有独立的法律地位，同时也使得原本隶属于行政权的监察权在法律地位上也上升至与行政权、司法权平行的国家权力结构①。正如《监察法》规定，监察权的权力覆盖范围已不再是简单重复过去的行政机关内部监督的范围，而是已经实现了所有行使公权力的公职人员监察全面覆盖②，促成了监察性质由"同体监督"向"异体监督"的转变③。

监察体制改革的目标是要构建高效的中国特色监察体制，实现对所有行使公权力的公职人员监察全覆盖。而监察权的"全面覆盖"涵盖了所有公权力及所有行使公权力的公职人员、国家机关以及行使公权力的全过程，这个"所有公权力"既包括行政权、立法权、司法权，也当然包括监察权自身，比较国家监察体制改革前的行政监察覆盖的国家行政机关及其公务员以及国家行政机关任命的其他人员这一范围④更为广泛和深入。关于留置性质的争论延续至今仍未有定论，留置权性质如何界定并不能单纯地从某一视角割裂地看待，而学界也从多维度对留置权的性质作了论证。

---

① 焦洪昌、古龙元：《从全国人大常委会授权看监察体制改革》，载钱小平主编《创新与发展：监察委员会制度改革研究》，东南大学出版社 2018 年第 1 版，第 15—31 页；魏昌东：《监察委员会的职能定位与改革路径》，载钱小平主编《创新与发展：监察委员会制度改革研究》。

② 胡锦光：《论监察委员会"全覆盖"的限度》，《中州学刊》2017 年第 9 期。

③ 李晓明、芮国强：《国家监察学原理》，法律出版社 2019 年版，第 9 页。

④ 江国华：《中国监察学》，中国政法大学出版社 2018 年版，第 16 页—18 页。

有论点基于留置权的强制性，认为留置措施在一定期限内剥夺了被调查人的人身自由，而将其性质界定为强制措施。该观点认为，《监察法》规定了留置应在特定场所进行以及留置的期限，具有剥夺人身自由的性质；并且《监察法》规定留置折抵刑期的天数与拘留和逮捕相同；采取留置措施后通知家属的时间也同于拘留和逮捕，而留置适用的部分条件也与拘留和逮捕相同，由此得出留置具有强制性的结论。① "留置"实质上是剥夺了留置对象的人身自由，具有强制措施的属性。② 监察委员会所采取的监察措施具有综合性和混合型，从履职的角度来看，询问、讯问、查询、调取等措施是常见的调查取证的手段，而留置诞生的初衷是为了替代纪委的"双规"和"两指"，但又不完全等同于行政拘留和刑事拘留，其在性质上属于强制措施。③

也有论点认为留置权具有行政性。这类观点认为《监察法》中所规定的各类监察措施尽管有些名称发生了改变，但因为它并没有创设出新的权力，所以这些监察措施只是监察改革前由隶属多部门"串联"，变为改革后一部门"并联"的监察措施的多元混合，性质上仍然与转隶之前相一致，即这些监察措施的性质仍然由其之前所隶属的部门权力的性质所决定。④ 按照这种观点，如前文所述，留置权源于《中国共产党纪律检查机关案件检查工作条例》以及《中华人民共和国行政监察法》的规定，因此留置权的性质应当为行政性。也有观点从留置作为一种对违纪违法行为的调查措施的角度进行分析，认为"留置措施是为保障负责行使国家职权的国家工作人员的廉洁性，对涉嫌职务违法、犯罪的被调查人员，按照《监察法》的规定，所采取的剥夺被调查人员人身自由，确保案件

① 谭世贵：《监察体制改革中的留置措施：由来、性质及完善》，《甘肃社会科学》2018 年第 2 期。

② 张兆松：《论构建国家监察权监察监督制约机制的法理基础》，载钱小平主编《创新与发展：监察委员会制度改革研究》，东南大学出版社 2018 年版，第 215—223 页。

③ 夏金莱：《论监察体制改革背景下的监察权与检察权》，载钱小平主编《创新与发展：监察委员会制度改革研究》，东南大学出版社 2018 年版，第 224—235 页。

④ 陈越峰：《监察措施的合法性研究》，载钱小平主编《创新与发展：监察委员会制度改革研究》，东南大学出版社 2018 年版，第 81—93 页。

调查工作顺利进行的处置行为。"该行为特征类似于行政行为的行政性。而行政性恰恰表现为"国家行政机关为实现国家的目的和任务而行使的执行、指挥、组织、监督诸职能。"据此，该观点认为，与行政监管机关及侦查机关在他们案件办理过程中实施的调查违法活动的强制性行政行为相比，留置行为与此具有类似的制度外观，因此，它具有一定的行政性。① 还有观点从监察机关采取并执行留置措施的目的，分析了留置权为什么是行政性的属性，留置权的启动是为了监督具有公职或依法行使公权力的公务人员是否存在玩忽职守、滥用权力、贪污受贿等违纪违法行为和职务犯罪行为，为了这个目的而对被留置人员人身自由进行的限制和剥夺行为，相比较民事诉讼强制措施和刑事诉讼强制措施，它具有明显的行政性。② 也有论点采取折中态度，认为留置权兼具刑事强制性和行政性两分属性。从监察委员会办理案件的类型来看，《监察法》第四条第二款明确为职务违法案件和职务犯罪案件。如果在办理违法违纪类案件过程中使用了留置措施，此时的"留置权"性质应当为行政性；但如果是办理职务犯罪案件中适用"留置"措施的，则此时"留置权"的性质应当界定为具有刑事强制性。而这两种属性，在案件性质被清晰确定后是可以相互转换的。③ 根据这一观点，监察留置权的性质并不能够确定地被定性为某一种，它的性质是依据所办理案件的类型或性质的不同而有不同的体现，故留置权兼具行政性和强制性。

以上观点表明，留置权作为一项新权力，在法律未能明确性质之前，出现相关争论在所难免，同时也显示出学界对此的重点关切。上文对留置权性质的学术观点进行简单梳理，但是论点是否成立，需要结合《宪法》、《监察法》对于监察委员会的职能定位，包括留置权的立法规定，

① 屈超立、慈海威：《留置措施的法制化研究》，《理论探索》2018年第6期，第111—117页。

② 王晓：《监察委员会的留置措施论要》，《北京联合大学学报》（人文社会科学版）2017年4月第15卷第2期。

③ 汪海燕：《监察制度与〈刑事诉讼法〉的衔接》，《政法论坛》2017年11月第35卷第6期，第84—95页。

进行分类总结分析，才能对以上论点的形成缘由，及其关于留置权性质的定位是否成立进行分析和评断。

1. 关于留置权具有行政性的观点

基于"监察措施是几个部门的职权在监察职能统合后的多元混合"视角，认为留置权具有行政权力属性的观点，并没有看到作为留置权行使主体的权力机关——监察委员会法律地位的独立性、监察权行使的独立性及其权力覆盖的全面性。根据《宪法》《监察法》的规定，监察机关属于我国行使监察职能的专责机关，与国家行政机关、审判机关、检察机关同样都由全国人民代表大会选举产生，监察机关依法独立行使监察权，不受行政机关、社会团体和个人干涉。留置权系隶属于监察委员会的监督权力体系之下的"子权力"，是监察权的组成部分，应当具有独立于行政权的权力属性。因此，认为"监察职能统合后，包括留置权在内的各项措施仅仅是简单组合至监察委职权之下，其性质未发生实质变化。"这种看法未全面分析监察权的实质内涵，是一种简单地将监察权置于了行政权范围内的做法。而以留置权与行政监管机关及侦查机关在案件办理过程中，所实施的调查违法活动的强制性行政行为具有相似制度外观，判断留置权具有行政性，未探及监察权力的核心内容及其留置权设立的初衷。因此，这种观点并不具备合理性和说服力。

2. 认为留置权属于行政强制措施的观点

《监察法》赋予监察权广泛的监督范围，监督范围涵盖了所有行使公权力的公职人员。基于监察改革的属性、背景及目标等，结合监察机关独立地位及监察权的独立属性，及监察改革所贯彻的监察权独立行使的理念，将"两指"、"两规"转隶为监察法的"留置权"的目的，也是为了用法治的方式践行监察体制改革的基本理念，实现改革目标①。所以，留置权出现在《监察法》中并非是将其从一个部门移植到另一个部门的简单权力安排，而是将其作为监察权的子项部分放置于监察权之下，以协助实现监察权的宗旨和目标。所以留置权应当具有独立于行政权，隶

---

① 江国华：《中国监察学》，中国政法大学出版社 2018 年版，第 15 页。

属于与行政权相平行的监察权的权力属性，故不能仅从其制度外观来判断它的权力属性，应当将其置于监察委员会国家机关职能和监察权属性之下去考量，不能单一从设立并实施留置权目的来理解留置权性质。因此，认为与民事诉讼强制措施和刑事诉讼强制措施相比较留置权具有明显行政性的观点，是将留置权与行政强制措施等同看待，也是有失偏颇且不可取。

行政强制措施是隶属于我国国家权力结构中的行政权体系之下的行政权力，承上所述，监察权是一项独立的国家权力，留置权隶属于监察权。前述观点无视监察权的独立性及留置权为监察权子权力的权力属性，同时也与宪法、《监察法》对现行国家机构设置及重新调整后的权力配置格局相冲突①。将留置权与行政强制措施等同对待无疑是将留置权甚或使监察权置位于行政权的下属权力。而从现行宪法对监察机关独立法律地位的规定，《监察法》对所有行使公权力的公职人员监察全覆盖，监察委职权范围的划定，以及《监察法》所要实现的构建集中统一、权威高效的中国特色国家监察体制的基本宗旨和目标来看，上述观点也有失妥当，作为隶属于监察权的留置权，不可能位居于行政权之下。

3. 认为留置权兼具行政性和强制性的观点

根据监察委办理职务违法案件和职务犯罪案件的两类案件性质的不同，有学者认为留置权的性质会因为案件性质不同而分别呈现出行政性和强制性的两类性质，这种观点认为在办理这两类不同性质的案件过程中适用留置权，留置权的性质会发生上述两种变化。如前论述，留置权具有独立于行政权的权力属性，因而不可能具有行政性，因此认为留置权兼具行政性和强制性的说法也不能成立。

"判断一种权力的属性，不仅要考虑权力划分的基本理论，更要考虑国家的根本制度和宪制结构。"② 我国实行的是人民代表大会制度之下的

---

① 焦洪昌、古龙元：《从全国人大常委会授权看监察体制改革》，载钱小平主编：《创新与发展：监察委员会制度改革研究》，东南大学出版社 2018 年版，第 15—31 页。

② 夏金莱：《论监察体制改革背景下的监察权与检察权》，载钱小平主编：《创新与发展：监察委员会制度改革研究》，东南大学出版社 2018 年版，第 224—235 页。

"权力分工配合并协调"的权力分工模式，这与西方的三权分立模式完全不同。"宪法所涉及的国家权力结构是以国家机构为中心，而不是以国家权力的性质为核心"① 监察机关在我国国家机构体系中是一个独立的国家机关，它所行使的监察权也是独立于行政权等国家权力之外的一项独立的国家权力，留置权又是监察权项下的"子权力"。讨论留置权具有何种属性，不仅要从法律制度层面考虑其法律法规层级属性问题，还要从该项权力创设初衷、在国家权力结构体系中的层级位置、所属国家机构、当前国家政权结构形式等等因素做全面的综合考量，通过纵向分级、横向对比，在《监察法》框架下来定位留置权，从而作出相对科学和准确的判断。

基于监察机关行使监察委调查权所要实现的特定目标，《监察法》创设监察委调查权的目的在于要增强权力制约和监督的效果，并且要加大腐败犯罪的打击力度。留置权是监察委调查权的一项重要的监察调查措施，也是监察权的基本内容。《监察法》规定的留置权适用条件来看，留置权是监察委调查权的一项具体权能，同妨害监察案件调查的顺利开展有关。对上述适用条件，如果从采取留置措施后所能够达到的客观效果的角度进行划分，可分为两类：一类属于被调查人在客观上的消极行为，妨碍监察案件调查工作的情形。对具备这类情形的人员采取留置措施，能够排除监察案件因被调查人不配合而造成的调查工作不能顺利开展的障碍，使被调查人员主动配合监察委调查工作的客观效果；另一类是属于被调查人在客观上实施了积极行为，妨害监察案件调查的顺利进展的情形，即实施逃跑、自杀等行为妨害案件调查。对这类被调查人员采取留置措施后，客观上亦有助于保障被调查人人身安全。

因此，综合考虑监察权、监察委调查权、留置权的相互关系，结合留置权适用的条件，本书认为留置权的性质应当被定位于人身保全性质更为适宜。留置权适用目的主要在于能够保证被调查人配合监察机关对

---

① 莫纪宏：《论我国司法管理体制的正当性前提及方向》，《法律科学》（西北政法大学学报）2015年第1期，第27—35页。

案件开展的调查工作，同时也兼有保障被调查人人身安全的作用。这一点类似于我国民事诉讼法中关于诉讼财产保全的制度规定，其功能主要在于保证相关财产不被恶意破坏或被蓄意隐匿、转移，以保证生效判决能够被执行。① 所以，从留置权运用于实践的效果来看，涉案的被留置人员在被采取留置措施，配合监察机关实现了监察案件的顺利结案，充分反映了留置具有保证监察机关调查活动顺利进行、排除妨碍调查活动行为的功能。因此，作为与强制措施类似的限制人身自由方式，留置本质上更多是一种人身保全措施，是一项防止嫌疑人脱逃、防止证据灭失，保证监察委调查工作顺利开展的保全措施。

第三节　留置权适用的程序控制

正当法律程序可以为权力的正确行使划定出清晰而明确的"路线图"，从而有助于牵制权力扩张、防止权力越轨，保障公民权利不被公权力任意侵犯，进而实现实体正义。《监察法》第十五条规定了监察权覆盖范围、行使主体，明确了我国《监察法》意义上的监察范围不限于行政权，而是对国家公权力整体的监督和制约。② 体现了监察权的"以权制权"、平衡权力与权利之间关系的"调节器"的功能。基于对"一切拥有权力的人们使用权力一直遇到界限的地方才休止"的基本认知，以及

---

① 不仅如此，在留置权适用的具体案例中也能体现出留置权的这一性质：2018 年河南省纪委监委办理的河南留置第一案，在对行贿人采取留置措施后，主动交代犯罪问题；2017 年山西留置第一案办理过程中，对郭某采取留置措施，最终，调查发现郭某涉嫌职务犯罪问题，在移送检察机关审查起诉后 2017 年 7 月 15 日，长治市中级人民法院以受贿罪、国有公司人员失职罪一审判处郭某有期徒刑 13 年；2018 年广州留置第一案 7 天办结。案件办理过程中对杨某某采取留置措施后调查发现其收受巨额贿赂，严重触犯刑法，后由白云区监委将杨某某移送检察机关审查起诉；2018 年 1 月贵州受理采取留置措施案中，在对唐某采取留置措施后，主动交代受贿 200 多万元的犯罪事实，最终唐某被判处受贿罪获刑 4 年零 6 个月，并处罚金 30 万元。

② 李晓明、芮国强：《国家监察学原理》，法律出版社 2019 年版，第 4 页。

"防止滥用权力，就必须以权力约束权力"[①] 的实践经验，监察委员会作为一个与政府同级别的国家职权机关，行使新型的国家权力[②]。作为对于国家公权力进行监察的专责机关，行使着国家职权，必然也要依法受到制约。留置权设立的目的是为保证调查活动的顺利实施，亦是为了查清案件事实真相。因此，适用留置权查办案不能只为追求国家权力职能，而忽视对被留置对象基本权利的保障。留置权作为监察权的一个基本构成，适用不可避免地要限制被留置对象的人身自由，如果不对其进行系统性规制，势必会侵害被留置对象的基本权利。因此，通过制度设计对留置权适用过程的程序控制是法治国家建设的应有之义。

1. 明确适用对象

监察的目的在于惩治腐败，同时严格遵照宪法和法律，保障当事人合法权益，实现惩治腐败与权利保障之间的平衡关系。而留置权的适用涉及被留置对象人身自由等重要权利保障问题。但从目前来看，《监察法》对留置权适用的规定远不能满足现代法治的要求。《监察法》第二十二条规定了留置适用对象为"涉嫌贪污贿赂、失职渎职等严重职务违法或者职务犯罪的被调查人以及涉嫌行贿犯罪或者共同职务犯罪的涉案人员"，这一规定存在表述模糊不清缺乏可操作性：

第一，2018 年 4 月 16 日中央纪委国家监察委发布的《公职人员政务处分暂行规定》第二条规定，"公职人员有违法违规行为应当承担法律责任的，……，监察机关可以……给予政务处分。"第三条规定了监察机关实施政务处分的依据主要包括《监察法》《中华人民共和国公务员法》《中华人民共和国法官法》《中华人民共和国检察官法》《中华人民共和国企业国有资产法》《行政机关公务员处分条例》《事业单位人事管理条例》等。

即便涉嫌"严重"职务违法，对该职务违法的行为人（留置对象）最终受到的处分最严重的也只能是政务处分，依据也都是与《刑法》等

[①] ［法］孟德斯鸠：《论法的精神》（上册），张雁深译，商务印书馆 1961 年版，第 154 页。

[②] 李晓明、芮国强：《国家监察学原理》，法律出版社 2019 年版，第 8—9 页。

无关的其他部门法。而对于涉嫌严重职务犯罪的留置对象，最终受到的处分最低也都是依据《刑法》及其他刑事法律作出的刑法意义上的处置。很显然，对于"严重职务违法"和"职务犯罪"这两种违法程度和处罚力度均不相同的违法行为人（留置对象），施以时限和层次均相同的留置权"待遇"会导致监察机关在办理案件过程中，至少是在案件的调查阶段内呈现出对两种法律责任轻重不同的违法行为，采取程度相同的监察措施，这明显违背了法律的公平公正及责罚相当的原则。

第二，对"严重职务违法"的表述不具体。"严重"的界定不清晰，导致适用标准无法具体化，留置的适用完全依赖于监察机关的自由裁量，容易导致留置权适用不统一。监察机关行使留置权，可能使得留置对象遭遇相同情况不同处置，或者是不同情况相同处置的不公平对待，这是罪责不对等的表现，也有违法律面前人人平等的宪法基本原则。而且，对于社会危害性轻重程度不一的违法行为，自由裁量地适用留置措施显然不符合比例原则。因此，有必要对留置权的实际运行过程，在合法、比例及权责一致原则的指导下，本着"以权力制约公权力，而非以权力制约权利"，对留置权的适用加以具体化，以防止监察权不受控制而滋生新的权力腐败。可以通过以下几个方面加以考量：

一是"严重职务违法"中，对"严重"的概念在规则中予以明确化。《监察法》二十二条在对适用留置权的留置对象作出了规定，同时还规定了留置权必须是在事实条件和情节条件同时具备的情况下才能适用。明晰"严重"概念应当结合该条要求的事实条件和具体情形（即涉及案情重大、复杂的；可能逃跑、自杀的；可能或者伪造、隐匿、毁灭证据的；可能有其他妨碍调查行为的），从行为的"量"和"质"上加以明确。对行为的"量"的明确，可以考虑留置对象所触犯的职务违法的行为次数、涉及的金钱数额等因素综合考量。对行为"质"的规范，可参照该行为所逾越的"前置法"的部门法属性，行为对社会秩序、国家利益、群众安全心理等的危害程度等因素综合确定。

二是针对留置对象、案件事实类型、违法程度、行为危害程度等的不同，对《监察法》所规定的三个月留置时限，可参照《刑事诉讼法》

《人民警察法》《治安管理处罚法》等法律中，对类似限制或剥夺人身自由强制措施的适用时间的规定。划分出不同层次的时间序列，对不同类型案件加以区别，分别适用。以便做到违法犯罪行为危害程度与适用留置时间的长短相适应，实现"不同案件不同对待、相同案件相同对待，特殊案件特殊对待"的基本要求，实现个案平衡、实现公平正义、实现法律面前人人平等的法律效果。从而有效避免留置权适用过程中出现异化的可能性，防止留置权权力适用失范，实现惩治腐败与保障人权的平衡及宽严相济的政策。当然，给予权力机关以必要的执法自由裁量权，有助于法律更好地保持稳定性，适应不断发展的社会生活。本书提出对上述相关概念加以明确化，并不是否定监察委执法自由裁量权的价值，而是欲以相对确定的法律标准来防止有可能出现的权力恣意行为。

2. 规范留置适用条件

《监察法》第二十二条对留置适用的条件作出了规定。但总体来说，这些条件的设置均过于宽泛，需要进一步规范化，以满足保障人权的需要。

一是案件性质条件。根据本条规定，留置措施只能适用于涉嫌失职渎职的严重职务违法、职务犯罪案件以及涉嫌贪污贿赂案件或者共同职务犯罪类案件，违纪案件不适用留置。但是，就本条规定而言，该条文中关于"严重职务违法或职务犯罪"的规定具有歧义，并未明确是指严重职务违法案件和严重职务犯罪案件的并列情形，还是指严重职务违法案件和所有职务犯罪案件的并列情形。本书认为，根据我国打击职务违法犯罪的决心，这一表述应理解为严重职务违法案件和职务犯罪案件的并列的表述。因为若指的是前者，那就意味着只有涉嫌贪污贿赂、失职渎职的严重职务违法案件和严重职务犯罪案件的当事人才适用留置，而一般职务犯罪案件当事人则不适用留置。根据逻辑关系，一般职务犯罪案件的当事人，其人身危险性和社会危害性程度均低于严重职务违法案件的当事人，在这种情况下，若选择对人身危险性和社会危害性程度低的行为，适用相对较为严厉的留置措施，这显然不符合普通人的正常逻辑。至于涉嫌贪污贿赂、失职渎职的严重职务违法案件的"严重性"的程度如何界定，本书在上文已做过详细论述，此处不再赘述。

二是事实条件。即："有违法犯罪的事实"及《监察法》第二十二条规定的"仍有重要问题需要进一步调查"的规定。该规定过于原则，可操作性不强，致使留置权自由裁量空间过大，容易导致留置权的滥用。由于犯罪事实既可以是单一行为的事实，也可以是多个行为的事实，还可能是多个事实中的任何一个行为事实，而这些事实当中的部分事实需要有证据来证实是客观存在和已经发生了的，因此，对违法犯罪事实的认定还需要同时符合以下五个条件①：首先应为发生了违法、犯罪事实。其次，该违法、犯罪事实是涉嫌贪污贿赂、失职渎职类职务违法犯罪案件或涉嫌行贿犯罪或者共同职务犯罪类案件。再次，该类违法、犯罪事实涉及的案件类型属于监察机关管辖范围。第四，该类案件的事实行为必须是已经达到了严重违法性程度或已经构成犯罪。第五，此类案件得是由被留置对象所为或参与的。《监察法》第二十二条规定留置措施的适用事实条件应当结合该条第二款设定的四项情形条件共同认定才够准确。但问题是，该条第二款的四项情形缺乏可操作性，如"案情重大、复杂的；可能逃跑、自杀的；可能串供……的；可能有碍调查行为的，"对此如果不加以明确，留置权的具体适用在实践中无法掌控，容易造成权力任性，可能使留置本身演变为非法拘禁，公民人身自由权利就会遭受侵犯。因此，有必要对上述条件的具体标准作出界定。具体来说，如对"案情重大、复杂"的界定，可具体结合参与案件的人员数量、违法犯罪案件所侵犯的法益类型、对社会的危害程度和行为人的人身危险性程度加以细化。以列举的方式明确"可能串供或者伪造、隐匿、毁灭证据"及"可能有其他妨碍调查行为"的具体情形，明确采取留置措施的必要性要求，如可列举为"对办案人员或证人等实施恐吓或打击报复等行为的……"等。对以上情形的细化，可参照公安机关办理的刑事案件的立案标准规范化的做法进行规范。

三是证据条件。根据《监察法》的规定，采取留置措施，要求证明

---

① 江国华：《中国监察法学》，中国政法大学出版社 2018 年版，第 112 页。

事实条件中的部分犯罪事实的证据已经被监察机关所掌握，且要求证据能够表明被留置对象有重大嫌疑，但还存在部分证据和事实没有掌握，尚需要通过采取留置措施继续调查的。《监察法》对证据的获得，没有规定具体的标准和收集程序，这使得此类证据的正当性和合法性易遭受质疑，因此有必要对证据收集标准和法律程序予以明确。首先，应当对获取证据的主体和程序作出明确规定，收集证据的主体应由监察机关依法、依职权获得，收集的证据的程序可参照《行政强制法》对行政强制措施实施程序的规定。比如《行政强制法》第十七条规定："……。行政强制措施应当由行政机关具备资格的行政执法人员实施，其他人员不得实施。"第十八条规定："行政机关实施行政强制措施应当遵守下列规定：……；（二）由两名以上行政执法人员实施；……；（五）当场告知当事人采取行政措施的理由，依据以及当事人依法享有的权利、救济途径；……。"其次，应当明确运用留置权获得的证据所要证明的严重违法或犯罪事实的标准，应包括涉嫌严重违法或犯罪行为的被留置对象的主体资格标准，涉嫌严重违法或犯罪的事实条件及情形条件的客观真实性标准，违法犯罪的事实与拟被留置对象之间关系的证明标准，涉嫌的严重违法、犯罪事实系贪污贿赂、失职渎职等严重职务违法、职务犯罪以及行贿犯罪或者共同职务犯罪的事实标准。还应当明确证明"尚有重要犯罪事实需要进一步查证属实"的证据所要达到的证明标准。最后，应当以列举方式明确适用留置权的必要性条件。

3. 已掌握部分违法犯罪事实及证据

"已掌握部分违法犯罪事实及证据"表明，监察机关未就所办理案件的全部事实及证据掌握，即除去已掌握的部分违法、犯罪事实和证据，还有部分违法犯罪事实和证据是监察机关并未掌握的。这部分违法犯罪事实应当就是指《监察法》第二十二条规定的"仍有重要问题需要进一步调查"的事实部分。监察机关办理的案件所涉嫌的职务违法、犯罪，行贿犯罪或者共同职务犯罪的案件事实，必须是已经发生，并客观存在的真实情况。监察机关已经掌握了的违法犯罪事实是有证据证明，并且已经被查证属实。监察机关掌握的部分违法事实已经达到了一定的严重程度，这种严重程度足以使监察机关对涉嫌违法犯罪人员适用留置措施。案件涉嫌的严重职务违法、犯罪事实，只有同"仍有重要问题需要进一步调查"的情况同时存在，才能成为适用留置权的必要性前提之一。因为，若没有"重要问题"有待进一步调查证实，监察机关对涉案人员进行留置的必要性也不存在，调查可就此结束，随之作出要么是政务处分的处理结果，要么是移交检察机关提起公诉，由人民法院进行审理;① 职务违法和职务犯罪事实也必须是系被留置对象直接实施或参与实施的。"仍有重要问题需要进一步调查"存在的法律障碍是，"重要问题"在法律规范中指代不清晰，关于"重要问题"是指违法犯罪涉嫌的案件本身的问题，还是指与该案件相关联的问题，《监察法》对此并未指明。"重要问题"对案件结果的影响在监察法律中未能指出，即这一问题对案件产生影响的是案件的定性、留置对象的政务处分种类的选择适用还是影响了犯罪量刑，《监察法》未作指示说明。因此，对上述"重要问题"在留置适用程序中应当以法律或司法解释的形式予以分类列举式说明，进而体现出采取留置措施查办案件的必要性，加强权力限制及对权利的最小损害，这是法治国家对待公权应当持有的态度。例如可以考虑从案件类型的角度对"重要问题"分类为涉嫌贪污贿赂、失职渎职等严重职务违法类、涉嫌贪污贿赂、失职渎职等严重职务犯罪类、涉嫌行贿犯罪类问题及共同职务犯罪类，然后在前述问题分类的基础上列举出相对具体的适用条件，对留置权适用范围进行限缩，以保障公民人身自由权不受随意侵犯。

第四节　留置权的监督机制

留置权法制化进程也表明，监察体制改革的正当与否，在很大程度上取决于留置权适用过程的合法性和正当性。② 从我国现有公权力的纵、

---

① 李晓明、芮国强:《国家监察学原理》，法律出版社 2019 年版，第 445 页。

② 陈越峰:《监察措施的合法性研究》，载钱小平主编《创新与发展:监察委员会制度改革研究》，东南大学出版社 2018 年版，第 81—93 页。

横向关系来看，国家监察机关行使监察权具有不受其他各行政机关、社会团体和个人的干涉的独立性，形成监察权呈现出独立于行政权、立法权、司法权并对它们进行监督和制约的超然状态。同时，为了保证国家监察权统一正确高效行使，监察机关上下级从中央到地方实行垂直领导，这也使得监察机关行使监察权很难受到来自外部机关，包括行政机关、司法机关、立法机关的制约。留置权是监察权中实现监察职能的一项重要的调查措施，在《监察法》所规定的调查措施中最为严厉的一种，对此，《监察法》对留置权的运用设定了两种监督机制。《监察法》通过留置权适用审批、备案的上下级制约机制，以及在监察机关内设专门监督机构，使留置权达致自我约束，实现对留置权运行的自我规范。同样，外部监督机制对制约权力的恣意行为、预防权力腐败等方面发挥着无可替代的作用，《监察法》对监察机关及其工作人员行使监察权的外部监督机制规定了相应监督方式。

1. 内部监督机制

一是设置留置措施适用的内部程序制约机制。《监察法》第四十三条第一款规定："监察机关采取留置措施，应当由监察机关领导人员集体研究决定。设区的市级以下监察机关采取留置措施，应当报上一级监察机关批准。省级监察机关采取留置措施的，应当报国家监察委员会备案"；第二款规定："留置时间不得超过三个月。特殊情况下，可以延长一次，延长时间不得超过三个月。省级以下监察机关采取留置措施的，延长留置时间应当报上一级监察机关批准。监察机关发现采取留置措施不当的，应当及时解除。"该条通过监察系统内部审查批准以及备案的方式，就留置适用问题，设定了监察机关内部之间的制约机制，这属于上级监察机关与下级监察机关之间的内部监督。

二是设置专门内设机构实现自我约束。《监察法》第五十五条规定："监察机关通过内部专门的监督机构等方式，加强对监察人员执行职务和遵守法律情况的监督，建设忠诚、干净、担当的监察队伍"；第十一条规定："监察委员会依照本法和有关法律规定履行监督、调查、处置职责：（一）对公职人员开展廉政教育，对其依法履职、秉公用权、廉洁从政从业以及道德操守情况进行监督检查；（二）对涉嫌贪污贿赂、滥用职权、玩忽职守、权力寻租、利益输送、徇私舞弊以及浪费国家资财等职务违法和职务犯罪进行调查；（三）对违法的公职人员依法作出政务处分决定；对履行职责不力、失职失责的领导人员进行问责；对涉嫌职务犯罪的，将调查结果移送人民检察院依法审查、提起公诉；向监察对象所在单位提出监察建议。"《监察法》第五十六条通过对监察机关工作人员提出纪律、基本素质和业务能力等的要求来促成其养成和提高自我监督的素养和定力。第五十七条规定了"有关情况应监察登记备案"的制度，即"对于监察人员打听案情、过问案件、说情干预的，办理监察事项的监察人员应当及时报告。有关情况应当登记备案。发现办理监察事项的监察人员未经批准接触被调查人、涉案人员及其特定关系人，或者存在交往情形的，知情人应当及时报告。有关情况应当登记备案。"

但是，《监察法》关于留置适用审批及备案程序的上下级制约机制的规定，对于国家监察委员会这一级监察机关采取留置措施的，《监察法》并未规定审批主体，以及对审批主体进行监督的主体。此外，《监察法》中关于上一级监察机关对其下级机关采取留置措施进行审批的规定，对于采取留置措施进行审批的上一级监察机关的审批行为，却成为了法律监督的空白地带。《监察法》对留置措施的监督规定得过于简单，这为监察人员在办理案件过程中的裁量权创造了极其宽泛的权力运作空间。虽然《监察法》在第四十九条规定，"监察对象对监察机关处理的涉及本人的决定不服的，涉案人员可以申请复审及复核"，第六十条规定被留置人员及其近亲属就监察机关及其工作人员实施的，留置法定期限届满不予解除的违法行为有申诉的权利，但对采取留置措施适用决定错误的监察机关、留置措施适用错误的审批机关、留置措施适用错误的决定进行维持的复审、复核机关，申诉维持的监察机关，并没有立法上确定相应的法律制裁措施。

因此，这种复审、复核及申诉的权利救济手段容易流于形式。而留置措施适用备案制的规定则更是如此，这一条款的规定也需要进一步激活。所以，这种系统内部的监督方式不能完全实现其应有的目标，也容易使公众对监察权产生神秘难测的不信任感，对《监察法》的严肃性和法律效力亦是一种损害，同时也有损监察机关的权威。

应当在法律层面设计一定的救济制度，以弥补这一"监督失效"带来的制度缺憾。具体可参照借鉴《行政诉讼法》的有关规定。比如，《行政诉讼法》中规定，就行政机关作出的错误行政决定，如果被行政复议机关或行政复核机关予以维持，行政相对人可以对作出错误行政决定的行政机关、维持错误行政决定的复议机关、复核机关作为被告，起诉至人民法院，要求这些被告共同承担因错误的行政决定给行政相对人造成的损害的行政责任，通过寻求司法救济，以求最大范围内维护自己的合法权益。虽然这从形式上来看是公民权利救济的一个基本途径，但实质上却是对监察权力进行约束的一种外部制约方式，这种以外部监督的方式，在内部监督的基础上附加一种制约公权力的方式，有效预防系统内部因为利益牵涉带来的监督失效问题，能够有效促使行政机关内部监督的真正运行。

监察机关内设专门机构的监督机制下，由于机关内部部门之间存在整体的利益，监察权容易陷入"既是运动员又是裁判员"的境地，恰如孟德斯鸠所认为的那样"一切拥有权力的人们使用权力一直遇到界限的地方才休止"，[①] 监察委员会自己监督自己的权力使用，容易对自己所掌控的权力的界限作出让步，从而造成权力在运行过程中出现行使恣意的现象。制约权力不仅体现在要从法律层面对权力的内容进行规范，更要体现在对权力使用的过程的防范。对于后者的规定则更应当呈现在对超越权力边界，以及行使权力的主体法律责任的严格、有效落实，这是权责一致原则的必然要求，也是有效防范权力内部监督机制失灵的制度要求。因此，对于监察机关这种内设专门机构的内部监督机制应当设定严格的责任追究机制，促使自我监督落实到位。

---

① ［法］孟德斯鸠：《论法的精神》（上册），张雁深译，商务印书馆1961年版，第154页。

2. 外部监督机制

一是各级人民代表大会及其常委会机关的监督。《监察法》第五十三条规定了人大及其常务委员会对监察机关及其工作人员的监督，主要是监察机关自主接受人民代表大会及其常务委员会的监督，人大常委会听取监察机关的专项工作报告，对监察机关的工作组织、执法检查、依照法定程序中的有关问题提出询问和质询。因此，人民代表大会及其常务委员会对监察机关的监督，是对其执法权行使的全过程监督，其中就涵盖了对留置措施适用过程的监督。《监察法》在第十五条明确指出监察机关对以下人员进行监察："（一）中国共产党机关、人民代表大会及其常务委员会机关、人民政府、监察委员会、人民法院、人民检察院、中国人民政治协商会议各级委员会机关、民主党派机关和工商业联合机关的公务员，以及参照《中华人民共和国公务员法》管理的人员；"显然，监察权覆盖的范围包括了各级人民代表大会及其常务委员会和人民代表大会及其常委会的公职人员。[①]

二是社会监督。《监察法》第五十四条规定："监察机关应当依法公开监察工作信息，接受民主监督、社会监督、舆论监督"，由此看出，社会监督的方式包含了依法公开监察工作信息和接受民主监督、社会监督、舆论监督。社会监督的方式目的旨在"让权力在阳光下运行"及保障公民的知情权。遗憾的是，《监察法》对社会监督的方式仅仅是简单规定，并未对具体实现方式和具体途径做出明确规定。

监察委员会职权的核心内容为调查权，留置措施又是调查权的一项重要权能，留置措施能否被正当合法适用，决定着监察体制改革有序进行。考虑到我国监察权目前的权利性质，要达到让其在阳光下充分运行

---

① 《宪法》和《监察法》均规定了国家各级监察机关由本级人民代表大会选举产生，对本级人民代表大会及其常务委员会负责。监察机关享有的监察权及其各项权能经由全国人民代表大会通过修改《宪法》和制定《监察法》的方式授予。监察机关和各级人民代表大会之间的这种产生与被产生、授权与被授权、监督与被监督、被监督与监督的关系现状就使得人民代表大会及其常务委员会，对监察机关的监督陷入了逻辑上的悖论，能否真正起到监督的实际效用存疑。

的制度设计初衷，除了设置有效的内部监督机制外，更需发挥外部监督的制约机制。

首先，要完善权力制约权力的监督机制。"民主政治的核心问题，就是要建立一套有效的民主监督机制，赋予公民足够的力量监督和制衡国家权力，促使公民的意志和愿望得以有效保障，从而实现政治民主，维护公民的政治自由。"[①] 人民代表大会制度在我国政治实践运行中就是人民当家做主，这是民主政治的直接体现。因此，各级人民代表大会的监督是对监察权最有力量的制约。基于人民代表大会是我国最高权力机关的特殊地位，监察权对人大及其常委会职能人员的监督权，在运行过程中可能呈现出的巨大弊端，完善人大及其常委会监督机制应该重点考虑。在现有国家政治体制及权力结构下，在国家监察机关与人民代表大会及其常务委员会之间，探索制定出科学可行的职能分工模式，使人大监督机制的运行不受二者之间的职能分工制约关系的影响，让权力制约权力的效果真正体现。

其次，发挥权利制约权力的监督效果。这里的权利是指法律权利，它是指以法的形式表现出来，并由国家强制力予以保障，公民为或不为一定行为的权利。[②] 以权利制约权力，即在《监察法》的法律体系中，对被留置人员赋予一定的保护性法律权利，以达到抗衡在留置措施适用过程中的监察机关及其监察人员的权力恣意行为。《监察法》分别在第四十一条、第四十四条、第六十条及第六十七条做出相应的规定，以权利来监督和制约监察人员采取留置措施时存在的不当行为。例如：规定监察人员采取留置措施时需要出示证件，出具书面通知，由二人以上进行，形成笔录、报告等书面材料，并由相关人员签名、盖章；第四十四条规定"对被调查人采取留置措施后，应当在二十四小时以内，通知被留置人员所在单位和家属，但有可能毁灭、伪造证据，干扰证人作证或者串供等有碍调查情形的除外。有碍调查的情形消失后，应当立即通知被留

---

① 李晓明、芮国强：《国家监察学原理》，法律出版社 2019 年版，第 52 页。

② 周旺生：《法理学》，北京大学出版社 2006 年版，第 257 页。

置人员所在单位和家属。"第六十条规定对于留置法定期限届满,不予以解除的,被调查人员及其近亲属有申诉的权利;第六十七条是对监察机关及其工作人员行使职权侵犯公民等合法权益造成损害的,依法给予国家赔偿。① 具体地,可以从以下两方面进行。

1. 保障被留置人员及其近亲属知情权。知情权是公民保护自己合法权益的基础性、前提性的条件,若公民知情权无法得到保障,其他合法权益的实现都无从谈起。同时,知情权也是监督和制约国家权力的一项重要的方式。但知情权的实现须有国家机关的配合。《监察法》对留置权的规定,具有限制人身自由的强制性,为规范权力的实施,有必要从立法上,对被留置人员知情权作出规定,以监督和制约留置权的规范运行;公民在与国家权力对抗中,常常处于不利境地,双方力量达不到均衡,致使私权利容易受到侵害。而法律的力量就是在于倾向维持平等。②

2. 赋予被留置人员获得律师帮助的权利。在留置权运用过程中,赋予被留置人员获得律师帮助的权利,增强被留置人员抗衡国家权力的力量,实现私权利与国家公权力之间相对均衡,从而实现对留置权的监督和制约。《监察法》规定了监察机关及其监察人员行使职权(当然地包括行使留置权的过程)侵犯公民合法权益的,公民可以获得国家赔偿,但并未就公民获得国家赔偿的救济途径加以明确,是民事诉讼途径还是行政诉讼途径,或者是还有其他法律途径来获得有效保障等具体事项并没有做明确规定。这就需要律师的帮助,由律师提供专业法律服务和建议,对于在监察委调查过程中,留置权行使中的问题及时发现并提供相关建议。

"双规""两指"转隶至《监察法》留置权的立法目的,就是实现职

---

① 上述规定,一是没有赋予被留置人员的知情权。即《监察法》没有规定监察机关应当对被留置人员在被采取留置措施后履行告知被留置的理由、依据及其依法享有的权利和救济途径等义务;二是没有赋予被留置人员在被采取留置措施后享有辩解的权利;三是没有赋予被留置人员被采取留置措施后依法享有律师帮助的权利;四是《监察法》对公民获得国家赔偿的权利救济途径没明确规定。

② 易延友:《刑事诉讼法:规则 原理 应用》,法律出版社 2019 年版,第 128 页。

务犯罪的依法治理，权力的法制化和合规运行。留置权法制化的实现并不意味着留置权法治化的运行，有法可依是法治化的基础，但科学执法，公权力的有效制约，私权利得到有效保障才是法治化不可或缺的内容。留置权运行的合法与否，直接影响甚至决定着监察体制改革的正当性和合法性。当前，《监察法》留置权的立法规定，对于留置权运行的程序过程，尚未达到现代法治国家关于权力法治化运行应当具有的规范标准，突出表现在留置权的规定过于原则和粗疏，赋予留置权实施主体的自由裁量权空间过大。相反，对于留置权的监督和制约方面，无论是内部监督还是外部监督均存在进一步完善的空间。依赖于监察机关自我调整的内部监督，似乎无法起到实效作用，而社会、舆论等外部监督方式由于监察机关调查的不公开性使得难以起到其应有的作用。各本级人民代表大会及其常务委员会这一监督力量，也因监察委员会国家职能人员全覆盖的监察权力，使得这种监督力量亦有所削弱，无法真正有效地发挥出权力监督的效力。一切权力都应当受到监督和制约，这已成为建设现代法治国家的通识，通过法治反腐败，其核心在于依法控制并惩治权力的滥用行为，如果法律制度弹性相对于权力本身而言过于松弛，那么法律制度本身也就没有任何实质意义。《监察法》为留置权的自由裁量预留了很多空间，对此如果不通过修正和完善相关法律规则体系加以修补，以加强对留置权的制约和控制，一旦留置权行使出现异样，"两指""双规"法制化的转隶也就无法产生实质法治的应有之义。

第二章 监察委初步核实程序的立法检视

第一节 问题的提出

刑事初查制度是在特定历史时期，检察机关在总结自侦案件经验教训的基础上形成的特殊产物。随着自侦案件举报线索的增多，为了"提高立案质量，把好立案关"，检察机关在确认有犯罪事实存在的前提下才能立案。初查即"初步调查"，是在刑事诉讼立案前对案件是否满足诉讼条件从而开启刑事诉讼程序所做的基础审查。初查制度最初是由检察机关提出并赋予其相应的内涵，但初查并非属于检察机关侦查贪污受贿犯罪所独有的手段，在2013年《公安部办理刑事案件程序规定》中，也对初查作了相应的规定。

由此可见，初查制度应是刑事诉讼程序开启前，防止不必要的案件进入刑事诉讼流程，造成诉讼资源的浪费，因而由有管辖权的机关，对案件是否符合开启诉讼的条件所做的简单审核和调查。但由于初查制度主要见之于检察机关为办理贪污受贿等职务类案件所做出的一系列规定中，且监察机关对于转隶的贪污受贿案件调查的权力也是承继于检察机关，因此，本章主要从检察机关视角出发，厘清初查制度在我国法制土壤中得以生成的源流。

从初查制度的发展脉络来看，初查制度的确立是在检察机关颁布的一系列法律文件中逐渐明晰，也逐渐明确化、制度化，成为司法实务中处理贪污受贿案件不可缺少的一项程序。这一项由实务自发形成的制度，虽然经过法律的逐渐认可与确定，但其在理论层面属于何种性质，学界仍然看法不一，定位不明导致该制度在实践适用中出现较多问题。对于法治文明及程序正义的要求愈加强烈的当下，初查制度存废的争议之声也日益见涨。然而，就我国这样一个人口众多、刑事案件线索数量庞杂的国家而言，刑事初查制度所具备的实践价值也不可否认。

2018年《监察法》颁布并开始施行，由检察机关管辖的贪污受贿案件转隶至监察机关所受理。因此，监察机关是否需要对检察机关侦查职务犯罪的初查制度予以承继，又成为一项新的有待解决的司法问题。由于监察机关并不属于司法机关，监察机关贪污贿赂案件的调查也并非属于刑事诉讼的管辖范围，因此有学者认为，初核程序不同于《刑事诉讼法》中的初查，初步核实是监察机关对案件线索是否满足"职务违法"抑或是"职务犯罪"的立案条件，是否需要开启监察调查程序所做基本审查核实，而诉讼法规定的初查仅是为是否开启刑事立案程序及开展刑事侦查所做的初步审查。虽然在《监察法》立法中，我国并未直接延续《人民检察院刑事诉讼规则（试行）》的规定，明确采用初查一词，但在《监察法》第三十八条、第三十九条中，以初步核实代替了初查的语义规定，监察立法中对初核的性质也语焉不详，但从整体立法体系、初步核实的作用及意义来说，初步核实与初查应当一脉相承。

《监察法》通过第三十八条、第三十九条对初步核实程序的规定过于简单、抽象，立法只从初步核实的实施主体及初步核实完毕后的处理程序等加以规定。初步核实的性质和程序、该程序适用中所能够采取具体措施以及初步核实所取得的证据的性质等缺乏明确的界定，更为重要的是，经过初步核实后，发现可能涉嫌职务犯罪的监察机关是否能够进行刑事立案等问题均有待明晰。因此，本章将通过分析初查制度的历史沿革，了解初查制度的发展脉络，探寻该制度在我国刑事诉讼进程中产生实践基础的原因，通过对初查制度的性质及其实践价值和该制度中所存在的缺陷进行对比分析，就监察机关承继该制度的必要性予以论证，以比较法的视角对初查制度进行分析，为初步核实制度在监察委的确立、发展与完善提供理想的路径选择。

第二节 监察委初步核实程序继受刑事初查制度

对于制度出现、变革、发展历程分析是我们研究、理解以及应用该制度的重要前提，只有全面梳理该制度产生的社会背景以及在当前社会中的继受价值，才能基于理论及实践层面的考虑，完善该制度的具体实用性，这对于司法制度亦是如此。因此，通过对初查制度在刑事诉讼中的溯源及演进予以分析，明确该制度在不同历史阶段所体现的根本性质，是理解和认识该制度存在的前提要件，这为初查制度在国家监察程序理论与实践中的继受适用提供重要依据。

一 监察委初步核实程序对于刑事初查程序制度继受

初查一词最早是见于 1985 年 1 月召开的第二次全国检察机关信访工作会议的文件中。该文件在谈到信访部门的工作任务时指出："信访部门比较适合承办部分控告、申诉案件立案前的'初查'，以便能为自侦部门提供准确性高一些的案件线索。"由此可以看出，在这一时期，初查活动仅仅是为立案作准备，是检察机关内部为了提高立案的准确率而采取的一种行为。

1995 年 10 月最高人民检察院出台的《关于要案线索备案、初查规定》中对初查制度作了进一步明确，对初查的基本含义作了解释："初查工作是人民检察院在立案前对要案线索进行审查的司法活动。"在初查措施上，规定了"要案线索的初查工作应当秘密进行"。这是司法机关第一次将初查界定为一项司法活动。

最高人民检察院于 2012 年 11 月 22 日颁布了《人民检察院刑事诉讼规则（试行）》（以下简称"2012 规则"），根据《2012 规则》第一百六十八条的规定，初查是人民检察院处理职权范围内的刑事案件时，一项非必要的前置性程序，也即只有在认为有犯罪事实需要初查时，报请检察长或监察委员会审批后，可以采取初查。但在实践适用过程中，初查基本成为检察院办理刑事案件的必要前置性程序。

2018 年《监察法》通过后，监察委对于检察院"两反"职能进行转隶，由于监察机构的特殊职能与政治定位，初核的性质再次陷入不明。初步核实程序是国家纪律监察的专责机关，职责为准确判明职务违法犯罪的案件线索是否真实，以及准确界定属于职务违法还是职务犯罪所实施的行为，由于监察委兼具对于职务违法以及职务犯罪案件的调查，因此，有观点认为，初步核实程序的性质应当根据对线索最终的处置不同，而对初核性质应该"二元划分"，做不同的界定。但初核程序的目的之一正是准确判断该线索是属于违法线索还是犯罪线索，不能根据最终属于何种线索来倒推初核的性质，应按照行使权力方式、特性及其适用的法律为准，监察委初核权应当属于行政性质权力。因此，国家立法应当更加注重对监察委初核权的完善，通过立法明确这种优势权能的行使边界，将监察委初核阶段的职权运行进行明确的程序规制以及监督，使权力运行在法律规范的框架之下。

二　监察委初步核实程序继受刑事初查制度的实践价值

1. 司法资源有效利用

刑事立案材料的来源包括举报、报案、控告及司法机关亲自发现等途径，仅依据这些书面或者言词案件线索本身，无法准确判断是否一定符合刑事立案条件，因此，初查制度赋予侦查部门采取一定的非强制性措施，对是否存在"犯罪事实"进行初步断定。初查为立案作适当前期准备，如果不经过初查而直接立案，将可能会出现不应当立案而立案的情形。在此种情况下，侦查机关已经投入了相应的人力、物力和财力等司法资源，但是经侦查发现没有犯罪事实，或者不需要追究刑事责任，那么前期投入的司法资源就基本虚耗。在贪污贿赂犯罪调查权力转移监察机关行使的情况下，节约司法资源的要求仍然存在，甚至可以说更为必要。在反腐形势依旧严峻的今天，就贪污贿赂违法犯罪的案件线索进行先行管控与初步核实仍彰显出其重要价值，为监察机关准确判别行为是否构成职务违法、职务犯罪抑或是不构成违法犯罪提高效率。

2. 证据收集

基于职务犯罪案件的特殊性，职务犯罪案件的犯罪嫌疑人通常具有较高的认知水平和较强的反侦查能力。而初查的秘密性在于，不惊动犯罪嫌疑人的情况下，调查犯罪嫌疑人是否存在犯罪事实，避免犯罪嫌疑人提前毁灭证据的可能性。另外，在律师权利扩大的今天，初查的必要性进一步加强，通过初查可以避免由于律师的过多介入而造成证据的流失和资料的转移。由此确保第一手证据材料的准确性，减少错误立案造成的不良影响，提高立案准确率，为后续的司法活动顺利进行打下基础，保证办案质量。但是，监察机关兼具对职务违法以及职务犯罪案件的处理职权，纷繁复杂的案件线索较之于检察机关主管时有过之而无不及。

3. 保障人权

初查活动主要是对举报线索进行查证进而发现犯罪嫌疑人有无犯罪事实，举报线索多来源于匿名举报，线索的真伪以及举报人的动机不得而知，因此，需要进行初查来作出初步判断。采取初查手段就达到了避免在查清犯罪事实之前侦查阶段的强制措施过早介入的目的，以免在不存在犯罪事实的情况下给相关人员的人身或财产权利造成侵犯。另外，初查采取的只是任意性侦查措施，这些措施相比较强制性侦查措施而言更有利于对犯罪嫌疑人权利的保护。在此基础上，监察机关对于初查制度的继受也有了其必要性，避免监察机关因虚假的举报线索而使得公民随意进入监察调查阶段，因为一旦进入立案调查阶段，成为受到廉政相关法律及刑事实体法不利评价的对象，被调查人的社会评价和地位将发生改变，因此，初核程序的存在使被调查人避免了由于监察调查措施的运用对其正当权益造成损害。

4. 秩序维护

在实践中，若不经过初查而直接立案侦查，犯罪嫌疑人正常的工作和生活将被打乱，犯罪嫌疑人的声誉也会受到消极评价，这种个人品格、道德上的判断甚至不会随着查明犯罪嫌疑人并无犯罪事实的结果而消失，犯罪嫌疑人将会被身边的人贴上"问题人"的标签，不仅侵犯了犯罪嫌疑人的人权而且不利于社会生活的稳定。监察机关初核亦采取秘密方式进行，在对案件线索掌握到一定程度时，进行监察立案，通过秘密核实，排除确有违法犯罪情况的人不至于采取非常措施，例如伤害他人的手段进行藏匿，同样也防止不具有违法犯罪情况的人受到社会的不利评价。有利于维护和促进社会稳定。

5. 预防和惩治职务违法犯罪

初查活动是对举报线索的分析和判断的过程，通过初查手段判断是否存在犯罪使检察机关能够准确立案。该模式带有隐形的威慑力，促使从事职务活动公职人员认真履行职责，不敢触犯法律。初查活动的秘密性使得职务犯罪人员来不及毁灭证据和相关材料，使得第一手证据得以保存，很大程度上能够提高案件的侦破率。同样，监察机关采用初核制度，对潜在的犯罪人形成一种威慑，这种秘密性使得有滥用职权倾向的人处于一种担心被秘密调查的不安全状态而不敢涉足犯罪，从而能够更好的惩治和预防职务犯罪。综合来看，国家监察委是由国家监察机关和党的纪律检查机关合署办公，一套人马两套班子，初核制度的存在，为准确划分案件线索归属提供了前提，分流案件线索，排除虚假线索，对有待进一步判断的线索进行实时管控，确已存在的案件线索进行核实归类，为下一步开展立案审查或立案调查工作做准备。因此，初步核查程序对监察委的建立和继受具备实践基础。

第三节　监察委初核继受刑事初查的程序缺陷

明晰制度的存在价值，可以理解其存在意义，为实践提供理论支撑，而制度缺陷的发现，可以为变革和完善该制度提供思考方向。价值选择是制度发展和取舍的前提，问题与缺陷是制度完善的基础，这就要求对刑事初查制度实践价值及缺陷充分判明的前提下，肯定实践价值，弥补理论缺陷，为刑事初查制度进一步发展、完善的必要性及可能性提供支撑。

一 初查制度已存缺陷分析

1. 初查没有统一的程序标准

初查作为司法活动的一部分，适用过程中应当符合《刑事诉讼法》的基本要求，保证程序的基本正义，因此明确其适用的程序是刑事诉讼法保障人权的基本要义。2013 年 1 月 1 日生效的《人民检察院刑事诉讼规则（试行）》第八章第一节规定了初查的决定主体和负责主体，但是初查应当适用的程序和标准并未作出详尽的规定。第一百七十三条规定了在初查过程中，侦查机关可以采取询问、查询、勘验、检查、鉴定、调取证据材料等不限制初查对象人身、财产权利的措施，不得对初查对象采取强制措施，不得查封、扣押、冻结初查对象的财产，不得采取技术侦查措施。该条仍只是规定了在初查过程中可以采取的措施以及禁止采取的措施，但是并未对采取这些手段应当遵循什么样的程序，以及适用何种法律文书作出规定。

2. 缺乏法律依据导致性质不明确

初查制度在《刑事诉讼法》中并没有明确的规定，而《规则》也未就初查制度的性质加以明确界定。此外，初查制度是由最高人民检察院以司法解释的方式规定，在上位法《刑事诉讼中》找不到相应的根据，因而导致初查制度的合法性存疑，这亦是引起学界对初查制度的性质以及初查存废产生争议的主要原因之一。有关初查制度的性质主要有以下几种论点，"行政行为说"认为，初查制度实质上是一种行政事实的认定行为，因其保密性而具有单方性，符合行政行为的特征。[①] "司法调查行为说"以立案为标志，立案前的行为属于司法调查行为，而立案后的行为则是侦查行为。[②] "任意侦查行为说"认为初查行为是非强制性的调查行为，属于任意侦查的范畴。[③] "侦查行为说"认为立案前的是一种立案前的调查活动，

---

① 李慧敏：《检察机关初查制度构建刍议》，《井冈山医专学报》2007 年第 5 期。

② 杨书文：《论刑事立案的性质》，《中国刑事法杂志》2000 年第 2 期。

③ 龙宗智：《取证主体合法性若干问题》，《法学研究》2007 年第 3 期。

其与立案后的侦查活动一致。① 还有学者认为，初查行为的性质不能一概而论，部分初查行为以获取案件相关信息为指向，不具有特定性与强制性，具有社会调查的性质，不宜将其界定为侦查行为，而其他初查行为则以查获犯罪为指向，具有特定性及一定的强制性，应归为准侦查行为。② 学界及实务界对初查性质存在不同的认知，归其主要原因就是刑事诉讼法律对初查性质没有明确的规定，因而也导致了司法实践中各地检察机关对初查取得证据以及初查措施等方面适用上的纷争。

3. 初查监督机制缺失

初查制度中监督机制的或缺使得所采取的调查措施不受司法控制和监督。由于《刑事诉讼法》以及司法解释对于现行的初查制度法律监督机制方面的规定并不完善。初查制度的监督只能依靠在启动初查活动时相应的审批手续，即对初查的一种事前监督机制，以及通过初查结束后的立案设立了一个门槛，对初查起到部分事后监督的作用。初查制度的事前监督和事后的监督，为初查制度正确适用提供了一定的保障，但机关内部的审批以及是否符合立案的自我审查都是一种机关内部的自我监督，这种"自我答辩"形式的监督无法真正起到对初查措施不合法时的救济。一方面，初查程序过程监督的匮乏，可能使得初查这种立案前的一种秘密调查成为一项恣意性活动。初查活动侵犯被调查人合法权利的，外部人员甚至被调查人自己很难知晓，此时，事前及事后的内部监督难以发挥其应有的作用。况且法律对初查人员的责任以及处罚并未作出明确规定，初查活动的合法性几乎需要依靠初查人员的自身职业素养，给被调查人的合法权利遭受侵犯留下空间。另一方面，有权机关在实施初查的过程中，存在借助初查制度完成相应的侦查活动的僭越行为，对嫌疑人利益的侵犯，但刑事诉讼相关法律对被追诉人程序上的救济与保障不足。

4. 初查程序的随意性

实践中的初查活动在启动、结束等方面均较为随意，原因在于初查

---

① 孙长永、杨柳：《论刑事立案前的初查》，《河北法学》2006 年第 1 期。

② 施鹏鹏、陈真楠：《初查程序废除论——兼论刑事立案机制的调整》，《社会科学》2014 年第 9 期。

制度没有完善和规范的法律规定。《人民检察院刑事诉讼规则（试行）》第168条规定，根据该规定在启动初查程序时需要经过检察长或者检察委员会的同意。但是该规定较为笼统，未对如何审查线索，检察长或检察委员会在何种情况下应该做出不同意初查的程序开启的决定，以及程序开启被驳回时如何救济等问题作出规定。这就导致检察机关在启动初查工作时具有相当大的自由裁量权和随意性。

二　初步核实程序对初查制度规定缺陷的延续

与初查存在的广受诟病的问题一致，《监察法》对初核制度的规定也存在上述问题，初核程序延续了初查制度所存在的部分缺陷，主要体现在以下方面：

1. 缺乏立法层面的规定

从现行的法律来看，《监察法》仅用一条对初核做出规定。实践中适用监察初核程序的规定，主要见之于2019年1月施行的《中国共产党纪律检查监督执纪工作规则》（以下简称"工作规则"）的规定。监察机关初核的适用规定未在立法层面进行明确，而是通过党内法规形式做出，初核程序适用的规定性不明，这种缺乏国家基本法层面的规定不利于规制法定的实现。检察机关负责职务犯罪侦查时，初查程序及期限的立法规定阙如，导致了实践中初查制度在适用过程中产生异变，如以初查代替具体的侦查行为，引起学界对于初查制度的质疑与诟病。职务犯罪转隶监察委之后，《监察法》在法律层面亦未对初核的期限、初核程序做出细致规定，调查部门在进行初核时，很可能也会出现久拖不决，或者以初核代替正式调查的异化现象，继而导致初核制度在司法实践中的适用趋于无序。

2. 初核程序运行

《工作规则》就初核的程序做出了相应的规定，比如初核程序的启动，初核程序的运用，初核程序的终结以及每一阶段应该制作的文件材料等方面都有所完善，规定得相对全面。但是还有所疏漏，不同的初核措施应该在什么条件下适用，初步核实程序终结的标准，初核从开展到结束的期限限制等方面均未作规定。这些规定的或缺可能造成初核措施的滥用，以及初核程序的拖延，使得被核查人的权益处于被监控之下的不确定状态，从而给被核查人权益造成损害。在职务犯罪转隶监察委之前，以初核代替侦查的现象层出不穷，不仅造成司法资源的浪费，还容易导致司法腐败。其中之一的原因即是因为检察机关相关规则没有作出期限及初查措施适用标准上规定。而《工作规则》就初核工作需要多久结束，如何结束，初核结果达到何种程度能结束亦没有明确的规定。

3. 初核程序监督机制

《工作规则》在对初核监督层面的规定也采用了事前审批以及事后工作报告的规定。《工作规则》规定在初核程序开启、初核方案以及采取相应的核查措施时应报监察机关相关负责人批准，核查工作结束后撰写核实情况报告等。这种事前事后的机关内部监督的方式，一定程度上弱化了监督的效能。因而导致初查制度广受诟病的"不破不立"、"程序借用"等现象亦可能使初核制度继续沿用。监察委机关内部，初核制度适用机关与实施监督职能的机关存在实质上的混同，机关内部不同部门之间的监督与制衡就显得微不足道，甚至流于形式，因而也无法对初查活动作出实质性监督。同时，初核阶段侵权的被调查人救济程序匮乏，被调查人知道其合法权利受到侵害后由于缺乏法律上的救济程序，而处于救济无门的境地。

三　监察委初步核实制度对刑事初查制度的偏离

1. 初核阶段技术侦查措施的采用

为了能够有效应对贪污腐败现象，保证国家工作人员职务廉洁性，加强廉政建设，《工作规则》规定了初核阶段可以采取与相关人员谈话了解情况、要求相关组织作出说明、调取个人有关事项报告、查阅复制文件、账目、档案等资料，查核资产情况和有关信息、进行鉴定勘验、采取技术调查、限制出境等初核措施。相较于检察院初查权，能够适用的初核措施范围在一定程度上有所扩张。技术调查措施以及限制出境等限制人身自由的措施属于强制性调查措施，在未进行职务违法犯罪立案之前即采用，虽然确能有效防止贪污腐败人员潜逃，但如适用不当，也在一定程度上会损害被核查人合法权益。因此，在这种强制性调查措施的适用上，必须保持审慎，在确有必要的情况下，经过严格审批以及有效监督，防止不当适用引起的权益侵害。

2. 初核程序对被调查人合法权益保护规定阙如

初步核实程序由《监察法》以及《工作规则》加以规定。根据现阶段有关初核制度的规定，没有在立法层面赋予对被核查人权利有效的救济与保护机制。由于初核活动在职务违法及职务犯罪立案之前进行，此时被核查人属于被怀疑存在职务违法或犯罪事实的人。在未进行立案之前，被核查人的合法权益应当受到法律的保障，初核程序开展不当可能会对被核查人正当权益造成损害，但是立法并未赋予被核查人有效的权利保障与救济机制，也未对被核查人所具有的权利进行法律层面的宣告。

3. 初步核实程序不受司法原则的限制

根据《监察法》的规定，监察机关的调查行为不受刑事诉讼法的规制，监察调查活动也不是司法活动，监察初核也相应不受有关司法原则的限制。因此，司法所强调的程序正义、人权保障理念在监察调查过程中予以弱化，监察法的规定更多体现了有效制约和监督权力，有效打击贪污腐败违法犯罪的精神，相应的在程序的规定方面，在对被监察对象的权利保障方面有所疏失。

第四节　监察委初步核实程序的制度完善

《监察法》在第三十八条、第三十九条规定了初步核实制度，但关于初步核实具体适用程序规定过于抽象。初步核实是对涉嫌职务违法、职务犯罪案件线索进行初步审查，进而明确是否采取具体调查措施的一项制度。监察机构办理职务犯罪案件虽不适用《刑事诉讼法》的相关程序规定，但是作为一个国家职能机关，在处理职务犯罪案件时应当遵守

《宪法》关于公权力行使的正当程序要求。只有明确初步核实制度的具体适用及相关的程序问题，才能探讨监察委初步核实制度的完善进路，使权力运行在法治化的轨道中，为我国监察制度完善提供可能路径选择。

一　完善初步核实线索的管理机制

我国职务犯罪线索数量庞大，通常情况下，职务犯罪人往往以合法的手段来掩盖其违法犯罪的目的，通过初步核实程序对于相应的线索进行调查，能够防止被调查人提前掩盖或损害证据，有利于保障公民基本权利。我国对反贪污腐败的打击力度空前，监察委鼓励各种渠道对于犯罪线索进行举报。监察委立案前初步核查明确的进行职务犯罪的案件线索，一般是相关知情人员的举报，真实性通常可以查证，但也不排除存在他人恶意诬陷诽谤的情况发生。基于职务犯罪不易查明，且犯罪手段隐蔽等特性，我国职务犯罪案件的线索大多是来自有关机关的自行发现，以及匿名举报等途径获取。庞杂的职务违法犯罪线索，并未建立一个统一有效的管理机制，使得部分达不到犯罪的案件线索被随意进入刑事程序，抑或是大量线索被不予立案而简单归档了事①。建立有效的防控职务犯罪的初步核实机制，需要从职务犯罪线索的管理层面予以完善，优化线索管理审查，建立有效的职务案件线索管理机制，为所掌握的案件线索建立台账，优化职务违法犯罪信息管控平台，运用大数据定期对相关线索进行评估审查。对需要进一步展开调查的案件线索进行初步核实，对于暂不需要展开核实的线索予以实时监控，提高监察机关受理案件的线索质量。

二　明确初步核实地位以及性质

根据职务犯罪的特性，初步核实在我国司法实践中发挥的分流、保

---

① 张爱国、仇建萍：《完善职务犯罪初查机制研究》，《司法实务》2017 年第 5 期。

证立案准确性，以及为职务违法犯罪调查措施实施做准备的作用，总结之前我国纪委、检察院对职务犯罪线索的初步核实制度的适用经验，借鉴法制发达的大陆法系国家有关初查制度的规定，对我国监察委初步核实程序性质进行定位。初步核实的法律地位在《监察法》中并没有明确规定，实践中可能引起有权机关超越法律授权的措施开展初步核实程序，导致出现适用的难题。我国应当在通过立法或者法律解释的方式，明确初步核实法律地位——职务违法犯罪案件立案的前置程序，即职务违法犯罪案件，监察机关对接收到的线索无法判断是否存在犯罪事实，或者无法判断线索的真伪的，必须先进行初核，在经过初核，查明案件线索属实，有犯罪事实需要采取进一步调查措施的，才能采取进一步的调查措施。

准确处理职务违法和职务犯罪案件。监察机关既要调查职务违法又要调查职务犯罪的职责，立法规定立案前的核查对明晰案件线索的性质，具有重要分流案件性质意义。且监察机关作为我国行使调查权职能的专责机关，其调查职务犯罪案件并不受我国刑事诉讼法的规制，因此，通过初查来保证案件的准确性，避免对公民任意启动调查程序，防止公民陷入被调查的不利境地。同时，通过初步核实程序，使案件线索有一定程度的明晰，对开展职务违法还是职务犯罪的调查做出选择，促使正式调查程序的开展，提高调查的效率。考虑到监察对象的特殊性，初步核实有利于防止在没有相对确切的证据材料证明国家公作人员实施了职务犯罪的情况下，直接采取调查措施而损害国家工作人员的形象。

三 明确初步核实适用的程序

在初查制度的发展历程中，初查已经成为检察机关处理职务犯罪案件不可或缺的前置程序，对于分流案件，将不符合刑事诉讼条件的案件抵挡在刑事立案程序之外，保障自由不被随意侵犯等方面起到了至关重要的作用。2018 年《监察法》通过后，监察机关负责对职务违法以及职务犯罪案件进行调查。

监察委继受初查制度有其现实基础、实践需要以及法律支撑。2019年《人民检察院刑事诉讼规则》第八章中，将原本初查和立案的结构设计改为立案，同时将第一小节的初查改为立案审查，所有关于初查的术语统一为调查核实，此立法上的规定，是为了法律体系的完整性，以及法律术语的一致性，也同时体现了监察机关的初步核实即是对检察机关初查的一脉相承，当前相应法律的规定也无一不从侧面证明了国家对于初查制度所具有的价值的认可。

2018年《监察法》第三十八条、第三十九条对于初步核实进行了规定，规定监察机关对于相应的问题线索在立案前予以初步核实，初步核实制度在监察法中的确立，使初步核实制度有了明确的法律依据，而非仅仅通过检察机关的司法解释予以规定。《监察法》关于初步核实的适用程序未做细致的规定，仅规定需要采取初步核实方式处置问题线索时，监察机关需要履行审批程序，成立核查组进行核查，但对核查组进行初步核实的时间、程序等未做细致的规定。而目前实践中初步核实所采用的程序是按照原本纪委初步核实的程序进行，初步核实程序没有立法的明确限制，导致职务违法犯罪的案件处理中法律适用不一。

四　明确初步核实采取的措施及限制

由于我国现有体制的特殊性，监察机关调查职务违法犯罪并不属于刑事诉讼程序，因此，在监察机关转隶刑事职务犯罪调查权的情况下，初核制度对国外初查制度能够借鉴的方面有限，必须从我国现有的体制中去探索我国监察机关初核制度的出路。我国监察委初核制度对初查制度的继受已经从制度层面加以确定，虽然《监察法》对初核的规定不尽完善，但任何一项制度都不可能尽善尽美。应然层面存在的理想司法制度，也许转换视角看可能就存在无法自洽的问题，即使是在应然层面完美无缺的制度设计，该制度在实践中适用也可能受制于其他各种因素影响而效果减损。

《监察法》中就监察机关初步核实所能够采取的措施并未做具体的规

定，但是根据《组织规则》三十四条的规定，监察机关在初步核实阶段能够采取的措施包括：谈话、询问、勘验、鉴定、查询、调取证据材料、暂扣财物、采取技术调查、限制出境等初核措施。可以理解，适用技术调查以及限制出境等措施在应对职务犯罪的公职人员上起到很大的作用，能够有利防止走漏风声而导致公职人员的外逃，是我国严厉打击职务犯罪的政治要求的必然选择。但是，在未立案的情况下，采取此类强制性措施必然会导致公权力的恣意以及对私权利的侵蚀。而且，初步核实阶段技术调查以及限制出境措施的适用，将会导致初步核实程序与监察机关调查程序出现混同，初步核实的规定不存在现实的意义。

五　明确初步核实取得证据的司法适用

监察机关职务犯罪的调查最终目的，是使得犯罪的公职人员受到刑罚的制裁，保证国家公职人员职务的廉洁性，其与检察机关职务犯罪侦查的目的具有方向的一致性。监察机关职务犯罪的调查与刑事诉讼的衔接上应当采取"程序二元，证据一体"的理论模型①，即监察机关在进行职务犯罪线索的初步核实以及职务犯罪调查时，亦应遵守有关证据规则的规定。

"初查制度"在意大利的刑事诉讼立法中亦有所规定。意大利刑事诉讼法将侦查分为了初步侦查和正式侦查，分别由司法警察和检察官负责，司法警察负责刑事案件中初步侦查工作，由检察官负责具体的侦查，也即正式侦查。从意大利的初查制度的规定来看，由于意大利并未将立案作为一个法定的刑事诉讼程序，因此，也未区分立案前与立案后措施的区别，初查制度本质上是侦查阶段的一部分。与意大利的初查制度有异曲同工之处的法国，也将"初步侦查"作为侦查的一部分加以规定。但法国未对初查作严格的阶段划分，而是根据犯罪嫌疑的人身危险性及案

① 李勇：《〈监察法〉与〈刑事诉讼法〉衔接问题研究》，《证据科学》2018 年第 5 期。

件的紧迫性，规定了针对现行犯的初查以及非现行犯的初查，以区别是否可以采取强制性侦查措施。

作为英美法系国家的美国和英国在司法制度上相似，都没有明确关于初查制度的规定。对发生的案件以及相关的案件线索直接开启侦查程序，由司法警察采取相应的侦查措施，收集案件相关的事实及证据。英国和美国对于侦查设置了相应的司法审查机制，将侦查阶段采取的强制性措施纳入司法审查的范畴，由相对中立的法院对侦查行为的合法性加以保障。

日本的刑事诉讼法律制度受美国的影响较大，也未就初查制度作出明确规定，根据日本的刑事诉讼法，由司法警察对于案件线索展开侦查，调查取证。与英美法系诉讼制度相似，为了保障侦查阶段的犯罪嫌疑人权益，对于剥夺公民人身自由、财产权利强制性的侦查措施，日本刑事诉讼法设置了限制性条件，即必须向法官申请令状，接受司法机关的监督，从而起到对司法警察侦查手段的监督控制作用。

通过分析域外刑事诉讼中的初查程序，可以发现这些国家对初查的规定，要么是作为刑事侦查阶段的组成予以规定，要么就未明确规定初查，普遍将初次侦查的行为即视作刑事诉讼程序的开启。而我国侦查程序是以立案为标志的，我国和这些国家在刑事诉讼启动机制上存在不同。大陆法系将初查作为侦查程序的开始，有利于更加迅速、及时地对案件线索进行把握，对犯罪证据进行固定。虽然大部分国家启动刑事诉讼程序并未附加大量的程序性义务，而是随机启动诉讼程序，但由于上述国家均在不同层面对于侦查行为做出监督与约束以及司法审核，并未因诉讼程序开展的随机性而导致大量侵犯被追诉人人权的情况发生。前述两种诉讼程序的启动模式均有利有弊，诉讼制度的选择必须是结合各国的司法实际，在案件数量高位运行的中国，立案前初查程序对不符合情况的案件线索加以过滤，使得进入刑事诉讼程序的案件符合立案的标准，这亦是对于公民权利的审慎对待。

六 完善监督和救济机制

监督和救济机制是权力合法、合规行使以及制度良好运行的保障，应当建立全方位的初步核实监督体系以及有效的救济机制，健全内外部监督机制。在监察机关内部，首先，初步核实程序的开启、初步核实过程的监督、初步核实措施的审批等实施的法定的人或组织，加强事前监督的保障作用，使初步核实活动能够有序进行。其次，落实初步核实过程的监督，建立监察机关内部监督部门，落实向党委负责人的报告制度，对初步核实阶段的权力行为进行监督。最后，加强监察机关内部各部门之间的监督制约作用，对违法的初步核实行为做到即时监督并及时处理。在监察机关外部，加强社会舆论监督以及检察院监督等外部监督的作用。例如，社会监督包括初步核实线索提供人的监督，将初步核实结束后的处理结果通知线索提供人等方式，落实公众监督。检察院监督，即通过监察机关移交起诉的职务犯罪案件，以相关的法律为依据，通过严格审查初步核实的证据效力以及手段措施是否符合法定程序等方式予以监督。法院监督，对初核阶段取得的证据，严格依照刑事诉讼法关于证据取得、适用、采纳的标准进行取舍，把控好司法作为社会正义防控的最后一关。此外，还应包括上级监察机关对于下级监察机关在初步核实阶段的措施、程序等合法性进行监督等。通过内外部监督并举，建立体系化监督机制。建立并完善初步核实责任追究机制，给予滥用初步核实措施或者在初步核实阶段滥用权力侵害公民合法权利的行为，以严格的内部处罚措施，有效规避滥用权力的行为，保障并救济公民的合法私权利。

刑事初查自提出到现在，已经在我国司法实践中运行了近40年，在职务犯罪侦查中不断完善，至2012年，已具备基本框架，这也是我国刑事司法不断实践的产物，在实际运行过程中亦为检察机关处理职务犯罪案件提供较多便利。这充分表明刑事初查制度职务犯罪侦查转隶之前，已经形成了初步的样态及实践基础，虽然理论层面对该制度在司法实践中的适用存在较多诟病，但该制度的价值与作用亦无法否认。刑事初查制度在司法实践中具备效益且存在的问题能够通过立法完善，显然不能动辄因为颇受诟病就强调废除。如前所言，尽善无瑕的制度只能存在于应然层面的理想，而具体司法进程中，只有通过实然层面的不断调适，思考其存在问题，然后对制度缺陷加以改进，不断完善并进而寻求尽可能达至理想的路径选择。2018 年《监察法》使监察机关转承了检察院职务犯罪的调查权，基于职务犯罪的特有性质，监察机关承继检察机关为调查职务犯罪而在实践中不断形成与完善的初查制度亦有其必要性，《监察法》关于初步核实的规定亦承认了该制度的价值。在《监察法》仅就初步核实制度作了基本描述及抽象规定的情况下，规范初步核实制度在监察机关调查权适用过程中的具体操作显得尤为重要，防止初步核实制度陷入检察机关初查的实践困境。本章虽然通过反思初查制度在我国司法进程中存在的问题与缺陷，继而分析明确初步核实制度的基本性质，参考域外关于类似制度的研究与实践，对《监察法》对该制度的立法规制不足进行论证，为进行立法规制提供可参考依据。但是，如何消弭现存的司法适用不统一，破解实践适用异化的难题，使我国初步核实制度不断发展与完善仍然需要进一步讨论。

第三章　监察委调查权程序

第一节　问题的提出

监察权作为一项和行政权、立法权、司法权并行的国家公权力正式在制度层面依法确立，这是国家反腐败实现法制化的重大突破，这既是为依法保障和高效实现监察权的全覆盖，也是《监察法》对监察委职务违法、犯罪行为进行调查依法赋权。但是监察机关被赋予的调查权本身及其运行相关法律规则仍然存在疏漏。

监察委调查权作为与刑事侦查权具有类似职能的公权力，对其争议的问题源自对监察机关职务犯罪案件调查权性质理解不同产生，即调查权虽然属于对涉嫌犯罪案件事实及证据的查明，但是法律却规定了监察机关行使调查权不受《刑事诉讼法》的规制。监察委调查权在运行过程中，监察委的调查行为不受《刑事诉讼法》的约束和调整，监察委调查权的性质如何界定；如何规范调查权的行使，尤为重要的是，调查过程中留置措施的适用、技术调查措施的适用也缺乏相应程序规则。

对于上述争议问题的解决，有论点认为应该区分监察机关职务违法与调查职务犯罪案件的调查权性质，职务犯罪调查权应当类似于国家安全部门或监狱等机关对于发生在其管辖范围内的案件的侦查权，其本质上属于侦查性质。也有论点认为，侦查的本质就是调查，侦查和调查本质上并无区别；对犯罪案件的侦查是调查，对违法活动乃至违纪活动的调查也是调查。[1] 该论点认为调查并不排斥侦查，而侦查亦是涵盖于调查涵义范围之内，故调查的对象内容部分与侦查对象内容存在重合，而两者重合部分所适用的要求和标准应当一致。这种重合在《监察法》中有着明显的体现，监察机关针对职务违法犯罪行使调查权，采取的调查措施主要有谈话函询、讯问、询问、查询、冻结、调取、查封、扣押、搜查、勘验检查、鉴定、留置、通缉、技术调查、限制出境等措施。这些监察调查措施与《刑事诉讼法》中规定讯问犯罪嫌疑人、询问证人和被害人、勘验检查、搜查、查封、扣押、鉴定、技术侦查措施、通缉等刑事侦查措施不但表述类似，法律效果也基本一致。

　　根据《监察法》第三十条规定："监察机关依照本法规定收集的物证、书证、证人证言、被调查人供述辩解、视听资料、电子数据等证据材料，在刑事诉讼法中可以作为证据使用；监察机关在收集、固定、审查、运用证据时，应当与刑事审判关于证据的要求和标准相一致；以非法方法收集的证据应当依法予以排除，不得作为案件处置的依据。"行使监察委调查权所获得的证据可以直接运用到刑事诉讼中，对该些证据的收集、固定、审查、运用的要求和标准与刑事审判关于证据的要求和标准一致。[2] 同时《监察法》明确了监察委行使调查权的目的，也是收集被调查人有无职务犯罪的线索，以及犯罪情节轻重的证据，用以查明违法犯罪的事实，而且这些证据之间形成能够相互印证、完整稳定的证据链，这与《刑事诉讼法》第一百一十五条对刑事侦查目的的规定基本一致。但由于监察调查行为针对的对象既包括违纪对象，还包括违法、犯罪对象，所以监察委调查权的内容除了和刑事侦查权有相互重合的部分之外，还具有独立于刑事侦查的违纪案件调查这一内容。

　　与此同时，也有其他论点认为，法律明确规定了监察机关行使调查权不受《刑事诉讼法》的约束，说明无论职务违法还是犯罪案件的调查

---

①　易延友：《刑事诉讼法：规则原理应用》，法律出版社 2019 年第 5 版，第 296 页。

②　张富利、张旦萍：《监察委员会职务犯罪调查权论析》，《中共青岛市委党校青岛行政学院学报》2019 年第 6 期。

权性质，均区别于刑事犯罪的侦查权。与刑事侦查权相比，监察委调查权在权力内容重合部分，权力运行的法律效果与刑事侦查权相同，然而，在此范围之内，《监察法》和《刑事诉讼法》对两种权力运行过程却分别采取了不同的程序制约标准。这种规制程序上的双重立法，滋生权力和权力以及权力和权利之间的不对等和不平衡才是问题的根本所在，即便是在上述范围之外，《监察法》对监察委调查权的约束和控制也极为宽松。

因此，监察委调查权和刑事侦查权两项功能相似的权力在运行过程中，权力约束的法律机制存在较大差异，例如，和侦查权相比，监察委调查权适用程序不够公开透明；概念界定不清；监察委行使调查权获得的各类证据，在案件审查起诉阶段和案件审判阶段适用非法证据排除规则表述晦涩。特别是对"非法"的判断标准指代不明，这有可能导致依据监察委调查权获得的证据，在非法证据排除进程中陷入法律适用的实践困境。这也充分表明，监察委调查权没有《刑事诉讼法》对刑事侦查权的行使设计出同样完整的程序控制。与刑事侦查措施的运行规范相比，《监察法》关于部分调查措施适用的规定过于原则，立法对两项公权力程序控制的规定，呈现出不同样态，权力运行的程序控制标准没有形成同等对待，意即《监察法》关于职务犯罪被调查人的权益保障规定，明显不如《刑事诉讼法》对犯罪嫌疑人权益保障的充分。因此，本章通过分析监察委调查权行使中的主要程序问题，从而发现立法缺陷的隐忧，然后提出监察委调查程序完善的应对之策。

第二节　监察委调查权行使中的程序问题

《监察法》生效后，监察权天然地具有"平衡国家权力关系调节器"和"以权制权"特殊的职能，① 监察权能否沿着法治轨道健康运行，作为其核心部分的权力——监察委调查权是否在正当程序控制下的有效运行

---

① 李晓明、芮国强：《国家监察学原理》，法律出版社 2019 年版，第 56 页。

起着决定性作用。正如拉德布鲁赫所说，作为"形式的法律"的程序法，它如同桅杆顶尖，对船身最轻微的运动也会做出强烈的摆动。① 而正当程序就像一个实行严格质量控制的工厂，从其中产出的数量必然受到严重的削减。② 现代法治国家，权力实施程序是否公正合理、公开透明，能否实现法治化标准，在一定程度上决定着权利能否有效地获得保护。现有监察制度框架下，《监察法》虽然对监察委调查权从实体到程序也作出了一定的规定，但这些规定仍然比较粗糙，尤其在程序的设计方面显得过于原则。监察委调查措施的具体实施规则，《监察法》及其相关规范在调查措施的适用目的、适用条件、适用对象、适用程序等方面都没有做出明确和详细的规定。

一　《监察法》第十九条规定的"谈话"调查措施

综合《监察法》全文规定，"谈话"所得内容依法可以作为监察委调查证据使用，并与其他相关证据共同用以确定被谈话对象法律责任有无。"谈话"内容有可能会对被谈话对象产生不利法律后果。然而对这一影响、甚至决定着被谈话对象切身权利义务及其法律责任实质有无的监察委调查措施，同时，也是监察机关收集调查证据的主要手段之一，《监察法》却没有从法律规范层面作出详尽规定。比如，《监察法》规定："谈话"对象为"可能发生职务违法的监察对象"，至于这种可能性的标准如何，法律也未作列举。"谈话"的适用条件规定得不够明确，"委托有关机关"进行谈话中，"有关机关"的规定模糊不清；可供选择的谈话方式在《监察法》没有进行简单列举，至于对类似于被禁止性的"谈话"方式，可被依法禁止适用的谈话方式，"谈话"内容可被视作违法性因素，

---

① ［德］拉德布鲁赫：《法学导论》（修订译本），米健译，商务印书馆 2013 年版，第 170 页。

② 转引自易延友《刑事诉讼法：规则原理应用》，法律出版社 2019 年 9 月第 5 版，第 60—61 页（Herbert Packer, Two Models of the Criminal Procedure, 113U. PA. L. Rev. 1 (1964), p. 15）。

从非法证据排除的角度排除在证据资格之外这样的条文规范更是缺如。

《监察法》没有提及关于开展"谈话"措施中的监察委调查权适用过程中的权力限制和约束。例如，"谈话"不得以诱导的方式进行的限制，监察机关对被调查人采取谈话措施前应当告知其法定的权利义务。监察机关在对被调查人采取"谈话"措施前，实施这一措施中应当履行一定的前置性义务，并且某些权力运用的尺度也应当给予一定的限制和约束。监察机关在采取"谈话"措施前应当对被谈话对象履行一定的前置性义务。一方面能够使得被谈话对象提前了解自己在监察谈话中的权利与责任，以便其在信息对称的情况下权衡利弊，作出较为理性的选择。另一方面也是通过对监察机关义务的设置、被谈话对象权利的规定，进而约束监察调查权的合法运行。既赋予被调查人一定的权利，用以和强大的监察调查权抗衡，同时也起到对权力的约束和限制，对被调查人权利的尊重和保障，但《监察法》对这些关键性事项的规定却语焉不详。

二 关于"讯问""询问"措施的规定

《监察法》第二十条第二款对此做了简单规定，对涉嫌贪污贿赂、失职渎职等职务犯罪的被调查人，监察机关可以进行讯问，要求其如实供述涉嫌犯罪的情况。其中"涉嫌"的判断依据、讯问的条件、讯问的时间和地点、讯问的流程、讯问的方式、讯问中调查人员的人数要求，以及讯问过程中被调查人权利的法律救济等问题在《监察法》中均未作出具体回应。讯问措施作为调查措施中的一项重要措施，同样是对违法犯罪案件的犯罪嫌疑人采取的强制措施，相对刑事侦查措施中的"讯问"措施，《监察法》对监察机关采取讯问措施的程序性规定显然不够详细和具体，这使监察机关调查权呈现出明显的权责不对等。

《监察法》第二十一条规定了"询问"措施，在调查过程中，监察机关可以询问证人等人员。系统地理解《监察法》不难看出，"询问"这一措施从性质和适用目的来看属于监察委调查措施的内容，实质上承担着监察委调查案件事实的工作，适用"询问"措施的目的也是为了收集、获取证据以便查明违纪、违法乃至犯罪的案件事实，以便确定案件当事人法律责任的有无。如此重要的一项监察调查措施，《监察法》仅仅用了一条一笔带过，有关涉及"询问"适用的具体条件、程序规范、证人范围的确定、询问证人采取的方式、询问地点的确定、询问一次的最长时长限制等事项的程序性要求，均未作出任何具体的法律规定。同时，对于监察机关在行使这一调查措施中应当履行的义务、需要遵循的要求和条件、应当承担的法律责任，以及被询问对象应当享有的权利和应承担的义务等事项，也没有制定相应的具体规定予以明确。

三　关于监察技术调查措施的规定

技术调查权这一概念在监察技术调查权研究领域中处于"元概念"的角色①，技术调查措施是技术调查权的法律概念在监察法律体系当中的规则载体。对技术调查权的法律概念通过《监察法》明确作出界定，有助于我们对技术调查措施的特性和类型等相关问题作出准确的理解和把握，从而有助于对该权力的实践运行作出有效制约，让监察技术调查权的运行规范且有序。但在整个监察法规范体系内，对这一法律概念并未给出明确界定，这就使得人们对监察技术调查和刑事技术侦查两种措施，在法律部门归属问题、对象种类、程序规制及二者关系等相关事项上，发生观念上的混同及概念上的模糊，具体表现为，技术调查就是技术侦查，技术调查措施的种类和技术侦查措施的种类一致或类似。但很显然，如果将技术调查等同为技术侦查，则两者在权力性质方面就会归属为同一性质，这明显与监察权独立于司法权、行政权的监察权性质相矛盾。而技术调查和技术侦查二者在性质不同的情况下，《监察法》就应当从法律层面对技术调查权的概念、技术调查措施的运用范围、技术调查措施的类型等相关内容予以明确，以防止存在适用上的疑惑。《监

---

① 转引自倪铁《监察技术调查权运作困境及其破局》，《东方法学》2019 年第 6 期（［英］安德鲁．海伍德编著：《政治伦理教程》，李智译，中国人民大学出版社 2009 年版，第 136 页）。

察法》对运用技术调查措施获得的证据，用刑事审判中的证据标准予以了衡量和判断，这更给技术调查措施的实践运用和理论上的评判造成困扰。

与此同时，监察法律规范应该就技术调查权适用的正当程序等事项作出更为详尽、严格的规定。然而关于监察技术调查措施的程序规范方面的事项，《监察法》第二十八条仅做出了宣示性规定。对于本条中"严格"的标准、"批准"的具体内容，"批准"的决定主体，"批准"的程序、技术调查措施适用的主体，适用的对象条件，技术调查措施被"批准"后，执行机关的确定，以及"手续"具体指代，这些问题所涉及的相关法律事项，在《监察法》内无明确和具体规范。关于技术调查措施的各内容事项，第二十八条第二款也只规定"批准决定应当明确采取技术调查措施的种类和适用对象"。而具体能采取的种类、适用对象以及对象范围的确定、适用技术调查措施必要条件的限定等事项在《监察法》中均未涉及。

由于技术调查措施的自身特性，采取技术调查措施对私权侵犯的可能性较大，因此应当严格其适用的条件和程序。同时，为防止适用机关适用过限，应当赋予被采取技术调查措施的对象进行权利救济的途径。但《监察法》对适用机关可能发生过限行为未做规制，对其不良法律后果未作出补救措施。现有监察法律体系下，若决定机关违反法律规定，批准了监察法律规范未明确规定的技术调查措施，进行了调查收集了职务犯罪证据的行为，对于这类犯罪证据，依据《监察法》调查收集的证据按照刑事审判关于刑事犯罪证据的标准，予以判断和衡量的规定，这种情况下，通过监察技术调查获得的证据，很难不被非法证据排除规则排除在证据资格之外。一旦这些证据被排除在证据之外，监察委调查权的合法性就会因此遭受质疑，而由此带来的一系列法律问题，又将为监察技术调查权运用的合法性造成法律上的困扰。

此外，技术调查措施中"手续"这一术语的运用，也极为不规范和不严谨。"手续"一词本身就可以指代某一种事项的具体程序，"手续"一词为代词，通常指代某一具体事项的办理过程，该词即使能够指代某一事项，通常是因其所指代的某一事项的本身已经被赋予和规范了某种具体程序，为了方便表述，便以"手续"一词用以指代该事项的程序性事务。显然，"手续"一词的出现本身就蕴含着某种程序在内，其运用也以一定前置程序事项为前提。而如前文所述，从现有监察法律规范整体来看，"手续"这一术语在《监察法》第二十八条规定中并不具备应有的前置性程序条件。对于"手续"的立法表达，监察法律规范有责任对疑义部分进行补缺。

"如果有可能的话，人们宁肯选择通过公证的程序实施一项暴戾的实体法，也不愿意选择通过不公正的程序实施一项较为宽松的实体法。"①而前述监察委调查措施适用中存在的各类问题，均充分表明了《监察法》关于监察委调查权的运行过程缺乏正当法律程序控制，尤其缺乏关于运用监察调查措施收集获取证据的正当程序，缺乏监察委调查权力运行的内部审查机制及外部正当程序控制，缺乏被调查人权利救济路径设计。这些规定的缺失，使得监察委调查权行使的法律效果及其正当性遭受质疑。

第三节　监察委调查权行使中的隐忧

监察委调查权运行程序存在的问题表明，对监察委运用调查措施，收集、获取证据正当程序的缺失，使得监察委调查权运行不畅。监察委调查权行使在实践中缺乏较为严谨的法律规定，监察法律规范同其他部门法之间衔接阙如，引致监察委调查权行使相对封闭。监察委调查权运行内部审查机制及外部正当程序控制的缺位，也是监察调查权监督和制约不足的主要因素。相对监察调查权行使主体权能设置，监察法对被调查对象的权利配置及权利救济存在严重不均衡，使被调查对象权利保障相对供给不足。

---

① 陈瑞华：《程序正义论纲》，《诉讼法论丛》1998 年第 1 期。

1. 监察委调查权行使的相对封闭性

由于监察权覆盖所有行使公权力的公职人员，这使得实践中监察权在国家权力结构中的政治地位很高。监察机关独立行使监察调查权，不受行政机关、社会团体和个人的干涉，即便《宪法》和《监察法》中，明确规定全国各级人民代表大会对监察权有监督的权力，但基于监察权覆盖范围极为广泛的现实，人民代表大会这一监督力量，如何开展对监察委的监督也欠缺进一步的法律安排。在实践操作中无法真正发挥出监督实效，由此在整个国家权力管理系统内，造成了监察委调查权的行使相对封闭。

监察机关办理案件不执行刑事诉讼法，只执行《监察法》及与其相关法律法规，[①] 所以监察委调查权的行使过程所受到的约束和规范，只能来自于监察法而不受刑事诉讼法调整。而《监察法》又是集实体和程序于一身的综合性法律，既对监察委调查权的实体性内容作了具体规定，又对监察委调查权的实施程序作了规范。但是关于监察委调查权程序性规范部分的规定简单粗略。《监察法》规定监察委行使调查权，获得的证据应当以刑事审判的标准来衡量和判断，但监察法与刑事诉讼法在诸多方面的规定相互冲突，甚至在内容上相互矛盾。两者在法律衔接上除了《监察法》第三十三条规定，2019 年 12 月 30 日起实施的《人民检察院刑事诉讼规则》中所做的有关监察机关移送案件程序方面的相关规定之外，再无其他衔接性的法律规范，《监察法》与其他法律规范之间的衔接更是显微。

监察调查措施实施过程相对封闭，导致监察委调查权被质疑不公开、不透明，监察调查权公正性、合法性难以保障，监察机关办理案件的质量也令人担忧。一方面，《监察法》为监察委调查权收集证据的唯一法律依据的现实状况，监察法与刑事诉讼立法衔接的不畅，成为通过监察调查获得的证据进入案件审查起诉和审判阶段，运用非法证据排除规则进行证据审查时的制度性障碍。制度困境可能使监察机关办理的案件所依据的证据，在收集程序法律效果层面，呈现出不合法的状态，使审判人

---

① 陈瑞华：《论监察委员会的调查权》，《中国人民大学学报》2018 年第 4 期。

员面对案件审判，在选择适用法律上陷入困境，判决结果呈现证据不够充分的现实问题。另一方面，监察委调查权行使在权力系统、制度范围、程序规范及内部审查系统上的相对封闭性，可能造成查明案件事实过程的公开性不足、透明度不高，而影响到案件办理的公正性和合法性，造成案件认定事实不清，甚至所认定的案件事实错误等结果。

2. 正当程序阙如

监察委调查权的行使是通过其载体监察调查措施的实施来实现的，对监察委调查权运行的制约和控制，应当通过对监察调查措施实施的具体程序设计来实现。从监察委调查措施实施程序中存在的问题，及监察委调查权行使的相对封闭性来看，监察委调查权的运行过程缺乏正当程序控制。监察委调查权具体权力内容和实施过程规定得不清晰。技术调查措施、讯问措施、询问措施、谈话措施等调查权内容，在实施过程存在不规范、不清晰之外，其他具有限制人身自由的调查措施（诸如留置措施），亦存在适用对象界限不明、适用条件不够具体的问题。《监察法》对监察委调查权赋以极大的自由裁量空间，权力行使条件极其宽泛且不够明晰，对于监察调查权因不当或违法行使权力的责任后果、责任承担等限权性规范规定较少。总之，监察委调查权的权力配置规定，不能体现权责对等原则，明显呈现出权力和责任不对等的权责失衡状态。

监察委调查权的法律规定未能体现限制权力所必要的监督、制约。这与现代法治国家的要求相违背。制约分为以权力制约权力和以权利制约权力两种类型，以权力制约权力的典型表现是，在工作流程中为相互没有隶属关系的机关之间，设置制度性关卡或限制，符合标准就放行，否则不予放行。[1] 而以权利制约权力最直接的表现，即为公民"广泛分配权利——扩大权利的广度，以抗衡权力的强度"。[2] 关于监察委调查权的

---

① 童之伟：《对监察委员会自身的监督制约何以强化》，《法学评论》（双月刊），2017年第1期（总第201期）。

② 转引自童之伟《对监察委员会自身的监督制约何以强化》，《法学评论》（双月刊），2017年第1期（总第201期）（郭道晖：《权利与权力的对立统一》，《法学研究》1990年第4期）。

制约监督，《监察法》虽然规定，各级监察机关应当接受本级人大及其常委会的权力监督，但因监察权覆盖了包含人大及其常委会工作人员在内的所有公职人员，因此，这种二者互为监督对象的监督方式，其实际效果与应然效果相比，将会大打折扣。此外，监察权覆盖的公职人员范围还包括了在司法机关工作的全部公职人员，因此，无论权力机关还是司法权力对监察委调查权的监督和制约，其应有法律效果并不能被完全呈现。

从权利制约的角度分析，监察法没有规定调查阶段，律师的介入权等关于被调查人权益保障的规定，被调查人权利的势弱达不到与监察调查权相抗衡的力量，通过被调查人进行制衡和监督监察调查权的规定不足。例如，监察委实施监察调查措施的过程中，用以对抗监督监察委调查权肆意扩张的被调查人的相对应的权利在《监察法》中存在的法律规范数量也严重匮乏，在《监察法》内仅有个别监察调查措施法律对被监察人员赋予了一定的权利，用以抗衡监察调查权的过分扩张，如《监察法》第二十四条规定"监察机关……。在搜查时应当出具搜查证，并有被搜查人或者其家属等见证人在场。"其他方面如第二十五条当中虽也有规定，但都是原则性的规定，可操作性差，缺乏权利行使的必要保障。此外，《监察法》第五十四条规定"监察机关应当依法公开监察信息，接受民主监督、社会监督、舆论监督。"这一规定也过于简单笼统。关于社会力量的监督渠道、监督的程序保障、监督者监督权得以有效维护和保障的方式，这些涉及权利制约权力的事项在《监察法》中均不具体和明确。

3. 被调查人权利保障不力

赋予权力机关以必要的权力自由裁量空间有利于法律的稳定性，有助于国家治理能力的提升，但自由裁量权空间的过分扩张则会挤对公民应有权利空间，造成公民合法利益被非法侵害，同时，也会对社会秩序的稳定造成威胁，对法律权威和政府威信产生不良影响，妨碍社会公序良俗的生成和运行，增加国家治理和社会治理成本。《监察法》规定的一些监察调查措施，极具私权侵犯性。尤其如留置措施，在不当或非法实施的情况下会侵犯到公民人身自由，技术调查措施不当甚至非法实施，可能会侵犯公民的隐私权，搜查措施的非法实施可能会侵犯到公民的住宅安宁权等。

但是，纵观《监察法》全文，立法为监察机关行使调查权赋予了自由裁量权的空间范围，远超权力自由裁量"必要"的比例原则限定要求，这不但体现在《监察法》在监察委调查权权力运行方式方面规定过于简单，使部分监察调查措施实施过程的程序性制约不足，还体现在《监察法》对被调查人员权利保障性及救济性规定不足。《监察法》在这些权力（利）方面规定的匮乏，就为监察委调查权运行恣意预留了空间，也是被调查人权利可能得不到维护和保障的根本原因。《监察法》关于监察委调查权在正当程序方面的缺失、调查权力行使中监督制约能力的不足，使得监察委调查权缺乏相应的控制和约束。被调查人权利和监察委调查权力量对比的悬殊，以及被调查人权利损害司法救济途径的缺失，使被调查人权利在遭受监察委调查权时无法通过《监察法》获得有效维护。显然，监察委调查权视角下，《监察法》对被调查人权利保障明显不力。

4. 相关程序性决定合法性缺乏内设法制部门审查

从《监察法》的性质来看，除了监察实体法和监察程序法的合体之外，它同时还是一部监察组织法。《监察法》第四章监察程序一章，对监察权运行所做的程序性规范，第七章对监察机关和监察人员的监督做了规定。在第四章包括了对监察委调查权的运行程序所做的简单规定，比如对监察调查留置措施实施程序的规定、对询问、讯问、搜查、勘验检查等调查措施的实施程序的规定等。但诸如前述所言，这些规范并不具体、合理，甚至部分程序的规定不够公开透明。

监察委调查权相关程序性决定的合法性，缺乏内设法制部门审查。根据《监察法》实施现状，在现有监察体制及监察法律框架下，监察机关内部应设置权力合法性审查机制，内设相应的法制工作部门成为必要。这能够预防和减少监察委调查权因监察主体责任意识不强、决策水平不高等原因，造成的程序性决定的失误，预防和抵御因监察委调查权自由裁量过大发生的权力肆意，产生权力腐败和权力滥用行为。

因此，在监察机关内部，应由监察机关设置组建相应的内设专职法制审查职能机构，履行和承担对监察委调查权执法行为的执法监督，监察委调查权行使中的执法过错责任追究，以及重大疑难案件运用和实施监察调查措施。包括开展案件调查需要组织专家对涉及公民重大人身权利的监察调查措施，进行论证和法律风险的评估，监察调查行为及其审批的合法性等事项开展审查的专门职能。因《监察法》中没有明确规定，实践中监察机关也未对类似专门职能，及与该职能对应的内设法制审查职能部门进行设置和组建。

《监察法》虽然在第四章第三十六条规定："监察机关应当严格按照正常程序开展工作，建立问题限缩处置、调查、审理各部门相互协调、相互制约的工作机构"，第七章规定了监察机关和监察人员的行为的监督，但前述这些规定并不具体清晰，可操作性差。审查主体在此未能明确规定，对监察委调查权行使决定程序的合法性，监察调查行为的合法性，监察委调查权运行过程的合法性等事项，行使审查职能的具体承办工作机构或部门也未作出具体的规定。由于上述所述问题的存在，使监察委调查权的运行成为关键问题。

第四节　监察委调查权的立法规制

公权力的行使均应受到规制和约束，监察委调查权不是例外。监察委调查权运行中存在的问题使学界对该权力的运行产生忧虑。如果监察委调查权脱离该有的约束和控制，整个国家的职务犯罪治理结构和治理体系可能会面临大的问题，甚至会妨碍反腐败的法治化进程。因此，有必要从立法层面对监察委调查权进行规制。

一　明确被调查人的程序权利保障规则

《监察法》在第二十四条、第二十五条、第三十九条、第四十一条、第四十二条、第四十三条、第四十四条、第五十八条、第六十条中，赋予了被调查人知情权、申诉权、申请回避等保障性权利，但这些权利设计能否达到其应有的目的留存疑问。主要由于以下原因：一，已有权利内容的规范并不具体细致，可操作性较差，程序规范不合理，程序正当化难以保障，被调查人权利难以有效维护。二，部分监察调查措施在实施过程中，因对监察机关赋权重于担责、对被调查人赋权轻于监察委调查权，甚至有些被调查人依法应当享有的程序性权利未能明确，如监察措施实施过程中被调查人应获律师帮助权等权利的缺失等，权力和权利之间的力量对比悬殊，未能得到科学合理地平衡。被调查人权利在程序方面处于不利地位，部分程序权利处于缺失状态。三，"无救济则无权利"。被调查人权利遭受监察机关职权损害时的救济，在《监察法》第四十九条、第六十条中虽有体现，但仍然存在不完善、不具体的问题。对错误实施监察调查措施的机关及其审批机关、维持错误适用监察调查措施决定的复审、复核机关，申诉维持机关的责任及相应的法律制裁措施未作出规定，寻求司法救济的权利规定得不到位，使权利的救济被虚置，权利流于形式而无法获得实质保障。

"被监察者权利的保障与监察者权力的有效运行具有同等重要性，两者在实践上应当协调实现，不应片面强调其中一方而牺牲另一方。"[①] "被监察者职权的保障与监察者职权的运用具有同等的价值，两者应当维持平衡。"[②] 因此，根据我国宪法中关于人权保障的基本原则，结合《监察法》中关于监察委调查权与被调查人权利双方力量不平衡，被调查人权利法律保障不充分的现实状况，有必要从程序层面对被调查人的权利做如下保障：一是从法律角度对被调查人已有程序性权利进行细化和完善，保证被调查人权利得以有效维护和实现。如《监察法》第五十八条规定的申请回避的权利，关于有权申请回避的主体的规定，包括"监察对象、检举人及其他有关人员"，因此，申请回避的主体自然涵盖了被调查人在内。本条除对有权申请回避主体及回避情形做了简单列举之外，对除此之外的其他事项均未涉及。《监察法》应当对"回避决定的主体、被调查

---

① 童之伟：《对监察委员会自身的监督制约何以强化》，《法学评论》（双月刊），2017年第1期（总第201期）。

② 童之伟：《对监察委员会自身的监督制约何以强化》，《法学评论》（双月刊），2017年第1期（总第201期）。

人对回避决定不服后的权利救济途径"等相关事项作出类似于《刑事诉讼法》或《民事诉讼法》《行政诉讼法》中的规定，使被调查人这一权利在程序层面能够获得相对较为完整的保障。二是在法律层面明确被调查人应有但未被监察法律规定的程序性权利。如被调查人有获得律师帮助的权利。律师帮助权本身即是人权保障的应有之义，亦是提升被调查人对抗公权力的重要方式，它既有助于消极实体真实主义的实现，也有助于加强程序公正。① 监察委调查权的行使中需要律师的介入，以加强被调查人的防御能力，从而实现双方力量的平衡。三是补充并完善被调查人权利救济程序规范。无救济则无权利。从《监察法》规定来看，监察被调查人权利受到侵害的救济途径大致有两种，一种是复审、复核、申诉途径，另一种是获得国家赔偿的途径。从《监察法》关于申诉途径的规定来看，这种方式下的权利救济并不能有效实现被调查人权利保障。被调查人如果对申诉处理决定不服可以申请复查，而关于被调查人对复查决定依然不服情况下的被调查人的权利如何得到救济，《监察法》却没有指明出路，造成申诉救济方式由于机关内部审查而被流于形式，被调查人权利不能从实质上获得监察法律程序的有效保护。复审、复核救济方式的具体规定类似于申诉方式，三者在权利保障的效果上也类似。《监察法》对此应当补充并完善，使被调查人的这一程序权利保障能够真正被落到实处。

《监察法》第六十七条规定了公民等主体因监察机关及其工作人员行使职权遭受权利损害的，可以获得国家赔偿，但该条规定简单抽象，如果被调查人权利受损需要获得国家赔偿，应当依照刑事赔偿程序行使权利，还是依照行政赔偿程序获得权利救济，抑或是另有其他赔偿程序进行救济，《监察法》没有明确。鉴于监察机关不同于行政机关、司法机关及立法机关的性质，对于这一国家赔偿程序的确定有必要在监察法律范围内，予以补充完善，抑或通过修改完善其他法律，实现与《监察法》的有序衔接。

---

① 易延友：《刑事诉讼法：规则原理应用》，法律出版社 2019 年第 5 版，第 127—131 页。

二　监察委技术调查措施的适用与规制

《监察法》第二十八条规定，监察机关调查涉嫌重大贪污贿赂等职务犯罪，在必要情况下，经过严格的批准手续，可以采取技术调查措施，并按照规定交有关机关执行。实施监察技术调查措施的过程中，势必运用现代相关科学技术和设备，对职务犯罪的证据进行收集、获取。在这一过程中，可能会使用到包括电子监听、秘密录像等在内的现代技术手段。这类监察技术调查手段具有极强的隐蔽性和私权侵犯性，可能会给公民隐私权带来巨大伤害。对此如无正当程序加以控制，很容易使权力脱离法治轨道，而危害公民合法利益、危害社会正常秩序。《监察法》二十八条对监察技术调查措施做了相应的规定，其他个别法律条文也有所涉及，但大部分情况下，都是附带性地对技术调查措施结果的运用等作了原则性规定，对于技术调查措施运用过程如何规范，已有监察法律规范要么无法发挥实际效用，要么就是由于指代不明或缺乏源头依据，给技术调查权的实践运行造成困扰。对于这种严重影响公民隐私权的技术手段，《监察法》的规定，明显存在不够具体详尽，不够严格以及制约程序不足等缺陷，具体体现在概念的界分缺位、法律术语运用不规范、正当程序缺位等。

因此，《监察法》对技术调查措施的程序限制，明显不如《刑事诉讼法》规定严格、具体，甚至有些程序缺失，程序的有无体现了法律对权利保障的程度，技术调查措施程序的不足或缺失，使得监察委调查权出现了严重的"权重责轻"的现实问题，也使得《监察法》所确立的平等、合法、权责对等等法治理念价值阙如。受监察机关监督范围全覆盖的职权特性，监察委虽然形式上与其他国家机关处于同一职权位阶，但其实质上却具有制约其他国家职权机关的力量，如果对监察机关的权限不加以控制，监察调查权更容易走向权力异化，这有悖于监察权设立的初衷。同时，监察调查权程序制衡机制的不足甚或是缺失，也使得监察权作为"治官之权""治权之权"① 失去监督和控制。

---

① 李晓明、芮国强：《国家监察学原理》，法律出版社 2019 年版，第 56 页。

三 完善监察委员会刑事调查权运作的监督机制

"如果监察权过大或过于集中，失去外部和内部的有效监督制约，该权力本身就可能转化为贪腐之源的一部分。缺乏有效监督制约的权力必然导致腐败，监察权也不会例外。"① 监察委调查权更不会有例外。监察委调查权明显权重责轻、权责不对等的现状如果不加以监督和制约必然失控。关于监察权的监督方式有所规定，但如果不能实现有效监督的目的，这样的监督仍然属于无效监督。《监察法》在第七章分别规定了监察权行使的外部监督机制和内部监督机制。

外部监督又包括了权力机构的监督和权利监督两种方式。第五十三条、第五十四条规定了权力机构的监督，各级监察委员会接受本级人民代表大会及其常务委员会的监督，主要通过各级人民代表大会及其常务委员会听取和审议本级监察委员会的专项工作报告，组织执法检查监督。县级以上各级人民代表大会或者常务委员会组成人员可以依照法律规定的程序，就监察工作中的有关问题提出询问或者质询。监察机关要依法公开监察工作信息，接受民主监督。权利监督即来自监察委刑事被调查人的监督，这一监督方式体现在第七章第五十八条和第六十条当中，即赋予被调查人以申请回避的权利和申诉的权利对监察委刑事调查权实施行为的合法性予以监督。此外，第五十四条规定监察工作应当依法接受社会监督和舆论监督。

外部的权力监督方式具有的实际监督效能，因监察权的特殊性而有所削弱，无法实现应有的监督法律实效。权利监督方面也由于双方力量对比过于悬殊。加之《监察法》对监察委刑事调查权并未建立起权责对等的责任倒追机制，以及足以使权利获得足够法制保障的法律救济途径，导致被调查人的权利对监察委调查权的监督和制约也不能真正发挥出监督制约的实效。又因监察委刑事调查权行使的程序相对封闭，权力运行

① 童之伟：《对监察委员会自身的监督制约何以强化》，《法学评论》（双月刊），2017 年第 1 期（总第 201 期）。

的公开透明度不足，社会监督、舆论监督方式的实效，也因监督运行机制不畅而受到影响。内部监督方面，因监察委刑事调查权程序性决定事项，缺乏内设法制部门的合法性审查及责任追究机制，也无法使监察委调查权从内部程序运行中受到正当监督和控制。

因此，总结以上监督方式现状分析，监察委调查权不能维持可持续意义上的法治监督效力，根本原因在于，相关法律责任规范的缺失和已经存在的法律责任规范因缺乏完善的责任落实机制，而导致法律责任规则不能有效落实到位，使得法律责任规范不能发挥应有的威慑作用，致使监督出现乏力。完善监察委员会刑事调查权运作的监督机制关键，在于完善监察委刑事调查权运作的法律责任规范，及监察调查权如何有效落实的制约机制。

总体来看，应当从以下几方面完善监察委员会刑事调查权运作的监督机制：首先，要在监察委刑事调查权运作过程中，始终贯彻"权责对等"的法律原则和观念。监察委刑事调查权应在权责对等原则的指导下，制定"有权必有责、有责必追究"的法律责任规则落实机制，从法制层面实现权责对等原则的具体化；其次，应建立与"权责对等"原则相互衔接的法律责任实施程序，使法律责任机制规范有序；再次，应当在完善上述相应机制下，赋予监察委刑事调查权的被调查人及其他相关监督主体，对监察机关刑事调查权权力运行合法性与否提起异议的权利，或行为合法性提请审查的权利，以达到对监察委调查权运作全过程的监督制约，使其能够在法律规定的权限范围内合法地运行。最后，还应当完善国家赔偿的程序规则。在明确监察机关实施侵权行为性质的基础上，通过监察法律规范自身完善国家赔偿相关运作程序，或者与其他法律规范合理衔接完成监察国家赔偿程序的法律规范，畅通国家赔偿权实现的诉讼渠道，使被调查人获得国家赔偿权能够通过诉权或申请权的方式得到充分的法治保障。

四　以审判为中心应成为监察委调查权程序立法规制目标

按照以审判为中心的诉讼制度改革的要求，审前阶段应当服从并服务于审判阶段①。《监察法》第三十三条也明确规定："监察机关依照本法规定收集的物证、书证、证人证言、被调查人供述和边界、视听资料、电子数据等证据材料，在刑事诉讼中可以作为证据使用"，该条第二款同时规定，"监察机关在收集、固定、审查、运用证据时，应当与刑事审判关于证据的要求和标准相一致。"这些规定很明显地体现了监察委调查权以审判为中心，服务于刑事审判阶段的法治理念，体现了以审判为中心对运用监察委调查权取证的过程及证据合法性、真实性的要求，而不是对监察委调查取得的证据不加区别地采纳，对证据进行实质审查而非形式审查。监察委调查权作为获取监察刑事案件证据的合法权力，其在职权范围内针对犯罪案件展开的调查职能与刑事侦查权职能相似，也都属于审前阶段，它应当服务于审判阶段。

《监察法》第五条规定："国家监察工作严格遵照宪法和法律，以事实为根据，以法律为准绳；在适用法律上一律平等，保障当事人的合法权益；权责对等，严格监督。"监察委调查权权责的严重不对等，对于被调查人的合法权益保障明显不力；各类监督方式也因监督乏力而无法达到权力监督的应有效果；监察委调查权运行正当程序阙如，也造成监察委调查权正当程序控制的缺失。这些现实问题的存在，使得监察委调查权的运行过程缺乏正当性，这就需要对监察委调查权的运作通过程序立法进行规制。而"以审判为中心要求切实发挥审判程序应有的制约、把关作用，要求案件必须经得起法律检验、庭审检验，严格规范侦查、起诉活动。"② 根据《监察法》的规定，依据监察委调查权所获得的证据须与刑事审判关于证据的要求和标准一致。因此，对监察委调查权运作实施程序立法规制其标准，也应当参照刑事审判的标准予以规制，并同时确立以审判为中心的立法规制目标。使监察案件进入刑事审判阶段，运用非法证据排除规则审查监察案件证据时，不会出现因证据收集法律标准不一，而发生证据因收集不合法，最后被排除证据资格的法律风险。

---

① 叶青：《以审判为中心的诉讼制度改革之若干思考》，《法学》2015 年 7 月。
② 沈德咏：《以审判为中心的诉讼制度改革之若干思考》，《法学》2015 年第 7 期。

也能在程序法律层面实现对被调查人合法权益的正当程序保护，增强对监察委调查权监督和制约的可操作性，在一定程度上能够合理解决监察委调查权权责不对等的现实问题。

实体法具有规定权力和权利的内容及其边界的功能，而程序法是保障法律权力和权利得顺利实现的保障功能。正当法律程序不仅具有规范权力合法运行的功能，更具有防止权力滥用、保障司法公正的现实作用。《监察法》就监察委调查权的内容作出了规定，但这些规定对监察委调查权划定的权力界限不够具体、清晰，加之《监察法》对被调查人赋权太窄，造成监察委调查权对被调查人权利空间过分挤占，监察委调查权运行过程无法受到来自正当法律程序的控制和约束。监察委调查权作为监察权运行的轴心，如果监察委调查权的权力边界不清，运行过程不受正当程序的制约和控制，监察委调查权可能异化、腐败。监察委调查权运行的法制现状及其运行中面临的法律风险，是《监察法》"构建权威高效的中国特色国家监察体制，为监察机关建设一支忠诚、干净、担当的监察队伍"目标建设的最大障碍。要破除这一障碍，使监察委调查权在有正当程序保障的法制环境中高效、合法运行，既需要补充完善权力行使所需要的正当法律程序的缺失，以规范监察委调查权的运行过程，也需要从法律层面赋予被调查人依法应当享有的一些权利，以帮助规制监察委调查权的运行边界。更需要明确的是监察委调查权行使的责任承担机制，以强化权责对等的监察法地位，保证监察委调查权必须在法定权限内规范行使，对其实施合法、合理控制，应当构建正当法律程序机制，确保监察委调查权运行过程的有序、合法。

第四章　监察委补充调查程序

第一节　问题的提出

作为国家监察机关，其在国家机构中具有特殊的地位，《宪法》对其定位是政治机关，并赋权其对公权力行使者进行监察。而作为刑事诉讼"一造"地位的检察机关，是行使公权力的主体之一，作为被监察者的检察机关能否脱离地位上的被动性，在办理职务犯罪的过程中，能否真正实现刑事案件在诉讼程序中审查监督的"枢纽"作用是不得而知的。我国刑事诉讼程序中长久以来存在以公安机关为主导的"侦查中心主义"的弊病，司法改革中"以审判为中心"理念还未完全吹散侦查强势带来的阴云，必须严格审判中心主义，防止"侦查中心主义"方兴未艾而"调查中心主义"兴起。

《监察法》和新《刑事诉讼法》的上述规定，一定意义上阐明了监察机关和检察机关在办理职务犯罪案件中的权能分配，即在职务犯罪诉讼过程中，监察机构与侦查机关处理一般犯罪的作用一致，只是检察机关审查起诉的"前置机构"。"就监察调查、审查起诉、审理裁判而言，检察机关调查职务犯罪案件与刑事诉讼是一体的"[1]，其所发挥的只是

---

① 唐保银、田春雷：《监察机关职务犯罪与检察机关诉讼衔接机制研究》，《经济与社会发展》2020 年第 1 期。

通过调查犯罪，协助检察机关完成"惩罚犯罪，保障人权"的诉讼目标。刑事诉讼程序是相互贯通的，任何阶段的变化都可能达到"牵一发而动全身"的效果，检察机关退回对监察机关补充调查这一程序的倒流与继续，必然会引起关于刑事诉讼中时效、强制措施等是否需要变更的疑问，补充核实阶段双方之间的权力应作何安排等内容，都会影响到后续程序的处理。上述都是《监察法》与新《刑事诉讼法》在衔接过程中需要重点关注的内容，因为这既涉及监察机关和检察机关之间的职能配置与平衡的重大问题，也涉及案件办理程序的重大问题。

正是基于这一考量，新《刑事诉讼法》对《监察法》的相关内容进行了确认，明确规定"人民检察院对于监察机关移送起诉的案件，依照本法和监察法的有关规定进行审查。人民检察院经审查，认为需要补充核实的，应当退回监察机关补充调查，必要时可以自行补充侦查。"但是《监察法》和新《刑事诉讼法》的规定均属于概括性法律规定，比较宏观和模糊，在具体应用过程中，需要进一步的细化与完善。

监察委补充调查与公安机关补充侦查具有相似的目的与价值，也面临同样的合法性与合理性的疑问。原则上，为保障无辜的人免受不法程序的侵害，一般正当程序要求公权力机关在法定时限内完成法律所要求的职权内容，并在未达到法定标准时，做出最终的处理结果，避免因为程序拖延给被追诉人造成不利益。而退回补充侦查是程序的逆向倒流，除非有对抗"可能给被追诉人权益造成损害"的正当性事由，否则一般不得随意扭转正在进行的程序。

在监察体制下成长起来的"补充调查"，并未经历与公安机关曾面临的"无限次补充侦查"相类似的程序弊病，在吸收"不受次数限制的退回补充调查给刑事诉讼被追诉人合法权益产生恶劣影响"这一历史经验教训的基础上，《监察法》和《刑事诉讼法》从初始就一致规定了"两次"退回补充调查的限制，与当前"补充侦查"这一规定相统一，达到实现发现真实与保障被追诉人权益两种价值相均衡。少用慎用退回补充侦查程序，目的是提升侦查程序运行质量和效率；必要适用退回补充侦查程序是基于实现司法公正的需要。① 从补充侦查这一程序安排的实效来看，补充调查的程序设计也具有其价值及必要性。

补充调查是认定案件事实的需要。由于犯罪行为是发生在过去的事实，调查机关只能通过犯罪时所留存的各种"碎片"，来拼凑出不断接近客观事实的"案件事实"。但人的认知能力是有限的，证据也可能是杂乱、不完整的，职务犯罪的调查人员在调查犯罪的过程中亦可能存在疏漏的情况，导致案件事实的构建缺乏完整性、协调性。因此，允许通过补充调查来弥补发现事实过程中的缺陷与瑕疵是必要的。

首先，补充调查是各阶段认定犯罪标准高低不同的必要安排。尽管《监察法》对于监察机关移送审查起诉的证明标准与《刑事诉讼法》对公安机关移送审查起诉、人民检察院提起公诉、人民法院认定犯罪的证明标准相同，即达到"事实清楚，证据确实、充分"。但由于各诉讼主体的立场和站位不同，监察调查阶段的证据标准是相较于能否移送审查起诉而言的，检察审查起诉阶段针对的是提起公诉，而法院是以准确定罪为目的的。证明的指向性不同，证明主体是否存在偏私的可能性大小就不同，因而证明标准的高低相应地在事实上是不一致的。由于监察机关对于事实材料及证据的认识与检察机关不同而存在补充调查的需求。

其次，补充调查制度的存在一定程度上平衡了控制犯罪与保障人权两种诉讼目标。基于保障人权的要求，禁止国家设计可能影响被追诉人权益的程序机制，而退回补充调查是一种程序倒流，必然会给被追诉人权益造成一定的影响。而相应的控制犯罪理念要求程序设置最终结果要有益于犯罪的控制。退回补充调查制度的存在，一定程度上对于被追诉人权益有所减让，对于准确认定犯罪却有所裨益。但犯罪发现的追求不能严重影响到被追诉人权益，否则就丧失了正当性依据。在此基础上而言，《监察法》对于退回补充调查的设定以及两次补充调查的限制，可以看做是对于刑事诉讼两种价值的平衡。

---

① 石碧燕、刘元见：《检察机关退回补充侦查需要规范》，《检察日报》2020 年 7 月 30 日，http：//newspaper. jcrb. com/2020/20200730/20200730_ 003/20200730_ 003_ 3. htm。

再次，补充调查制度亦是司法认识过程的必然选择，司法认识的过程性一方面说明了认识是存在缺陷的，另一方面说明了认识是不断深化的。认识是有缺陷的，说明调查存在疏漏的必然性，需要设置一定的"容错机制"来应对可能存在的疏漏；认识是不断深化的，尤其在司法证明过程中，由于案件是发生在过去的事实，司法证明就是通过收集到的证据建构出一个尽可能符合客观事实的案件事实。随着认识的不断深化案件事实可能需要更完整地建构素材，且起诉阶段可能有新的情况出现，需要补充调查以待证实。因此，程序有必要设置一定的回转机制，应对"认识过程性"所导致的案件认识不断深化和完善的需求。

补充调查程序是审判中心主义改革的必然要求，审判中心主义要求证据的审查判断必须在庭上，经过监察调查所取得的证据必须经过法庭的进一步查证属实，避免调查过程中可能存在的监察机关因为发现犯罪的立场而导致的收集偏失以及所取证据不符合法律要求的情形。调查阶段的"偏听"必须经过审判阶段"兼听"的佐证，才能得到"则明"的结果。持不同立场的双方参与下证据的可信度及证明的严格程度必然高于一方参与下的可信度，审判中心主义改革对于证据审查的严格性也在一定程度上促成补充调查程序的设置，事实上，补充调查程序为审判中心提供一定的保障。综上，不论是认识论基础还是其价值基础，承认补充调查制度设置均具有其必要性，在此基础上，还应当注重现阶段补充调查制度所存在的问题，发现补充调查程序可能存在的弊病，尽可能的完善，以避免其损害程序的正当性。

由于程序的"回流"本就属于正常程序的异常安置，因此补充调查程序最是能体现监察调查与审查起诉程序衔接是否顺畅的制度。在对检察机关审查起诉退回补充侦查机制的实践运行过程中存在的问题进行反思的基础上，充分考虑监察调查程序的特殊性，为监察委移送起诉案件补充调查程序的完善与优化提供思考方向，以推进我国监察调查程序与诉讼程序的有效衔接。

第二节　补充调查的法定形式和基本要求

补充调查特指在检察院刑事审查起诉过程中，因为某些法定事由的存在，而将正在进行的诉讼程序向前一阶段回转的一种程序安排，是正常诉讼程序的倒流。该程序安排涉及监察委犯罪调查和检察院起诉两个环节，实质上是保障所审案件的事实证据经受法庭调查、验证属实的一种回流式补充性司法认识过程。①由于跨越两个程序，补充调查程序是一种特殊情况下的程序回流，因此，在刑事诉讼中应当做出严格的适用限制。

根据我国《监察法》第四十七条的规定，补充调查也分为退回监察机关补充调查以及检察院自行补充侦查两种法定形式。与《刑事诉讼法》"可以……亦可以"平行式的规定模式不同，《监察法》对于补充调查的设定，体现了适用上的先后要求，是一种层次化的规定模式，即在人民检察院认为需要补充核实的情况下，原则上应当退回监察机关进行补充调查，只有在必要的情况下，才例外由检察机关进行补充侦查。这种"原则+例外"的立法模式，是由于职务犯罪案件的特殊性以及监察机关的职能定位所决定。

《监察法》规定了监察机关是行使国家监察职能的专责机关，监察机关对职务犯罪案件行使调查权能的具体属性何如在学界仍旧存在争议，有学者认为调查权不同于刑事侦查权，其是监察机关监察权的一部分，"监察权是与立法权、行政权、司法权并列的四项公共权力，因而监察调查权在权力层级上高于刑事侦查权"。②但事实上，与立法权行政权、司法权所并列的是监察权，调查权尽管是监察权的一部分，但正如公安机关既有行政权又兼具刑事案件的侦查权一样，对权力属性的判断也应当考虑该权力所表现的属性及特征，而非仅参照该权能上位权力的属性。

①　张杰、刘勇：《以审判为中心背景下审查起诉退回补充侦查的路径优化》，《福建警察学院学报》2020年第4期。

②　陈一天：《监察调查权与刑事侦查权的界限》，《法治论坛》2018年第3期。

在处置职务犯罪案件时，监察机关的调查权就是为了发现犯罪事实、寻找证据所服务的，在这一层面，难以绝对说职务犯罪的调查权不同于侦查权。正如有学者所质疑的那样，"如果认为监察权完全不同于侦查权，该如何解释两种性质完全不同的权力却在诉前可以通过管辖权的分配而出现有时由监察机关管辖、有时由检察机关管辖的情况；如何解释在遇到需要补充调查时，又可以选择退回监察机关'补充调查'，或检察机关自行'补充侦查'的情况，两种不同的权力如何分配管辖权"①。监察调查与检察机关审查起诉程序衔接中的一系列问题的理解与认识的不同，均是基于对监察调查阶段的性质理解以及监察调查权属性的不同认知导致的。

《监察法》以及《刑事诉讼法》等法律文件，对职务犯罪案件的监察调查权和检察侦查权做出了顺位规定，监察机关调查权与检察机关侦查权竞合时，监察调查权的优位规则。② 即针对职务犯罪的案件时，由履行国家监察职能的专责机关管辖，我国刑事诉讼从"侦查——起诉——审判"传统线性构造向"调查——起诉——审判"并存的二元线性诉讼构造转变③，与之相对应，在检察机关审查起诉阶段，需要调查核实证据时，仍旧是监察调查权优先于检察侦查权，也即退回补充调查模式优先。监察调查权的优位规则是由监察职能的专属性及特定性所决定的，其要求监察公职人员、调查职务犯罪的职责原则上只能由监察机关行使。

退回补充调查是检察机关在审查起诉的过程中，发现监察机关移送审查起诉的职务犯罪案件，达不到移送审查起诉的罪名所要求的定罪量刑标准，而需要补充调查时，为避免法院因为证据不足而做出无罪或者罪轻的认定，故而将案件退回监察机关并提出补充调查的要求，由监察机关继续调查以提供相应的证据。退回补充调查是审查起诉阶段，证据补充调查的主要方式，"对于补充完善证据、查明案件事实、保证案件质

---

① 井晓龙：《监察调查权与检察侦查权衔接研究》，《法学杂志》2020 年第 41 期。

② 井晓龙：《监察调查权与检察侦查权衔接研究》，《法学杂志》2020 年第 41 期。

③ 左卫民、唐清宇：《制约模式：监察机关与检察机关的关系模式思考》，《现代法学》2018 年第 4 期。

量、严防冤假错案等都具有重要意义"①。现有法律对于补充调查从不同方面进行了完善：

首先，对于退回补充侦查的原因做出了规定。不同于《人民检察院刑事诉讼规则》（以下简称："诉讼规则"）对于补充侦查原因进行列举式的规定②，《诉讼规则》仅仅模糊性地规定了，在人民检察院认为需要补充调查时，应该退回监察机关补充调查。该规定没有较为具体的适用理由作为支撑，给检察机关退回补充调查留下了较为宽泛的适用空间，在检察院认为有需要的情况下即可退回补充调查，难以消解司法实践中，检察院为了回避审查起诉期限的限制，而通过退回补充调查达到延长审查期限的目的。

其次，对于退回补充侦查的程序性事项作出要求。对于需要退回补充调查的情形，根据《诉讼规则》的规定，检察院应当出具补充调查决定书，并附加调查提纲，明确需要补充调查的事项、理由以及调查方向、需补充收集的证据及证明作用等事项，连同案卷材料一并退回监察机关。③ 在补充调查书中，对于上述事项，明确补充调查的指向性及针对性，能够提高程序效率。

最后，对退回补充调查的调查期间、次数进行限制，对于需要补充调查的案件，监察机关应该在一个月内调查完毕，补充调查应该以二次为限。这一规定是为了防止检察机关利用退回补充调查之名，达到延长审查起诉期限的目的，同时也避免监察机关拖延程序的进行，损害被追诉人的权益。综上，我国《监察法》及《诉讼规则》仅仅对于退回补充

---

① 唐保银、田春雷：《监察机关职务犯罪与检察机关诉讼衔接机制研究》，《经济与社会发展》2020 年第 1 期。

② 《人民检察院刑事诉讼规则》第三百四十而条，人民检察院认为犯罪事实不清、证据不足或者存在遗漏罪行、遗漏同案犯罪嫌疑人等情形需要补充侦查的，应当制作补充侦查提纲，连同案卷材料一并退回公安机关补充侦查。人民检察院也可以自行侦查，必要时可以要求公安机关提供协助。

③ 《人民检察院规则》第三百四十三条第二款之规定。需要退回补充调查的案件，人民检察院应当出具补充调查决定书、补充调查提纲，写明补充调查的事项、理由、调查方向、需补充收集的证据及其证明作用等，连同案卷材料一并送交监察机关。

侦查的原因、需要出具的文书以及退回补充调查后强制措施如何处置等方面作出了要求。

自行补充侦查是检察机关认为需要调查核实的情况下，由于符合法定的情况，而由检察机关自行侦查，补充核实相关的证据。首先，对于可以由检察院自行补充侦查的情况作了规定。《诉讼规则》具体解释了《刑事诉讼法》及《监察法》所规定的"必要时"，即明确了可以由检察院直接侦查的几种情况。根据《诉讼规则》的要求，检察机关在以下三种情况下自行补充侦查。第一种是针对言词证据：即证人证言、犯罪嫌疑人供述和辩解、被害人陈述的内容主要情节是一致，只有个别情节不一致的情形下，可以由检察院自行侦查。第二种是针对实物证据，在物证、与书证等证据材料需要补充鉴定的情况下，检察机关可以自行侦查，向原鉴定机构调取证据。第三种是兜底性条款，即为了便于查清案件事实、程序效率或者为取证方便，可以由人民检察院自行补充侦查。可见《诉讼规则》对于检察机关自行补充侦查进行了严格的限定。不论是言词证据还是实物证据都只能在存在轻微瑕疵的情况下，可以由检察院自行侦查。对于案件事实的查明及证据疏漏的情况，由于监察职能的专属性，检察机关应当退回监察机关进行补充调查。其次，对于自行补充侦查的程序作出规定，即检察院自行侦查完毕后，应当将补充侦查的证据材料入卷，并同时抄送监察机关。作为职务犯罪的调查主体，具有对所补充证据材料的知情权。

在职务犯罪案件处理中，退回补充调查与检察机关自行补充侦查均属于监察调查与检察审查起诉环节衔接中的重要内容，与公安和检察机关之间的关系不同，监察调查与检察审查起诉由于程序性质的不同，在程序衔接上更需重视两个机关之间的职权安排。然而，较之于补充调查的模式，《刑事诉讼法》关于退回补充侦查的规定相对完善，在捕诉一体化要求下，检察机关可以通过提前介入侦查的形式对于公安机关侦查行为进行指引，通过公诉引导侦查，来减少退回补充侦查的次数或实现退回补充侦查的规范性。而在退回监察机关补充调查的情形下，在现有制度层面，监察机关调查职务犯罪案件具有秘密性，检察机关无法通过提前介入的方式来实现指引监察调查；在法律规定层面，《监察法》《刑事诉讼法》以及《诉讼规则》等法律文件，都未细化退回补充调查程序中所面临的各种程序性问题。制度及法律的双重缺失，使退回补充调查的机制无法达至其所追求的立法目标。因此，应当完善立法或对规定进行解释，设计较为精细的退回补充调查程序，合理安排退回补充调查程序中检察机关和监察机关的职责，实现保障职务犯罪被调查人和惩罚职务犯罪的双赢。

第三节　补充调查的程序问题

补充调查是监察机关职务犯罪调查和检察机关职务犯罪审查起诉程序衔接过程中的重要问题，既影响职务犯罪案件的司法处置过程及结果，关乎国家机关主体之间的权力安排，也关涉职务犯罪当事人在诉讼程序中的权益。但是，程序回流不简单是案卷在两个机关之间的移送，程序回流会导致一系列的程序问题出现以及当事人权益的具体安排，甚至是法的价值的冲突与考量。日前监察机关新设，监察委身兼职务违法和职务犯罪调查两项职责，对职务犯罪调查权的性质理解不同以及有关立法的疏失等问题的存在，导致学界对职务犯罪案件进入审查起诉阶段后因为事实不清或者证据欠缺而导致程序回转时，双方需要遵循哪些程序，被告人应当如何安排等产生疑问。因此，正确理解我国当前法律关于补充调查程序的规定，检视我国补充调查程序设置中存在的问题，为补充调查程序的完善奠定基础。当前，我国的补充调查程序主要存在以下问题：

一　补充调查立法粗糙

基本法规定的不完善是导致补充调查实践不一以及学界认识偏差的根本性原因。2018年《监察法》仅通过一个条文提及审查起诉阶段的补充调查，规定了审查起诉阶段检察院可以退回补充调查，特定情况下也可以自行侦查。这一规定认可了审查起诉阶段补充调查机制，为该阶段"程序回转"提供了法律依据。但是，具体应该如何运行，《监察法》未做进一步明确。

2018 年 4 月 16 日实施的《国家监察委员会与最高人民检察院办理职务犯罪案件工作衔接办法（以下简称"衔接办法"）》第五章对于审查起诉阶段的补充调查做出了细化规定，例如，补充调查的适用条件、退回补充调查期限、次数、退回后针对犯罪嫌疑人采取的强制措施如何处理以及退回补充调查和自行补充侦查具体程序等。但不可否认的是，较之于立法对于补充侦查的规定，考虑到监察调查区别于刑事诉讼的不同性质，补充调查制度仍旧存在疏漏。

1. 与补充侦查程序比较

首先，我国《诉讼规则》第三百四十二条明确了人民检察院补充侦查的适用条件，即检察院认为案件犯罪事实不清、证据不足或者存在遗漏罪刑、遗漏同案犯罪嫌疑人等情形需要补充侦查。而《衔接办法》第三十七、四十条将补充调查仅仅限定在了犯罪事实不清、证据不足情况下的退回补充调查，或者在基本事实已经查清，但存在法律规定的三种情形下[①]的自行侦查。对于遗漏罪刑、遗漏同案犯罪嫌疑人的情况下应该如何处理，法律没有涉及。

其次，不同于公安机关侦查属于刑事诉讼程序的一部分，学界普遍认为监察机关调查阶段不是刑事司法程序的一部分。[②] 在"捕诉一体化"理念提出后，检察机关可以通过提前介入侦查，尽可能减少程序的非正常"回流"，以避免检察院通过退回补充侦查实现延长审查起诉期限这一"潜规则"。而监察委调查是脱离于刑事诉讼程序的，难以通过监察机关

---

① 《衔接办法》第四十条所规定的三种情形包括：①证人证言、犯罪嫌疑人供述和辩解、被害人陈述的内容中主要情节一致，个别情节不一致且不影响定罪量刑的；②书证、物证等证据材料需要补充鉴定的；③其他由被指定的人民检察院查证更为便利、更有效率、更有利于查清案件事实的情形。

② 周长军：《监察委员会调查职务犯罪的程序构造研究》，《法学论坛》2018 年第 2 期。

提前介入的办法实现指引调查取证的目标，且为了制约监察机关，立法又规定了退回补充调查的先位原则，通过退回补充调查这一机制能够实现完善证据以及制约监察机关的目的，但是难免会陷入通过退回补充调查达到延长审查起诉期限结果的窠臼。因此，应该严格检察院退回补充侦查的说理要求。

最后，若侦查机关对于退回补充侦查的案件，未按照检察机关补充侦查提纲所要求的内容进行补充侦查或者退而不查、超期补查、侦查不认真①、故意拖延的情形，检察机关可以通过出具《纠正违法通知书》或发布检察建议的方式进行督促。但在监察机关不按照要求补充调查或存在其他不当情形时，检察机关能否发布检察建议没有相对明确的法律规定支撑。

2. 监察调查阶段特殊性

《衔接办法》第三十八条规定退回补充调查的案件，犯罪嫌疑人仍旧沿用人民检察院做出的强制措施。监察委员会需要讯问的，检察院予以配合。立法设置了这种"案退、人不退"②的程序安排，但这一规定引起学界不同的看法，有学者认为"人随案走"是程序的一般要求，强制措施的采取与其所处的程序阶段要相符，所谓"案退人不退"的衔接模式欠缺法理上的正当性③。也有学者认为，"人随案走"并非是程序的必然要求，在此安排会给造成程序负累、诉讼资源浪费的情况下④，灵活采取"案退、人不退"的办法是必要的。

因此，为了降低因为程序回转给犯罪嫌疑人造成的诉累，避免因为强制措施的变更增加司法资源的耗费，《衔接办法》第三十九条以及《诉

---

① 张杰、刘勇：《以审判为中心背景下审查起诉退回补充侦查的路径优化》，《福建警察学院学报》2020 年第 4 期。

② 朱孝清：《刑事诉讼法与监察法衔接中的若干争议问题》，《中国刑事法杂志》2021 年第 1 期。

③ 李世佳、高童非：《〈刑事诉讼法〉与〈监察法〉衔接的规范分析与完善路径》，《西部法学评论》2020 年第 6 期。

④ 龙宗智：《监察与司法协调衔接的法规范分析》，《政治与法律》2018 年第 1 期。

讼规则》第三百四十三条中规定了，退回补充调查的案件，犯罪嫌疑人沿用人民检察院做出的强制措施，而不再变更由监察委行使留置措施。但退回补充调查的，人民检察院需要重新计算起诉期限，而此时犯罪嫌疑人是在检察院的管控之下，羁押期限应该如何计算立法未做释明，退回补充调查阶段的羁押期限是否属于审查起诉阶段的羁押期限。且该条规定，监察委员会需要讯问犯罪嫌疑人的，由检察机关予以配合，而具体配合应该遵照什么程序，法律也未做明示。

二　补充调查启动条件不够清晰

根据《衔接办法》的规定，在犯罪事实不清，证据不足的情况下，需要退回补充调查。这一规定明确了检察机关在何种情况下能够启动补充调查程序，补充调查程序作为正常程序的逆转，在启动上应当更甚明确、严格。但《衔接办法》所规定的"犯罪事实不清，证据不足"这一启动条件过于模糊，在具体适用中难以准确把握，导致司法实践中，检察院在补充调查程序的启动上权力过大，模糊的启动条件为检察机关随意启动补充调查程序留下可能性。甚至在《检查规则》第三百四十三条中，规定了人民检察院认为需要补充调查的，应退回监察机关补充调查，进一步拓宽了检察机关的决定范围，将启动补充调查的权力完全不加限制地交付给检察机关，这一规定为检察院利用补充调查延长审查起诉期限提供了便捷通道。

从监察调查这一向度出发，退回补充调查还存在监察机关故意利用退回补充调查证据的时间进行调查工作[①]的情形，监察调查受到相应的时间限制，监察机关则会通过审查起诉阶段检察机关退回补充调查的方式，实现延长调查期限的目的。

补充调查启动条件的明确一定程度上能够限制检察机关在程序启动

[①]　孙长国、张天麒：《程序衔接＋实体配合：监察机关与检察机关办案中沟通机制研究——基于 M 市的实证分析》，《黑龙江省政法管理干部学院学报》2020 年第 3 期。

上的恣意，防止因为程序随意"回流"给当事人造成程序负累。因此，应该结合司法实践中补充调查的常见事由，通过列举的方式对补充调查启动条件做出一定的限定，限制检察院滥用其审查监督权力，也避免因为程序拖沓损害刑事诉讼当事人权益。

三　监察委和检察院相互制约、相互配合职责不明确

"相互配合、相互制约"是我国各机关在处理犯罪案件中应当遵循的基本性原则，《监察法》第 4 条明确规定了监察机关在办理职务违法、职务犯罪案件过程中，应当与审判机关、检察机关、执法部门互相配合，互相制约。这一原则性规定应该落实在职务犯罪案件处理的各个具体程序之中。监察调查和检察机关审查起诉关涉两个不同阶段及程序的衔接，落实"相互配合、相互制约"的原则，明确两个机构之间"配合与制约"的职权分配，避免因双方职能衔接不畅导致程序分化。

但现有法律对于监察委和检察院之间"相互制约、相互配合"的职责规定并不明确。在配合层面，程序具体运行中双方职权与职责不甚明确。例如：检察机关退回补充调查的，是否需要经过监察机关的认可①，监察机关与检察机关在是否需要补充调查这一问题上观点不一致时，应当如何处理；补充调查阶段监察机关采取的调查措施能否与移送审查起诉之前的调查措施完全一致，补充调查阶段检察机关能否介入等等，有关补充调查阶段检察机关和监察机关"相互配合"的职权安排，现有法律都未做较为翔实的规定。

在制约层面，权力制约机制不完善。对于国家公职人员贪污受贿的行为进行监察的权力由监察委享有，而检察院对于司法过程中司法人员滥用职权等行为具有监督权。监察全覆盖倡议下，检察机关受监察机关廉政情况监督，因此，在参与职务犯罪案件办理的国家机关中，监察机

---

① 陈小炜：《监检关系视野下退回补充调查与自行补充侦查》，《北方法学》2020 年第 6 期。

关的实际权力应该是最大的。① 检察机关虽然保留了司法过程中，对于司法人员滥用职权的行为进行监督的权力，但因为监察机关调查贪污受贿、职务犯罪的案件是否属于司法程序，学界仍旧未达成一致意见，大部分学者认为，监察机关对于职务犯罪的调查不属于司法程序范畴。在这一层面上，检察机关对于监察机关的制约明显作用不足。"监察机关在职务犯罪案件调查中对于案件的定性以及对于贪污贿赂数额的认定等方面，很容易对案件的司法处理产生预决作用。从而影响检察权、审判权的行使"②，最终导致"监察中心主义"的制度模式。我国补充调查程序设置了退回监察机关补充调查优先原则，但没有设置相应的制约机制，例如在监察机关不按照要求履行补充调查职责、补充调查证据所采取的手段违法以及监察机关怠于履行其职责等情形下，应当适用何种机制进行补救未作明确。

因此，合理配置监察委和检察院之间的职责，落实相互配合、相互制约的原则，监察委员会的职务犯罪调查权受到检察机关审查起诉权力的监督，使职务犯罪案件的承办受到司法的检验。

四 监察委证据收集和移送的性质混同

监察委证据收集和证据移送的性质混同，本质原因是监察机关调查程序与审查起诉程序的"二元分置"，监察机关调查程序属于监察机关履行监察职能程序，不同于检察机关审查起诉程序行使的是司法职能，所属程序性质的差异导致了监察委证据收集和移送在性质上的差异。

我国监察机关肩负国家公职人员廉政教育、职务违法及犯罪调查的职能，根据《监察法》的规定，监察机关对于职务违法犯罪的线索展开调查，收集被调查人有无违法犯罪以及情节轻重的证据。但职务违法与

---

① 谭世贵、王建林：《论纪检监察制度改革与保障检察权审判权的依法独立行使》，《贵州民族大学学报》（哲学社会科学版）2020年第2期。

② 谭世贵、王建林：《论纪检监察制度改革与保障检察权审判权的依法独立行使》，《贵州民族大学学报》（哲学社会科学版）2020年第2期。

职务犯罪之间并非是绝对明晰的分界，在职务违法的调查过程中，可能发现已经达到了职务犯罪的标准，此时，监察机关在职务违法调查过程中所取得的证据，其性质应该如何确定。监察委证据的收集实质上并非仅是为了惩罚职务犯罪所进行的活动，亦可能是为了惩处职务违法进行的活动。职务违法与职务犯罪的对于证据收集的标准与要求是不一致的。因此，监察机关的对于职务违法和职务犯罪的调查职能没有得到清晰的区分，调查职能的混同亦导致了证据收集和移送上的性质混同，而证据性质的混同进一步引起证据在司法程序中的直接适用的正当性质疑。

五 退回补充调查的强制措施的责任机制模糊

我国《刑事诉讼法》规定了，检察机关对于监察机关移送审查起诉案件，如果监察机关已经采取留置措施的，检察机关应当对犯罪嫌疑人先行拘留，留置措施自动解除。该规定明确程序移转过程中，监检之间的程序过渡，实现的程序上的对接转换。[①] 此时，"人随案走"，犯罪嫌疑人以及职务犯罪案件统一进入检察机关审查起诉环节。而在程序逆转过程中，《检察规则》和《衔接办法》都规定了，检察机关退回监察机关补充调查的，仍旧沿用检察院做出的强制措施，不再移送至监察委，由监察委重新适用留置措施，也即尽管程序流转但强制措施不变。这一规定是为迎合《监察法》与《刑事诉讼法》的衔接做出的举措，法律将补充调查阶段强制措施的责任主体转交给检察机关，即检察机关作为强制措施的行使主体和责任主体，监察机关需要讯问的，需要检察机关进行配合。

该规定引出了一系列的问题有待进一步完善。事实上，犯罪嫌疑人处于检察机关的支配下，由检察机关进行侦查讯问更为便捷，但《衔接办法》和《诉讼规则》却规定了退回监察机关补充调查的先位规则，在

---

① 徐汉明、丰叶：《检察机关"先行拘留权"属性、程序、效能之逻辑结构》，《法学评论》2020 年第 6 期。

退回补充调查阶段强制措施的适用上采取了由检察机关主管的原则，使退回补充调查和检察机关自行补充侦查具有一致性。但自行补充侦查的，案与"人"此时同属于检察机关控制下，而退回补充调查的，案件在监察机关支配之下，而"人"在检察机关的控制之下，且此时的羁押执行场所在看守所，"人"与案分离模式下，形成审查起诉程序、看守监管执行程序、监察调查程序并立的模式①。此时，检察机关与监察机关之间产生了职权上的交互，监察机关进行讯问时，检察机关具体应该如何配合，是否需要经检察院审核；检察机关根据犯罪嫌疑人的具体情况变更或者解除强制措施的，是否需要经过监察机关的同意；补充调查的时限应该计入审查起诉时限还是监察调查时限；监察阶段律师能否介入不明确，在案件退回监察机关补充调查，犯罪嫌疑人仍旧由检察机关采取强制措施时，律师能否代表当事人提起羁押必要性审查，羁押必要性审查的责任主体是监察机关还是检察机关等问题都有待立法进一步明确。

第四节　补充调查程序的制度完善

监察机关职务违法犯罪调查是我国在"惩治违法犯罪，肃清贪腐，实现清正廉洁型党政队伍的重要政治举措"，但一切公权力都要运行在法治的框架下，对国家公职人员犯罪的处理需要受到具有定罪量刑最终决断权的法院的审查，监察调查合法性以及监察调查作出的结论需要经受检察审查起诉以及法院审判的监督，监察调查阶段与检察院审查起诉、法院审判程序最终目的相似，均具有查清犯罪，准确定罪的目的。监察调查阶段并非刑事诉讼程序的一部分，在"查明事实，惩罚犯罪"目的的指引下，实现监察调查程序与刑事诉讼程序的有效衔接至关重要，监察调查程序与刑事诉讼程序的衔接主要是监察调查程序与检察机关审查

---

① 徐汉明、丰叶：《检察机关"先行拘留权"属性、程序、效能之逻辑结构》，《法学评论》2020 年第 6 期。

起诉程序的衔接，而补充调查程序是程序衔接中更为重要的一环。补充调查程序是程序正常运行过程中的"异常现象"，是程序的"反向流转"，对职务犯罪当事人的权益影响甚大。综上，补充调查程序的完善对于程序衔接以及当事人权益更为重要。基于前述对补充调查程序所存在的问题的梳理，思考和完善现有补充调查制度。

一 合理界分退回补充调查和自行补充侦查的基本要件

《诉讼规则》以及《衔接办法》对于职务犯罪案件检察机关审查过程中证据补充的两种情形做了不同的要求。首先，退回补充调查和自行补充侦查具有不同的程序启动条件，由于职务犯罪案件的特殊性，一般情况下，应当由我国负责监察职责的专责机关承担职务犯罪调查的权力，因此，合理界分退回补充调查和自行补充侦查的适用范围，需要退回补充调查的必须是对于定罪量刑有实质影响的情形，而自行补充侦查的，原则上应当是不会影响定罪量刑的情形，根据是否会对定罪量刑产生实质上的影响来具体设定程序启动的具体情形。

退回补充调查和自行补充侦查的期限不同。《衔接办法》明确了检察机关退回监察委补充调查应当以一个月为限，补充调查的时间不计算在人民检察院审查起诉的期限内。但检察机关自行补充侦查的，必须受检察机关审查起诉期限的限制，在审查起诉期限届满前完成。

二 明确非法证据排除立法的一致性

我国《监察法》第三十三条规定了，监察机关在收集、固定、审查、运用证据时，应当与刑事审判关于证据的要求和标准相一致。监察机关以非法方式收集的证据，也应当予以排除。监察机关关于职务犯罪案件证据的收集是否属于违法，其审查标准与刑事诉讼相一致。检察机关在审查起诉过程中，严格落实监察调查过程中是否存在非法取证的情况，对于监察机关移送的证据，根据刑事诉讼法中证据审查判断的标准，对于违法取证以及取证程序不合法的，排除或要求补正。排除后，现有证据不能证明犯罪嫌疑人有罪或者定罪量刑的证据欠缺的，检察机关根据退回补充调查或自行补充侦查的适用情形，分别作出退回补充调查或自行补充侦查的决定。

三　规范补充调查的运行程序

补充调查的运行程序主要涉及监察机关和检察机关在退回补充调查过程中的权力安排及监察机关应当遵守的调查程序要求。

首先，检察机关经审查，发现监察机关移送的职务犯罪案件需要补充调查的，首先应当向上一级检察机关报请批准，以上一级检察机关的名义出具退回补充调查决定书、补充调查提纲，连同案卷材料由上级人民检察院一并送交监察委员会。检察机关所出具的补充调查提纲应当根据案件所需补充的事实及证据，进行详细说理，明确调查的事项、理由、调查方向以及所需调取证据的证明作用。

其次，对于监察机关有异议的退回补充调查请求，应当增设补充调查启动听证程序，吸纳监察机关、律师以及司法实务专家等，来决定是否开启退回补充调查程序。

再次，由于补充调查可能导致审查起诉期限以及羁押期限的延长，对于职务犯罪嫌疑人的权益有很大的影响，因此需要落实退回补充调查的告知程序，检察机关作出退回补充调查决定的，需要在一定时间内，如在 24 小时内通知犯罪嫌疑人、辩护人及其家属①。

最后，完善退回补充调查阶段的监督机制，一方面从检察机关监督权落实着手，本书后一部分进行详细论述，在此不加赘述。另一方面，应当明确退回补充调查不完全等同于移送审查起诉前的监察调查阶段，案件毕竟已经进入检察审查起诉阶段，应当落实律师的帮助权，以监督

---

① 张杰、刘勇：《以审判中心为背景下审查起诉退回补充侦查的路径优化》，《福建警察学院学报》2020 年第 4 期。

退回补充调查阶段的监察机关违法行为，平衡因为程序逆转给犯罪嫌疑人权益造成的损害。

四 细化"退回补充调查为原则，自行补充侦查为例外"的规定

现有规定明确了检察机关审查起诉过程中证据补充的程序规则，在退回监察机关补充调查和检察机关自行补充侦查的程序选择上，明确监察机关补充调查的"优位"，即"原则上应该退回监察机关补充调查，只有在例外情况下可以由检察机关自行补充侦查"。

根据《衔接办法》的规定，检察机关审查起诉过程中，认为犯罪事实不清，证据不足的，应该退回监察机关补充调查，同时也明确了检察机关补充侦查的三种情形。但在具体规定上，现有法律对于退回补充调查的适用情形规定得过于宽泛，对于自行补充侦查作为补充调查的补充及补救性地位的理解不甚清晰。从实践中的司法适用来看，退回事由不明确造成监察机关与检察机关在是否退回上看法不一致以及检察机关利用退回补充调查回避审查起诉时限的情形；对自行补充侦查补充及补救性地位的认识不到位导致退回补充调查机制失灵后，没有相应的机制予以补救。

对于退回补充调查，上述规范规定了检察机关认为职务犯罪案件事实不清，证据不足时退回监察机关补充调查；以及认为监察机关职务犯罪调查过程中非法取得证据而排除后，另行指派调查人员重新取证等情形。作为一种非常态化的程序机制，"事实不清、证据不足"这一程序启动条件过于宽泛，不具有明确的操作性，检察机关的裁量空间过大。应该细化退回补充调查的启动事由，合理界定检察院不起诉以及可退回补充调查的适用范围，限制检察机关的可裁量空间，为实务提供明确指引。对此，笔者认为，可参照某些实务专家所提出的建议，完善立法将补充调查限制在以下几种情形：（1）主要犯罪事实不清楚，如全部或者某起犯罪事实是否存在，犯罪行为是否为犯罪嫌疑人实施有待查明的；（2）证据体系缺陷比较严重，如证据之间、证据与案件事实之间存在矛

盾且有待排除合理怀疑的；（3）存在漏罪，漏犯的①。将退回补充调查的适用情形加以明确，防止检察机关对程序设置初衷的背离以及降低检察机关与监察机关在退回补充调查中的意见冲突。

在自行补充侦查程序上，《衔接办法》虽然明确了需要由检察机关补充侦查的三种情形，将检察机关补充侦查限制在只有个别情节冲突但不影响定罪量刑的言词证据、需要补充鉴定的书证、物证等证据材料以及为了取证便利、效率，该规定是在充分尊重监察机关职务犯罪专责职权的基础上做出的规定，但该规定没有充分考虑到监察机关怠于或者违法行使职权的情况下的补救。应该将监察机关非法取证导致证据欠缺时的证据补充以及监察机关怠于履行补充调查职责时的补充侦查职权赋予检察机关②，使检察机关自行补充侦查成为退回监察机关补充调查的补充，以完善我国的补充调查制度。

综上，应当对"以调查为原则、以自行补充侦查为例外"的程序规则予以细化和完善，可在实施中继续探索检察机关自行补充侦查的具体情形，待实践成熟后在刑事诉讼法律中予以明确。

五　强制措施具体规定

公安机关补充侦查的情况下，刑事案件是在刑事诉讼程序内部的"回流"，不涉及刑事诉讼强制措施与其他程序中强制措施的转换，同样不影响犯罪嫌疑人身份的变化。与公安机关补充侦查不同，检察机关退回监察委补充调查的情形下，涉及监察调查程序与刑事诉讼程序的对接与强制措施之间的转换。自监察委移送审查起诉起，监察委职务犯罪调查阶段采取的监察强制措施需要根据犯罪嫌疑人具体情形的不同，采取不同的刑事强制措施。而在退回补充调查情况下，也就涉及是否需要将已经采取的刑事强制措施，根据程序的逆转也回溯至移送之前的状态。

①　王霄：《退回补充调查需要厘清的几个问题》，中央纪委国家监察网站，2020 年 11 月 5 日。

②　唐钰：《监检衔接下的证据补充模式》，《法制与经济》2020 年第 12 期。

目前，我国相关立法在该问题上采取了"案退，人不退"的原则，即职务犯罪案件当事人的"嫌疑人"身份不发生变化，相应的强制措施根据移送后检察机关所采取的强制措施继续执行。根据犯罪嫌疑人采取的强制措施的不同，对监察机关作出不同的要求。"犯罪嫌疑人被羁押的，监察人员应当在看守所讯问犯罪嫌疑人；若犯罪嫌疑人被取保候审的，监察人员也不应当再次对其采取留置措施。"

在退回补充调查阶段，检察机关作为强制措施的责任主体，被羁押的犯罪嫌疑人的羁押必要性审查以及强制措施的变更均由检察机关审查决定。监察机关补充调查证据需要讯问犯罪嫌疑人的，检察机关进行配合，制作提押证，以方便监察委讯问调查取证。

六　强化检察机关的监督制约作用

检察机关是我国履行审查起诉职能的机关，通过对移送审查起诉案件的审查，起到控制不符合刑事诉讼标准的案件进入到审判程序的作用，达到监督制约一般案件侦查机关与职务犯罪调查机关的作用。对于刑事案件是否符合起诉标准的审查属于刑事案件内部的控制与监督，事实上也属于一种事后结果层面的监督。而事后结果层面的监督无法有效预防犯罪侦查或调查过程中的违法行为。

监察机关在职务犯罪调查中的专责性以及在国家公职人员职务犯罪监督中的特殊地位，使监察机关在实践中具有潜在的优势地位；《刑事诉讼法》《诉讼规则》以及《衔接办法》规定了，检察机关认为需要退回补充调查的，应当报经上级人民检察院批准，上级人民检察院作出决定前，还应当与监察委员会进行沟通协商，也即赋予了监察机关对于检察机关退回补充调查请求的参与决定权。如果监察机关认为不需要退回补充调查时，检察院应该如何处理，与监察委员会沟通协商的规定是否要求必须得到监察委员会的同意等当前立法均没有明确。且即使检察机关退回监察机关补充调查的，如果监察机关存在怠于履行调查职能、故意拖延调查期限、调查手段不合法等情形时，应该如何解决立法也未做说明。以上情形反映了检察机关对于监察机关在职务犯罪案件处理中的监督与制约权力不足。

因此，在检察机关与监察机关关于是否退回补充调查意见不一致时，如前述所言，设置一定的机制，为决定的做出提供通道。而对于退回后，对于监察机关的不当行为，应当赋予检察机关针对监察委员会的违法行为，出具纠正违法通知书或者发布检察建议的方式予以纠正。检察机关决定退回监察机关补充调查之后，发现监察机关在办理涉嫌职务犯罪案件中存在程序上的瑕疵或者错误，应当对此提出检察建议，指引监察机关及其监察人员予以纠正。通过发布检察建议的方式，实现过程监督以及达到制约监察违法的目的。

七　完善监察调查阶段检察机关介入的通道

尽量减少异常程序适用的比率是加强程序正义的必然要求，根据"比例原则"的要求，制度的涉及必须遵循对人民权益侵害最小理念，影响刑事诉讼当事人正当权益的程序，其适用必须具有必要性，这是法治国家的必然选择。而通过检察机关提前介入，指引职务犯罪调查取证，能够起到减少退回补充调查程序适用的作用。目前，检察机关提前介入调查既具有检察介入侦查这一可参照的样本，亦具有其法理依据及立法上的正当性，正如有学者所论证的，"职务犯罪案件处理职权转隶监察委员会，客观上并没有改变检察机关作为法律监督机关的属性。检察机关法律监督机关的定位源于《宪法》的规定。因此，具备法律监督职能的检察机关对承担职务犯罪案件调查职能的监察委员会进行法律监督，具有充足的正当性。"① 当前《监察法》明确了，监察机关在初核完毕后，如果发现监察对象属于职务犯罪的，需要根据规定的权限和程序办理立案手续。这一规定也明确了，监察机关在职务犯罪立案后不同于一

---

① 耿华昌：《试论监察委员会调查权的运行模式》，《江苏大学学报》（社会科学版），2020 年第 9 期。

般职务违法的处理，此时展开的调查是为惩罚职务犯罪而进行的，具有与检察机关审查起诉同样的目的与追求，目的的一致性决定了检察机关提前介入监察机关调查程序的可能性。因此，应当从立法层面明确检察机关介入监察职务犯罪调查的权力，降低检察机关审查起诉阶段退回补充调查程序的启动比率。

补充调查制度作为程序运转过程中的"异常回流"现象，对刑事案件当事人的权益具有重要的影响作用，必须慎而又慎地规定。而且监察机关作为履行国家监察职能的专责机关，所履行的是国家监察职责，具有不同于公安机关在犯罪案件处理中具有的司法属性，监察调查与刑事诉讼的衔接是职务犯罪处理中的重要内容，而补充调查更是监察机关调查与检察机关审查起诉阶段衔接的重要环节，两个阶段联通中引发的具体问题的解决，对于程序衔接是否顺畅更加具有说服力。厘清补充调查环节两个机关之间的相互关系，对破除监察调查阶段与检察起诉阶段衔接不畅的难题具有重要意义。较为幸运的是，站在"巨人肩膀"上的补充调查制度，其适用与完善，有我国刑事诉讼程序中施行多年的补充侦查制度作为参照的样本，借鉴补充侦查制度运行的经验，吸取其中不足与教训，在充分考虑监察调查特殊性的基础上，思考补充调查制度有别于补充侦查制度的难点与痛点。补充调查是在"互相配合，相互制约"原则倡议的具体程序安排，通过退回补充调查与自行补充侦查之间的顺位规定，体现了监察机关在我国职务犯罪处理中的"专责"地位，又反映了我国检察机关在犯罪案件中的监督地位，监察机关与检察机关之间的配合与制约的相互关系。相互配合体现在退回补充调查，监察机关按照检察机关的补充调查提纲完成所需证据的补充等，共同为惩罚职务犯罪助力。制约体现在补充调查所取得的证据，检察机关进行审查的权力。总而言之，通过对于补充调查制度进行检视，发现当前补充调查制度中存在的问题，从补充调查制度的基本要件，补充调查所取得证据的审查，补充调查具体运行程序等方面，为补充调查制度的完善以及司法实践中的规范适用提供思路。

第五章 监察委调查程序中的证据裁判原则

第一节 问题的提出

证据裁判原则是现代司法发展的产物，纵观历史发展，诉讼裁判模式经历了"神明裁判、口供裁判和证据裁判"阶段。[①] 第一阶段是奴隶制和封建制社会时期。社会长期处于生产力和人类文明程度低下的状态，司法活动以"神的旨意"为判断依据。当事人对案件事实有争议时，裁判机关以水审、火审、司法决斗等方式作为接受神明意志的方式，司法证明主观性极强的神灵启示的产物。第二阶段中世纪后期的欧洲和中国封建社会后期。这一时期社会生产力的提高，神明裁判被摒弃，证据逐渐进入各解纷主体的视野。但当时盛行口供中心主义，被告人供述被作为定罪量刑的主要依据，《加洛林纳刑法典》认为口供就是最好的证据，我国古代也实行"'罪从供定'的口供主义和合法刑讯制度"。[②] 第三阶段始于资产阶级革命早期，为证据裁判原则的正式发展阶段，具体内容广泛体现于各国刑事诉讼法典中。大陆法系国家中，法德两国率先在民

[①] 陈光中：《刑事证据制度改革若干理论与实践问题之探讨——以两院三部〈两个证据规定〉之公布为视角》，《中国法学》2010 年第 6 期。

[②] 陈光中：《刑事证据制度改革若干理论与实践问题之探讨——以两院三部〈两个证据规定〉之公布为视角》，《中国法学》2010 年第 6 期。

主、自由和人权的思想指导下确立了自由心证原则，以法典形式强调裁判者对证据和事实审查判断的内心确信，成为其他国家制定证据原则的参照依据。如日本、韩国等大陆法系国家直接在法典中规定证据裁判原则，强调司法裁判应受原则性证据规则的约束。

我国证据裁判原则的正式确立以冤假错案引发的民意需求和司法实践状况为时代背景。自 1996 年《刑事诉讼法》修订以来，杜培武、佘祥林、赵作海等刑事错案被揭露，冤假错案频发的现状催生了民众对公正裁判的强烈需求，也揭示了我国刑事司法在认定事实方面的短板。此种现状迫使立法者检讨"传统对于事实认定环节的控制缺陷"，① 从证据领域入手，强化对事实认定的控制，成为证据裁判原则确立的一大背景。司法实践方面的时代背景表现为立法规定过于简单，1996 年《刑事诉讼法》仅 8 个条文涉及证据，统一的证据规范缺位，各地司法部门自发创制的地方性证据规则权威性又不足，造成司法机关适用法律上的困境，亟需调整证据规则，立法上表现为 2010 年首次将证据裁判原则明文确立于司法解释中，并于 2012 年正式以立法形式规定为刑事诉讼的核心证据原则。②

刑事诉讼中确立证据裁判原则是案件事实客观认定的关键路径，也是约束法官裁量权的最好保障，能够最大程度避免法官裁判过程中的非理性，在刑事诉讼中具备重要意义。监察机关办理的职务犯罪案件虽为特殊刑事案件，但进入审查起诉程序后，其与一般刑事案件的处理流程一致，应受证据裁判原则规制。为实现监察程序与诉讼程序良好衔接，在监察委调查取证时贯彻证据裁判原则确有必要。《监察法》有部分条文体现了证据裁判原则的核心精神，但具体制度呈现笼统概括的特点，未达到证据裁判原则要求的精细化程度。集中凸显了证据收集指引的明确性不足、非法证据排除规则贯彻不彻底、过多依赖被调查人供述等问题，无论证据资格、证明力还是证明标准方面，都与刑事诉讼规则有所出入。

---

① 吴洪淇：《审判中心主义背景下的证据裁判原则反思》，《理论视野》2015 年第 4 期。

② 详见于 2010 年五部委联合发布的《关于办理死刑案件审查判断证据若干问题的规定》及 2012 年《刑事诉讼法》。

目前学界针对证据裁判原则的理论探索较为充分，本原则演变历程的研究为学理分析的重要主题之一，为促进证据裁判原则的良好适用，学者提出"司法人员应当努力做到根据证据认定的法律事实与案件客观事实相统一"。① 理论界亦立足证据裁判原则的基本含义，从正反两方面做出界定，即"事实应依据证据认定，没有证据，不能对有关的事实予以认定"。② 进而明确证据裁判原则对证明活动的意义在于"使刑事诉讼证明活动以理性方式展开，维护被告人的合法权益"。③ 针对细化监察调查程序中证据规则的讨论亦有相当研究成果。学者认为，监察立法规范过于抽象，监察证据资格问题是必须正面回答的问题，鉴于刑事诉讼规则的细致性，"监察机关收集证据必须要与其相衔接、相一致"。④ 监察调查权的定位、监察证据证明标准的适用等问题也有文献予以体现。但现有研究集中着眼监察调查中证据裁判原则适用的文献不多，也无系统剖析证据裁判原则贯彻于监察调查权运行的合理性问题的研究，故本书有较大研究价值。

在梳理已有研究成果的基础上，本书分别从证据裁判原则在《刑事诉讼法》和《监察法》立法规定切入，探究该原则在刑事司法中具体要求的规定，进而比较得出监察调查活动运用证据裁判原则的有效规制不足这一现存问题。然后着眼监察调查权的制约监督，从内外部制约机制阐释证据裁判原则适用于调查程序的合理性和重要性，最后遵循证据规则基本要素，从证据能力、证明力、证明标准和证据审查排除角度明确监察调查贯彻证据裁判原则应当达到的基本要求，以期弥补现行立法、司法的局限性，促进证据裁判原则能贯穿监察案件办案全过程，实现监察活动与刑事诉讼活动的良好衔接。

---

① 陈光中：《刑事证据制度改革若干理论与实践问题之探讨——以两院三部〈两个证据规定〉之公布为视角》，《中国法学》2010年第6期。

② 樊崇义，张小玲：《现代证据裁判原则若干问题探讨》，《北京市政法管理干部学院学报》2002年第2期。

③ 杨波：《证据裁判原则新论》，《社会科学战线》2011年第5期。

④ 张中：《论监察案件的证据标准——以刑事诉讼证据为参照》，《比较法研究》2019年第1期。

证据裁判原则作为"以审判为中心"诉讼制度改革的核心要求之一，贯穿诉讼活动全过程。监察调查程序中严格适用证据裁判原则是从证据层面解决《监察法》和《刑事诉讼法》衔接困境，促进职务犯罪案件准确审理的有效途径。但问题显著存在于调查活动证据收集指引、非法证据排除、口供依赖程度等方面。严格按照证据裁判原则要求收集监察证据，是促进随案证据在诉讼过程中良好适用的关键环节，也有利于实现公正办理职务犯罪案件的终极目标。

第二节 监察委举证责任机制中的问题

证据裁判是刑事诉讼的基石。近年刑事诉讼制度改革进程中，"审判为中心"既是改革目标，也是新时代重要的司法理念，以审判为中心要求以庭审为中心，"以庭审为中心本质上就是以证据为中心"[①]。证据裁判原则对于刑事司法中证据规则和证据观的强化、证明活动的规范及当事人基本权利的保障均有重要的指导意义。自 2010 年证据裁判原则以司法解释的形式被明文确定以来，该原则随即被适用于刑事诉讼活动，要求一切刑事案件都要重证据、无证据不得认定事实，职务犯罪案件也不例外。监察委虽以《监察法》为直接法律依据，行使反腐败职能，但为使腐败案件与诉讼活动顺利接轨，监察调查取证过程贯彻证据裁判原则确有必要。因此审视《监察法》取证规则中存在的问题是完善取证活动，促进证据裁判原则适用的必要前提。

一 证据裁判原则贯穿刑事诉讼全过程

1. 证据裁判原则严格法定的进程

证据裁判规则作为原则性证据规则，是刑事司法各环节的指导思想。

---

① 孙谦：《新时代检察机关法律监督的理念、原则与职能——写在新修订的人民检察院组织法颁布之际》，《人民检察》2018 年第 2 期。

梳理证据裁判原则的发展历程可知，与该原则确立联系紧密的因素是"重大刑事司法整体改革特别是刑事诉讼格局和刑事诉讼构造的改革"，[①]改革开放以来，证据裁判原则的理念精神逐渐进入公众视野。

1979 年《刑事诉讼法》规定刑事司法活动需"以事实为根据，以法律为准绳"，后立法虽几经修订，该规则从未发生改变，可见立法强调"事实"是经查证属实的客观存在，据以裁判的案件事实须为经证据证明的事实。从这个角度来看，证据裁判原则虽被未明确规定，但其基本精神早已体现于刑诉法重要的基本理念中；[②] 2007 年四部委联合发布《关于进一步严格依法办案确保办理死刑案件质量的意见》对审理死刑案件的证据规则提出了明确要求，明确办理死刑案件不得轻信口供，强调证据重要性，证据裁判原则基本精神自此被贯彻于死刑案件。

2010 年五部委联合发布《关于办理死刑案件审查判断证据若干问题的规定》和《关于办理刑事案件排除非法证据若干问题的规定》对刑事诉讼法学及证据法学研究产生重大影响，其中《办理死刑案件证据规定》第二条明确提出"认定案件事实，必须以证据为根据"，是证据裁判原则首次被明文确立于我国法律文件中，被认为是"我国刑事司法制度改革中的一件大事"[③]，也为后续刑诉法证据规则的完善奠定良好基础。

2012 年《刑事诉讼法》第五十三条规定以立法形式规定证据裁判原则的基本要求，强化其重要地位；党的十八届四中全会通过《中共中央关于全面推进依法治国若干重大问题的决定》中明确要求全面贯彻证据

---

① 夏红：《证据裁判原则之功能分析——以审判中心主义为背景》，《辽宁师范大学学报》（社会科版）2019 年第 1 期。

② 针对案件事实与证据的关系，有学者认为证据裁判原则与"以事实为根据"相互矛盾。陈光中教授却认为两者的规定从根本上是一致的，存在着角度的差异。参与刑事诉讼立法的有关人员解释道："'事实'是指人民法院、人民检察院、公安机关进行刑事诉讼，追究犯罪，必须以客观存在的、经过调查属实、有证据证明的事实为根据，而不是靠主观想象、推测、怀疑的所谓'事实'。"由此可见，证据裁判原则强调的是以证据为根据的证据意识，而以事实为根据强调的是证据认定案件事实的客观性。

③ 陈光中：《刑事证据制度改革若干理论与实践问题之探讨——以两院三部〈两个证据规定〉之公布为视角》，《中国法学》2010 年第 6 期。

裁判原则，陈述紧随"以审判为中心"之后，凸显其在改革中的重要性和紧迫性；① 2018 年《刑事诉讼法》修改，在第 53 条的基础上完善证据规则，为证据裁判原则有效运行提供配套制度保障。

2. 证据裁判原则的含义与要求

证据裁判原则是证据法的首要原则，又称证据裁判主义，是指认定案件事实必须严格以证据为依据。这一原则基本含义可从正反两个维度理解：第一，所有客观事实必须依据证据认定。这表明证据在诉讼活动中处于核心地位，认定案件事实时具有"不可替代性"，② 我国立法中明确要求判处案件要重证据、重调查研究，对证据的重要性予以极大的肯定。以证据作为判断客观事实的根据，能够最大程度避免主观猜测、臆想、推测等不具有证明资格的因素影响案件真实。第二，若没有证据则不得认定事实。这是证据裁判原则的反面含义，"没有证据"需要准确把握，不仅指争议的案件事实没有任何证据予以证明，也包括各种证据不充分的情形，如"仅有一部分证据，或者有证据但未达到法定程度"，③ 证据无法满足刑事诉讼各阶段在证明数量和质量上的要求，均不能对事实进行认定，是严格意义上的"没有证据"。

证据裁判原则需要相关制度配合，以保证其在诉讼中的充分贯彻，其具体要求涵盖了侦查机关收集证据、法院依职权取证、证据审查、非法证据排除等程序，在现行刑事诉讼法及相关司法解释中已有相关制度保障。

第一，强化证据收集指引工作以确保收集的证据经得起法庭审查。

---

① 中国共产党十八届四中全会通过的《中共中央关于全面推进依法治国若干重大问题的决定》中明确指出：推进以审判为中心的诉讼制度改革，确保侦查、审查起诉的案件事实证据经得起法律的检验。全面贯彻证据裁判原则，严格依法收集、固定、保存、审查、运用证据，完善证人、鉴定人出庭制度，保证庭审在查明事实、认定证据、保护诉权、公正裁判中发挥决定性作用。

② 樊崇义、张小玲：《现代证据裁判原则若干问题探讨》，《北京市政法管理干部学院学报》2002 年第 2 期。

③ 樊崇义、张小玲：《现代证据裁判原则若干问题探讨》，《北京市政法管理干部学院学报》2002 年第 2 期。

在"审判中心"诉讼制度改革对审前程序的重视程度加深的改革背景下，严抓证据的收集指引工作是公安机关完成刑事侦查任务，确保刑事诉讼活动顺利进行的基础。因此 2016 年 8 月"两高三部"联合发布的《关于推进以审判为中心的刑事诉讼制度改革的意见》第三条为规范证据收集指引工作提供了明确依据，可有效指引侦查人员按照统一标准取证。《刑事诉讼法》及其司法解释修订后，从宏观和微观两方面对其予以明确，宏观上规定证据收集、审查的基本原则，微观上对刑事证据的"发现、固定、提取、保存、审核等工作规程"提供指引。[①]

第二，严格排除非法证据准确认定案件事实。冤假错案屡屡发生催化了非法证据排除规则不断细化和完善，自 2010 年司法解释出台起，近十年此领域立法趋势呈现出以已有司法解释为基础，吸收整合非法证据排除规则的特征。不仅对证据审查的程序、证明责任、非法证据的内涵和范围、非法证据的排除程序等予以明确，还不断扩大非法证据规则的细节内容，如检察院对非法取证工作人员的监督、讯问录音录像的排除等。[②]

第三，重视实物证据，处理好口供与其他证据的关系问题。实物证据的显著特征为客观性和真实性，口供、证人证言等言词证据与之相反，其任意性和主观性较强，容易产生随意翻供的情形，以口供为诉讼活动主要依据极易产生负面影响。侦查是集中收集证据的审前程序，公安机关负责刑事案件绝大部分的取证工作，因此我国曾长期存在所谓"以侦查为中心"的取证模式，侦察机关对刑事诉讼的影响力极大，侦查活动又对口供依赖程度较高，办案过程呈现以口供为主要依据，忽视实物证据的恶性循环。证据裁判原则的确立扭转了此种现状，对口供的态度转化为"不轻信"，要求仅有被告人供述，没有其他证据的，不得依供述认

---

① 李娜、刘军、徐长亮：《证据裁判原则下完善公安机关刑事证据审查机制的思考》，《新疆警察学院学报》2016 年第 2 期。

② 上述内容分别体现在 2018 年修改的《刑事诉讼法》及 2020 年修订的《刑事诉讼法》司法解释中。

定被告人有罪,"推动了口供中心主义的转型"。[①] 因此当今的证明模式要求形成涵盖口供和实物证据的完整证据链条,使证据相互印证,减轻对言词证据的依赖。

第四,证据取证规程完善。取证活动可被分为常态和非常态两类,常态化取证规程即公安机关办理普通刑事案件及检察机关办理自侦案件时需遵循的规则,随着近年立法的变迁,传统类型证据的取证流程已趋于完善,《刑事诉讼法》第二章侦查部分用十一节篇幅涵盖了讯问、搜查、检查等多种侦查活动须遵循的流程规范,并明确违反程序取得的证据不得直接作为认定案件事实的依据。同时随着市场经济和科学技术发展,如电子数据等新型证据的配套制度亦被及时跟进,2019 年公安部发布《公安机关办理刑事案件电子数据取证规则》,根据电子数据的独有特征对其原始介质储存、提取方式、冻结程序、检查、侦查实验等问题进行细化。[②] 非常态取证活动的主体是法院,如刑诉法第四十三条、五十二条、五十四条等都是法院主动取证的直接法律依据,其制度设计的特点可概括为"以刑事诉讼法为基础,六部委规定及最高人民法院司法解释为两翼"。[③] 法院取证程序启动路径分为主动调取和依申请调取,主动调取是法官独立意志的体现,可以将其认定为是侦查活动的延伸,而依申请调取往往是对辩护人取证困难的救济活动,因此完善的法院取证规程具有"补充侦查与公力救济"的双重作用和性质。[④]

二 监察委调查取证中的困境

我国《监察法》立法及实践中,不乏体现证据裁判原则的相关条文,

---

① 卫跃宁、宋振策:《论庭审实质化》,《国家检察官学院学报》2015 年第 6 期。
② 电子数据取证规则的部分内容为独一无二的,如司法解释中针对电子数据的提取和保护指出:"对现场计算机信息系统可能被远程控制的,应当及时采取信号屏蔽、信号阻断、断开网络连接等措施",此类规定不会出现在其他类型的取证规则中。
③ 袁坚:《法院刑事取证制度实证研究》,《人民司法》2011 年第 13 期。
④ 袁坚:《法院刑事取证制度实证研究》,《人民司法》2011 年第 13 期。

如《监察法》第三十三条第二款总体上契合审判中心的精神和要求，此条文释义亦阐明监察证据规则的具体适用要求，即监察机关收集的证据材料须符合刑事诉讼证据标准，才可以适用于刑事司法活动中。有学者认为，"此款规定是监察机关在证据方面遵守以审判为中心的要求的集中体现"。① 可见，作为刑事诉讼改革核心要求的证据裁判原则与监察调查活动关系密切。但审视监察立法和实践，无法回避监察调查权运行未达到证据裁判原则的详细要求这一问题，取证流程、非法证据排除、证据收集指引等方面的有效规制明显不足。

监察调查缺乏统一的证据收集指引标准。针对证据收集工作，虽然《监察法》第三十三条提出与刑事标准相一致的原则性要求，但实际操作存在困境。原因在于监察委负责调查的职务犯罪案件性质特殊，收集、保全证据要求相较普通刑事案件更紧迫，若完全等同于普通刑事案件证据收集程序，可能导致调查人员漏取重要证据，或违反程序取得瑕疵证据或非法证据。因此，《监察法》规定对"取证效能"② 的影响较大。

贪腐类案件依赖口供程度更深。职务犯罪的隐秘性决定了犯罪证据收集的困难较大，尤其是现场痕迹、行贿财物等实物证据早已被销毁，被调查人和行贿人往往是案件为数不多的知情人。这种情况下，被调查人供述和证人证言等言词证据可能会对"事实查明以及案件的最终处理产生关键作用"，③ 进而容易使办案人员更重视口供，忽视实物证据。但确保腐败案件的口供准确性和真实性则为更大的挑战。原因在于职务犯罪嫌疑人往往曾为领导干部，其文化水平较高、心理素质较好，甚至熟悉案件办理流程，调查人员为顺利获取口供，多采用讯问技巧或证据诈术，言词证据的可靠性也大打折扣。监察调查活动若依赖不可靠的口供，忽视实物证据，则与证据裁判原则的基本精神和具体要求相悖，案件后

---

① 褚福民：《以审判为中心与国家监察体制改革》，《比较法研究》2019 年第 1 期。

② 李娜、刘军、徐长亮：《证据裁判原则下完善公安机关刑事证据审查机制的思考》，《新疆警察学院学报》2016 年第 2 期。

③ 汪海燕：《审判中心与监察体制改革——以证据制度为视角》，《新疆社会科学》2018 年第 3 期。

续审理工作的公平也无从保障。

监察委排除非法证据的立法模式存在短板。现行监察制度中非法证据排除制度较为模糊，虽然规定了违法收集的证据均需排除，也对"非法方法"做出了解释，但是如"刑讯逼供"、"威胁、引诱、欺骗"等概念的范围含义既模糊不清，又与《刑事诉讼法》规定不完全相同，实践中难以适用。另外非法证据排除程序呈现出行政化特征，即内部权限划分不清，使得排除职能行使效果不理想，也影响着排除非法证据的制裁后果。以上种种严重影响证据裁判原则的良好适用，因此《监察法》亟需完善非法证据排除规则。

法院取证权问题是《监察法》证据取证规程的主要困境。根据《刑事诉讼法》规定，法院可以根据律师调取证据的申请行使取证职权，且取证范围广泛，涵盖有罪、无罪、罪轻罪重等类型，可以说法院取证权的制约因素较少。监察调查时虽不涉及法院取证问题，但贪腐案件案情复杂，牵涉范围广，需要的证据材料可能涉及机密等情形，进入诉讼程序后辩护律师难以自行收集证据，故而对法院行使取证权的需求增大，易导致法院取证范围无限扩大。因此以刑事诉讼法现有取证规程规范监察案件显然规制力度不够，需要完善职务犯罪案件中法院取证的规范流程，以严格限制公权力、保障案件准确审理。

总的来说，监察委调查取证面临的困境是证据裁判原则重要性与贯彻不足之间的矛盾。证据裁判原则具体要求中，取证流程规范，证据收集指引标准统一即可减少非法证据审查排除的工作量，准确排除非法证据使得用以证明案件事实的证据均合法合规，注重实物证据与口供的相结合适用，不过分依赖口供对认定事实的客观性有益处。可以看出各要求间相辅相成，相互联系，只有从全方位多维度规制好证据问题，把控证据质量，才能真正贯彻证据裁判原则，进而正确认定案件事实。

第三节　证据裁判原则对监察委调查权规制的合理性

国家监察机关调查和办理职务犯罪案件时遵循证据裁判原则是实现

"以审判为中心"诉讼制度改革的必然要求。《监察法》规定监察机关有调查贪腐案件案情，收集证据并查明案件事实的职能，故监察证据的调取和使用规则的重要性可见一斑。可以看出，收集证据为监察调查的核心职能，与一般刑事案件侦查活动的重心有高度相似性。

　　厘清监察委调查权的性质是分析证据裁判原则适用合理性的前提。监察调查活动的性质争论主要集中在调查权与侦查权的关系问题上。权威部门的态度是严格区分监察调查与刑事侦查，《监察法释义》主张："监察机关行使的是调查权，不同于侦查权"。①有学者认为官方采取严格区分态度的原因在于调查权运行偏常规化，强调"过程预防和源头控制"，② 而侦查权具有特殊性，强调"后期追责"，③ 二者着眼点不同。且《监察法》出台后，《刑事诉讼法》删去了原本规定检察院行使贪污贿赂犯罪侦查权的规定，同时修改了"侦查"的含义，也从立法层面表明了二者并不相同的态度。④ 但学界较为典型的学术观点认为监察调查权为复合权力。监察调查活动涵盖职务违法和职务犯罪两类行为，因此学者认为调查权由职务违法行政监察权和职务犯罪刑事侦查权整合而来，但其并非两种权力"简单叠加"，也不是含纪委党纪审查权在内的"三种权力的拼凑"，⑤ 而是蕴含多方权力特征、经过深入有机结合的复合性权力。除复合论外，也有学者主张本质上监察工作中调查职务犯罪的职能与侦查权是一样的，并无实质区别。⑥ 本书赞同这一观点。一方面调查权与侦

① 中共中央纪律检查委员会、中华人民共和国国家监察委员会法规室：《〈中华人民共和国监察法〉释义》，中国方正出版社 2018 年版，第 63 页。

② 张中：《论监察案件的证据标准——以刑事诉讼证据为参照》，《比较法研究》2019 年第 1 期。

③ 张中：《论监察案件的证据标准——以刑事诉讼证据为参照》，《比较法研究》2019 年第 1 期。

④ "侦查"的定义由原本的"专门调查工作"修改为"收集证据、查明案情的工作"，规避了"调查"二字。

⑤ 曹鎏：《论职务违法调查的理论逻辑、规制路径及证据规则》，《法学评论》2020 年第 5 期。

⑥ 熊秋红教授、汪海燕教授及戴涛老师均持此种观点。

查权的本源同一，监察调查权来源于原本检察机关的职务犯罪侦查权，经整合调整之后重命名，但权力本质未发生实质变化，只是由不同的权力机关行使，权力类型和样态仍具有同一性，且均为"求刑权"，权力行使的目标也具有一致性；① 另一方面二者外部表现同一，《监察法》第 41条除特别规定留置措施之外，其余调查措施的内容和程序虽被冠上"调查"之名，但基本照搬《刑事诉讼法》的规定，与侦查活动的流程高度相似，并无二异。

以审判为核心的刑事诉讼制度改革对刑事侦查的取证活动提出更高质量的要求，审判工作与侦查取证紧密相关，证据裁判原则是连接刑事诉讼的纽带，故有学者认为二者"阻断而不阻断，证据裁判原则是审判中心与侦查取证两大范畴的重要交集"，② 凸显了本原则的关键地位。监察调查与刑事侦查的高度相似性决定了监察机关调查取证过程中证据裁判原则的贯彻也不容忽视。职务犯罪案件的调查与侦查具有同一性，移送检察院后大部分案件的最终归宿是进入刑事诉讼程序，证据裁判原则涵盖了从证据到客观事实的具体要求，能够对监察调查权产生良好的规制。

一 证据裁判原则符合监察调查权的内外部规制要求

监察机关行使调查权应当受规制的规则广泛地分布在《宪法》和《监察法》中。《宪法》第一百二十七条以原则性规定明确办案时监察机关应与其他机关相互配合、制约。《监察法》在强调宪法精神的基础上，分别细化了内部规制和外部规制的内容。内部制约是机关内设部门之间、上下级监察机关间及领导干部发挥监督制约作用的机制；外部制约是监察机关之外的，以人民法院和人民检察院为代表的机关在职务犯罪案件办理过程及结案后对其调查活动进行规制的机制。

---

① 张云霄：《〈监察法〉与〈刑事诉讼法〉衔接探析》，《法学杂志》2019 年第 1 期。

② 张鹏莉、李尧：《论"以审判为中心"对侦查取证的指引作用》，《证据科学》2018 年第 2 期。

根据《监察法》第三十六条规定，监察委下设多个职能部门，其中审查部门对调查权行使的制约充分运用了证据裁判原则。由于监察机关是我国唯一被授权调查职务犯罪的机关，因此其对职务犯罪调查权拥有"排他性"，[①] 监察调查收集的证据不仅要用于监察委处置职务违法活动，更多要成为刑事诉讼办理案件的重要依据，因此审查部门对案件的证据、事实、定性、办案程序等均需严格把握。[②] 审查重心在证据层面，依照《监察法》和《刑事诉讼法》及其司法解释的认定审查标准把关证据资格、证据收集合法性及证明标准等问题，尤其是严格排除非法证据，落实证据裁判原则的具体要求，才能对调查权予以高效制约，提高办案质量。除职能部门的监督制约外，监察机关负责人对调查活动的规制也属于内部制约范畴。各级监察机关实行委员会集体决策制，即重大事项由委员会决定，其他事项由分管领导决定。意味着为防止权力滥用、预防冤假错案，分管领导及委员会做出决定之前需审查办案情况，调查活动是审查的关键，审核证据收集情况也是不可避免的环节。

人民检察院审查起诉和人民法院审理案件均为典型的监察调查活动外部规制，制约过程充分贯彻了证据裁判原则。检察机关行使法律监督职能的重要路径是审查随案证据。依据《刑事诉讼法》规定，证据必须以确实、充分为审查标准，若未达法定标准的证据则退回监委补充调查，体现了证据裁判原则对证据的要求。检察机关还要审查证据收集的合法性，对非法证据予以严格排除，如果认为监察委收集证据不合法则根据情况做出退回或不起诉的决定。可以看出，人民检察院审查起诉时适用证据裁判原则是其"制约监察机关调查权的重要手段"。[③] 人民法院审理裁判活动是刑事诉讼的核心，审理案件过程中需要通过庭审进行举证、

---

① 朱福惠：《论检察机关对监察机关职务犯罪调查的制约》，《法学评论》2018 年第 3 期。

② 李小勇：《监察机关调查权内外制约机制研究》，《四川师范大学学报》（社会科学版）2019 年第 6 期。

③ 李小勇：《监察机关调查权内外制约机制研究》，《四川师范大学学报》（社会科学版）2019 年第 6 期。

质证以审查证据是否确实充分、是否收集合法、是否能证明案件事实、是否形成完整证据链，即对证据进行全面审查。在审判中心主义司法改革深化和证据裁判原则不断被强调的背景下，此种外部制约机制是检验监察委调查权运行效能的试金石。检察院和法院的权力运行亦印证了证据裁判原则适用于监察调查的合理性。

二　证据裁判原则的具体要求能良好规制调查权运行

收集监察案件的证据并移送审查起诉是监察调查权行使的重要目的，以保证案件顺利进入诉讼程序，进而高效惩治腐败行为。证据裁判原则的贯彻对监察调查权运行有重要意义和良好效果。根据学界通说，其具体要求呈现层层递进的关系："首先，裁判所认定的事实必须以证据为依据；其次，裁判所依据的证据是具有证据能力的证据；最后，作为综合裁判所依据的证据，必须达到法律规定的证明标准。"① 职务犯罪调查活动中贯彻该原则精神同样合理正当：证据裁判原则首先要求有严格的证据，是在取证过程中发挥对监察调查的指引规制作用，要求保证证据材料的证据能力；另外要求证据能够证明案件的证明对象，则是从证明力角度对取证程序和证据收集质量进行制约；深层次要求是证据之间相互印证，达到法定证明标准，是从诉讼程序角度对监察机关办案效果提出更高要求。

"有严格的证据"要求监察证据应当具有证据资格。证据资格，也称为证据能力，其核心内涵是"某项证据是否具备准入法庭的资格"。② 监察证据是否具有证据资格，在监察体制改革进程中学界进行过相当的讨论，争议焦点在于监察证据与纪检证据的关系方面。监察体制改革前，纪委监察证据的证据资格和证明力主要有肯定说、否定说和折中说三种观点：肯定说主张《刑事诉讼法》是任一纪检监察材料均具有证据资格

---

① 陈光中：《刑事诉讼法》，北京大学出版社、高等教育出版社 2009 年版。

② 张鹏莉、李尧：《论"以审判为中心"对侦查取证的指引作用》，《证据科学》2018 年第 2 期。

和证明力的法律依据，故对所有纪检监察机关所获证据材料都作为刑事诉讼的证据，显然，此种一概而论的观点过于绝对，有失偏颇；否定说以法定证据类型中"不存在纪检监察证据这一证据形式"作为否定其证据资质的论据，[①]　此观点对刑事诉讼理念的理解不透彻，且不符合办理职务犯罪案件的现实需求，并不可取；折中说则主张"具体问题具体分析"，[②]　是学术争议的通说，亦符合立法原意和司法实践。《刑事诉讼法》第五十四条解决了行政证据与刑事证据的衔接转化问题。《监察法》出台之前的职务违法违纪案件均由纪检监察机关负责查处，为解决纪检证据的转化问题，《人民检察院刑事诉讼规则》将行政机关的范围扩大至纪检监察部门，自此在区分言词证据和实物证据的前提下，物证、书证、视听资料类的纪检证据依照刑诉法的规定获得了实物证据的证据资格。

2018 年《监察法》公布后，监察机关的性质发生变化，不再属于行政机关，其证据转化规则的法律依据随之转变。为避免重复取证，提高工作效率，《监察法》第三十三条第一款明确监察证据无需转化，直接赋予其在刑事诉讼中的证据资格，且不区分实物证据和言词证据，只要是监察机关收集的证据材料，刑事诉讼就要"照单全收"。[③]

从立法规定来看，《监察法》对于证据裁判原则中"有严格的证据"的要求已有体现，但有学者质疑证据材料是否具有刑事诉讼的"准入"资格应当由《刑事诉讼法》规定，《监察法》有"越权之嫌"。因此有必要讨论要求监察证据具有证据资格的合理性。其合理性在于监察调查程序和证据裁判原则要求的关系是一体两面：一方面证据资格的规定体现了对监察程序的公正性指引。法律预先对其所获证据材料的资格和能力要求会成为监察调查工作的重要考量因素，工作人员取证时为保证证据符合法律要求，以顺利移送刑事诉讼，其对实体公正性和程序规范性的重视程度则大幅提高，对监察程序产生良好的指引作用；另一方面监察

---

① 应琦：《论纪检监察证据在刑事诉讼中的属性》，《江西社会科学》2017 年第 1 期。
② 应琦：《论纪检监察证据在刑事诉讼中的属性》，《江西社会科学》2017 年第 1 期。
③ 张中：《论监察案件的证据标准——以刑事诉讼证据为参照》，《比较法研究》2019 年第 1 期。

调查取证能提高刑事诉讼中证据工作的质量和效率。《监察法》的规定仅为监察证据进入刑事诉讼的"准入"规定，意味着检察机关和审判机关无需重复收集职务犯罪案件证据，而"径行对其进行审查判断，并依审查结果将其作为指控或定案的依据"，[①] 这对办案效率的提高有积极意义，也在职务犯罪案件中印证了证据裁判原则应当贯穿刑事诉讼全过程的要求。

"能够证明案件的证明对象"对监察证据提出证明力要求。证明力指证据对案件事实的作用和价值，是证据的自然属性，在诉讼中是认定案件事实的重要考量因素。刑事诉讼的基本理念要求形成完整证据链以证明案件事实，遵循"孤证不能定案"理念，意味着需要重视所有随案移送证据的证据资格和证明力，每个证据有无证明力、证明力大小如何均需经过全面审查和衡量。虽然证明力的审查主体为法院，但为保证办案效率，侦查终结的证据质量应当高于法定标准。反观监察领域，近年中国反腐的力度不断加大，有关部门提出"有案必查，有腐必惩"的要求，使监察机关办案强度巨大，因此准确高效调查职务犯罪案件是国家意志的体现。此种背景下，案件移送的证据除经审查具备刑事诉讼"准入资格"外，监察证据的可用性和水准要求亦有所提高。细化至监察调查层面，应当体现为证据收集阶段按照刑事司法标准收集，内部审查阶段准确审核证据资格、证明力、严格排除非法证据，以确保随案证据与刑事诉讼的顺利衔接，高效打击腐败犯罪。

"证据之间相互印证，对案件事实应当排除合理怀疑"能提高监察证据的证明标准。《监察法》要求调查终结移送起诉的标准不仅与《刑事诉讼法》中对公安机关终结侦查移送起诉的证明标准的表述相同，也和法庭判决被告人有罪的标准一致，即"证据确实、充分"。《刑事诉讼法》提出上述标准需同时符合三个要求，其中"证据相互印证、对所认定的事实均已排除合理怀疑"为证明标准的表述，"排除合理怀疑"的重要程

---

① 陈卫东、聂友伦：《职务犯罪监察证据若干问题研究——以〈监察法〉第33条为中心》，《中国人民大学学报》2018年第4期。

度可见一斑。在我国的证据制度中，法官认定证据和案件事实都需要遵守一些客观性标准，其中最重要的是"证据间相互印证，如果证据未达到相互印证的程度，法官即使相信证据的真实性，也不能作此认定"。[①]

严格按照证据裁判原则提出的证明标准进行监察调查具有合理性和助推公正办案的积极意义，改变证明标准或提高证明标准均不可取。基于文字表述的一致性，监察证据的证明标准应当与刑事诉讼看齐，其对证据全面性和"排除合理怀疑"的要求在表述形式和具体内涵上都应趋同。合理性在于，监察调查全面负责实施职务犯罪案件的取证活动，用于定罪量刑的证据是否能证明案件事实，客观上与监察机关的取证质量紧密相关，若改变证明标准，很可能引发调查程序中"关键证据没有充分收集甚至灭失的消极情况，使全案证据体系出现后续程序难以弥补的证明力罅隙"。[②] 有学者曾讨论职务犯罪调查证据的证明标准是否应当高于普通刑事犯罪，答案应当是否定的。贪污贿赂犯罪较强的隐蔽性使取证困难度上升，如果提高证明标准，将会造成恶性循环，即证明标准提高会"增加检察院的证明责任，进而会提高定罪的难度，也意味着更多贪腐行为得不到法律制裁"，[③] 司法公平公正也将被动摇。

第四节　监察委取证贯彻证据裁判原则的基本要求

《监察法》出台使监察机关收集的证据"具有可采性地位"，[④] 一定程度上破解了刑事诉讼转化和运用监察证据的困境。监察机关取证时强化证据裁判原则能有效促进刑事诉讼与前置程序的顺利衔接。证据裁判

---

① 陈瑞华：《以限制证据证明力为核心的新法定证据主义》，《法学研究》2012 年第 6 期。

② 张鹏莉、李尧：《论"以审判为中心"对侦查取证的指引作用》，《证据科学》2018 年第 2 期。

③ 张中：《论监察案件的证据标准——以刑事诉讼证据为参照》，《比较法研究》2019 年第 1 期。

④ 曹鎏：《论职务违法调查的理论逻辑、规制路径及证据规则》，《法学评论》2020 年第 5 期。

原则意味着围绕证据进行案件事实的认定，依赖能获得的证据以推理方式确定案件客观事实是理性主义的要求，这种模式不同于远古时代野蛮的水审、火审、司法决斗等传统方式，也不依赖领导的指示、当事人的压力、媒体舆论的报道等外部因素来认定案件事实，是当今人类找到的认定事实的最佳方式。

证据裁判原则要求解决几个实质性问题：一是待证事实的确定。待证事实即证明对象，需要用证据证明的，与案件紧密相关的事实的确定是贯彻证据裁判原则的前提；二是证据资格问题。监察证据必须明确其证据能力和证明力，具体路径包括厘清监察证据的收集、保管程序，准确质证、认证，严格排除非法证据，完善证人出庭作证等方面；三是证据审查问题。其核心是加大口供审查力度，重视实物证据的运用，同时符合程序法规范；四是证明标准问题。证据裁判原则要求证明案件事实的调查证据须经判断审查达到法定证明标准。

一 确定待证事实

待证事实即证明对象，是刑事诉讼活动中需要被证据证明的事实，认定案件事实的直接依据是"证据本身所包含的事实信息"。[①] 待证事实涵盖实体和程序两种，证据裁判原则所约束的是"所有实体法事实与部分程序法事实"。[②] 实体法事实方面，贪腐案件与其他刑事案件区别不大，主要涉及被调查人定罪量刑的事实，对此类事实必须严格遵循证据裁判原则。程序法事实的证明要加以区分：涉及人权保障的程序内容必须由证据裁判原则规制，除此之外的程序法事实虽然也需要证据证明，但可以根据实际情况选择是否由证据裁判原则严格调整。如监察案件应当将涉及被调查人基本权利的事实纳入证明范围，典型的是非法证据排除问题，虽然证据材料合法性非实体证明对象，但对审查不得简单粗暴，人

---

① 拜荣静、王伟：《论疑罪从无原则在刑事审判中的有效适用——基于陈传钧案的裁判逻辑和理念》，《河南财经政法大学学报》2018 年第 2 期。

② 杨波：《证据裁判原则新论》，《社会科学战线》2011 年第 5 期。

民检察院负有证明该证据合法的举证责任，证明活动包含"刑事证明的一系列要素，应遵循刑事证明的相应规则"，[①] 因此基本权益类程序性事实为重要的证明对象。另外，被调查人的年龄、证人的作证能力等对实体和程序均有意义的事实需纳入证据裁判原则规制范围内；而自然规律、生活常识等事实则没有被确定为证明对象的必要。

二　证据须具有证据能力和证明力

审判以庭审为中心，庭审以质证为中心，证据进入庭审并进行质证、辨认、认定等的先决条件是具备健全的证据能力。《监察法》直接赋予监察证据进入刑事诉讼程序的证据能力，无需转化程序，但进入诉讼"门槛"不代表该证据无条件成为证明案件事实的依据，仍需审查后有选择地适用，对监察机关、检察机关和法院都提出了更高的要求。

严格排除非法证据是证据能力健全与否的重要保障。法律规定违法手段获取的证据不得作为认定案件事实的依据，应当予以排除，意味着收集程序违法的证据即使能够证明重要案件事实，也无成为证明该事实的资格，非法证据排除是审查证据能力有无的关键。监察机关、人民检察院和人民法院均是保障证据合法性的关键环节。

监察调查阶段，证据收集、保管、固定、审查和移送活动均应当按照法定程序推进。收集证据时，欺骗、引诱及其他非法方式是法律明令禁止的手段，调查人员运用证据诈术获取被调查人供述时要严格把握其与欺骗、引诱间的界限，一方面避免被调查人基本人权，另一方面避免正常讯问技巧被认定为非法方法导致涉案关键证据无法适用。保管、固定证据时，以《刑事诉讼法》的规定为标准，确保监察证据不因保管、固定不当减损其证明力，影响与刑事诉讼的衔接。案件移送起诉前，监察委审查部门要进行严格审查。相比《监察法》，《刑事诉讼法》对证据

---

① 马可、闫奕铭、李京涛：《程序法事实的三维度分析——新的证明对象、裁判对象和刑事诉讼法律关系客体》，《中国人民公安大学学报》（社会科学版）2014年第1期。

非法程度和情形的规定可操作性更强，可考虑参照刑事诉讼法规则，将监察证据的排除规则亦划分为"强制性排除"、"裁量性排除"和"可补正适用"三种。贪腐案件取证难度大，采取"一刀切"的强制模式过于严厉，因此除必须排除的证据外，监察委应当将审查重心放在瑕疵证据的补正适用上，若该证据违法取证情节轻微，程序瑕疵表现在"取证行为的步骤、方式、地点、时间、签名等方面"，① 那么经过有效弥补，可以予以适用。监察委内部还应当健全自我监督制约机制，职权部门、主管负责人和上级监察机关运用法律赋予的监督权在证据收集和审查各阶段行使权力，尤其是主管领导和上级监察委要严把证据关，及时弥补疏漏，确保移送证据的合法性。

审查起诉阶段，检察机关需要严格审查证据合法性，由于已经进入诉讼活动的前置程序，则按照《刑事诉讼法》及司法解释相关规定排除非法证据。法院审理贪腐案件有必要明确证据审查的几个问题。一是随案移送非法证据。将被排除的证据纳入移送范围的规定详见于《人民检察院刑事诉讼规则（试行）》第七十一条第二款。学者认为这种做法会"对法官心证产生一定影响"，② 即法官知情后，很难不考虑被排除的证据信息。但现行监察调查程序尚不允许律师介入，无法获知非法证据排除的详细状况，因此为保障被告人的辩护权和辩护律师的阅卷权，移送非法证据资料具有合理性。对法官则采取"在案卷中写明为依法排除的非法证据，以提示法官审查证据时注意"的方式尽量降低其"心证"产生的不良影响。③ 二是法院主动收集证据的合法性审查。考虑到监察案件中辩护律师权利行使的局限性，法官在案件审理中依申请或依职权主动调取证据的比例会扩大。为限制法院公权力的无限扩大，职务犯罪案件的

---

① 汪海燕：《审判中心与监察体制改革——以证据制度为视角》，《新疆社会科学》2018 年第 3 期。

② 张中：《论监察案件的证据标准——以刑事诉讼证据为参照》，《比较法研究》2019 年第 1 期。

③ 张中：《论监察案件的证据标准——以刑事诉讼证据为参照》，《比较法研究》2019 年第 1 期。

法院取证规范流程必须明确规范，在严格遵循非法证据排除规则的基础上可以考虑提高证据收集和审查的标准和强度。

构建严格的监察证据质证、认证机制是符合证据能力和证明力要求的题中之义。法庭质证、认证的前提是证据具有进入刑事诉讼的证据能力，经过完备的取证流程和证据审查规则规制后，贯彻证据裁判原则的关键是制定行之有效的质证认证规则。目前一般刑事案件的法庭质证存在"流于形式"的问题，具体表现为"很少有证人愿意出庭接受当庭对质，辩护律师的质证意见很大可能不被采纳，另外辩护律师的调查取证权得不到有效行使"。①贪腐案件中有效质证的难度则更大：为避免受到刑事追诉，大部分关键证人不愿意出庭作证，更遑论接受当庭对质；职务犯罪案件隐蔽性和保密性特征决定了辩护律师在监察案件中的参与程度也低于普通刑事案件。当庭质证能够对证据的证据资格和证明力进行进一步查验，亦有助于查明案件事实，保证其均有证据予以证明。未来为保障证据裁判原则在监察案件中的严格适用，可行路径是实现当庭质证、认证并保证该活动高效、科学。有争议的事实必须经过质证，质证意见采纳与否、对应证据采纳与否都应当被当庭公布并做出决定，进而促进法官形成内心确信，使案件事实得到准确认定，增强反腐败案件的司法公信力。

完善证人、鉴定人出庭制度能够有效提升证据证明力，对庭审实质化有重要意义。一方面，职务犯罪案件中符合条件的证人应当出庭作证。贪腐案件的特殊性使案件办理困难远远大于普通刑事案件，以受贿案为例，被调查人受贿时一般采用现金交易，无转账记录等可用物证，同时案件有可能发生已久，现场痕迹早已无处可寻，此种客观现实困难导致案件推进缓慢，甚至毫无进展。行贿人往往是案件的唯一知情者，其提供的证人证言可能会成为案件办理的关键要素。但行贿人证言收集的瓶颈在于证人即行贿人不愿出庭，原因在于一旦出庭指认被告人，"无异于

---

① 卫跃宁、宋振策：《论庭审实质化》，《国家检察官学院学报》2015年第6期。

公开承认自己行贿的事实"，① 将承受可能追究刑事责任的风险。相比行贿，显然受贿的社会危害性更大，为保证打击犯罪的重点为受贿行为，可考虑将参照建立污点证人作证制度作为困境的解决路径。② 总的来看，审判机关应当要求符合条件的证人出庭作证，以证人证言与其他证据相互印证，贯彻证据裁判原则。

另一方面，必要时监察调查人员应当出庭作证。侦查人员出庭作证制度存在已久，刑事侦查权与监察调查权的高度相似性决定了二者在收集证据职能方面的差异不大，参照侦查人员出庭对庭审实质化的积极意义，可知调查人员出庭是监察案件响应"审判中心"刑事诉讼制度改革内容、深化证据裁判原则的体现。由于调查人员亲身参与取证活动，对证据收集的程序性事实和部分实体性事实了解程度更深，因此符合法定条件时，应当出庭并证明调查程序的合法性。调查人员的证言经查证属实后，可印证其他言词证据，提高证据证明力。另外，监察委也应当支持调查人员出庭作证，此举对"强化其本身公信力与防止监察调查权滥用"有积极作用。③

三　重视各类证据的审查和运用

为了规范监察案件办理工作，各类型证据需要被正确审查运用。总的路径为不依赖口供，重视实物证据，尤其是补强性证据的作用。全面贯彻证据裁判原则必须处理好各类证据的关系问题。一方面，确保口供

---

① 汪海燕：《审判中心与监察体制改革——以证据制度为视角》，《新疆社会科学》2018年第3期。

② 我国虽然尚未建立污点证人制度，立法中却可发现与该制度精神相似的表述。例如，我国《刑法》第390条规定："行贿人在被追诉前主动交代行贿行为的，可以减轻处罚或免除处罚。"从司法实践来看，贿赂案件中，刑事责任的追究往往只落在受贿者的头上，行贿者鲜有被追究的情况，这是一个普遍的事实。基于此，不妨将职务犯罪作为一块"试验田"，试行污点证人作证制度，并以解释的形式对适用主体、适用程序以及作证免责的内容等进行明确。

③ 张俊：《论我国监察调查权程序性控制模式之完善》，《湖湘论坛》2020年第3期。

的真实性，推动"口供中心主义"的转型。① 贪污腐败犯罪最大特点是隐蔽性，属于典型的"'四知'案件——天知、地知、你知、我知"，② 相较普通刑事案件更依赖口供是客观现实。但口供真实性必须严格审查，不得盲目适用。过往司法实践依赖的口供的原因之一为刑事案件被告人有"应当如实供述"的义务，调查机关为尽快破案，以此义务为绝对法律依据，调用全部人力猛攻口供，忽视被追诉人的沉默权和供述真实性。将非真实的口供作为认定案件事实的主要依据明显有失公允。另一方面，探寻无口供时的认证机制。任意性较强的口供容易在非法证据排除阶段被剥夺证据能力，导致案件无口供可用，必须重视其他言词证据和实物证据的证明力。职务犯罪案件中除被告人供述外，证明力强、价值高的典型言词证据即关键证人提供的证言。如行贿人等关键证人对案件事实和具体细节的熟悉程度可能更甚于被告人，故经质证的证人证言与其他实物证据相印证同样能形成完整的证据链条，不必一味依赖口供。

相比其他刑事案件，同步录音录像是监察案件独有的证据类型，应当将其作为补强证据在案件中审查运用。同步录音录像的补正作用体现在既能证明实体法事实，又能证明程序法事实，可以根据不同情况作为不同类型的证据印证其他证据。如被调查人供述犯罪过程的录音录像性质为口供的电子载体，与书面讯问笔录具有"同等效力"，③ 若存在不一致则以录音录像为准；又如涉及调查人员取证时是否符合法定程序、是否采用非法方法、扣押、搜查等流程是否规范等问题的录音录像属于记录"原始办案过程的视听资料"，④ 可以用于非法证据的证明问题。总之，同步录音录像在必要时可达到良好的补充证明作用。

---

① 卫跃宁、宋振策：《论庭审实质化》，《国家检察官学院学报》2015 年第 6 期。

② 曹鎏：《论职务违法调查的理论逻辑、规制路径及证据规则》，《法学评论》2020 年第 5 期。

③ 潘金贵、王志坚：《以审判为中心背景下监察调查与刑事司法的衔接机制研究——兼评〈刑事诉讼法（修正草案）〉相关条文》，《社会科学研究》2018 年第 6 期。

④ 潘金贵、王志坚：《以审判为中心背景下监察调查与刑事司法的衔接机制研究——兼评〈刑事诉讼法（修正草案）〉相关条文》，《社会科学研究》2018 年第 6 期。

四 监察证据必须达到法定证明标准

监察案件移送起诉时调查终结的证据须达到法定证明标准。现行《监察法》中"证据确实、充分"的表述未区分职务违法与职务犯罪,此种"一元制证明标准"不利于监察调查与刑事司法衔接,[①] 应当有区分的构建二元证明标准。职务违法与职务犯罪由监察机关调查终结后认定,对违法行为做出"处置处理"的决定,对犯罪行为则"移送起诉"。不同证明对象涉及不同处理方式和诉讼情形是区分二者证明标准的重要原因,行政法处理与刑事司法所需的证据量、证据关系及证明标准亦不可一概而论。职务违法案件以"处置处理"作为责任承担模式的,其证明标准应当以行政法范畴标准为准;职务犯罪案件则以刑事诉讼标准为法定证明标准。具体来说,《监察法》规定"证据确实、充分"的要求是认定的事实均有证据证明,该证据均经法定程序查证属实,且结合全案证据对事实已排除合理怀疑。"排除合理怀疑"是刑事司法案件的最高证明标准,监察证据务必要达到此标准,才能使移送起诉的证据经得起检察机关审查和法庭审理的考验,也是监察体制改革贯彻证据裁判原则、与"审判为中心"诉讼体制改革相契合的要求。

监察机关还要坚持疑罪从无原则。现行《监察法》第四十五条规定没有证据能证明被调查人有职务犯罪行为的,应当撤案。针对已有一定证据,但该证据未达到证明标准,无法予以适用的情形则尚不明确。可以考虑参照《刑事诉讼法》适用疑罪从无原则。原因是监察案件与刑事诉讼不仅应当从正面衔接,也要着眼反面,将没有证据、证据不足或达不到证明标准的情形以刑事司法方式处理,即在《监察法》规则缺位的客观现实下,监察调查应遵循刑事诉讼基本精神作出"有利于被调查人的解释"。[②]

---

① 马方、吴桐:《逻辑与司法:监察程序中证据规则的解构与建构》,《河北法学》2018 年第 9 期。

② 汪海燕:《审判中心与监察体制改革——以证据制度为视角》,《新疆社会科学》2018 年第 3 期。

　　证据是公正司法的基石，科学的证据规则是国家司法体制先进程度的重要标志。为进一步深化监察体制改革，大力惩治贪腐案件，完善中国特色社会主义监察制度，必须对监察案件证据规则作出科学有效的制度安排。证据裁判原则具体要求阐明了证据和事实认定之间的关系，强调证据在诉讼活动中的核心地位。职务犯罪案件调查程序贯彻证据裁判原则对保障反腐败效率和司法公信力均有积极意义。目前理论界关于证据裁判原则在监察调查中适用的研究呈现零散分布，无系统论述的特点，在此背景下，有必要探讨证据裁判原则与监察调查的紧密关系及该原则适用调查程序的必要性。对比《刑事诉讼法》和《监察法》的证据规定，可发现《监察法》中证据裁判原则具体要求对取证活动的规制不足。分析监察调查权运行制约理论可知，监察委内部由审查部门、主管负责人及上级机关负责行使证据审查职能，为准确排除非法证据，保障证据质量，必须以证据裁判原则为指导思想；检察机关和司法机关针对随案证据的证据资格、证明力、证明标准亦需严格审查，促使监察案件顺利进入诉讼程序，这体现了调查权内外部制约机制中适用证据裁判原则的合理性和必要性。因此监察调查应当从各方面提高对证据裁判原则的适用标准，具体包括确定必须适用本原则的待证事实，采取依正当程序收集固定证据、严格排除非法证据、完善关键证人出庭制度等措施保障涉案证据的证据能力和证明力，对口供和其他类型证据必须重视其价值，处理好证据间关系，以确保证据能相互印证，形成完整的证据链，达到刑事诉讼规定的法定证明标准。当然，以上研究仅为本问题的理论探索，未来仍期待在监察体制改革进一步深化进程中，《监察法》做出详细的制度安排。

第六章　监察调查中的非法证据排除

第一节　问题的提出

实现案件公平正义是刑事诉讼取证活动的基本理念，严格排除非法证据体现了打击犯罪与保障人权的价值平衡。出现冤假错案大多是因为以不符合法律规定的手段收集证据所致，其中表现较为突出的是以刑讯逼供等方式强迫犯罪嫌疑人、被告人认罪。出现此类案件的原因之一是非法证据排除规则的缺位。20 世纪 90 年代以来刑事侦查活动中未严格规定非法证据排除规定，虽有司法解释针对言词证据发布相关非法证据排除规则，但一方面涉及侦查活动的规定内容系统性不够，另一方面无成文法律规定，已有规则法律效力较低，多种因素影响下产生冤假错案，佘祥林案、聂树斌案、赵作海案等冤假错案对司法公信力形成的影响和后果难以弥补。

2010 年《关于办理刑事案件排除非法证据若干问题的规定》以及《关于办理死刑案件审查判断证据若干问题的规定》两个证据规则发布，是我国非法证据排除规则逐步确立的标志，由此开始，初步形成具备中国特色的非法证据排除规则立法体系。2012 年，《刑事诉讼法》修改增加非法证据排除规则的系统立法规定，并将其前置于侦查监督环节，正式以制定法形式确立非法证据排除规则，后续司法解释对规则相关内容进行细化。近十年的立法发展使刑事诉讼非法证据排除规则趋于完善，这在全面依法治国进程中坚决防范冤假错案中发挥了不可或缺的作用。

2018 年《监察法》正式赋予监察委职务犯罪案件调查权，监察机关承担起惩治职务犯罪，防范贪污腐败的重要职能。从法律规定和司法实践来看，监察委调查案件的活动与公安机关侦查普通刑事案件存在一定相似性，对照刑事侦查中非法证据排除对诉讼活动的重要性，可以发现监察调查活动中排除非法证据同样是预防冤假错案的关键步骤。监察活动中排除非法证据的突出问题存在于制度规范领域，主要原因是《监察法》立法存在涉及程序法和实体法的规则细化欠缺。

监察调查中的非法证据排除规则，不同于刑事诉讼法中制定法和司法解释相互配合构建出的证据规则体系，仅《监察法》第三十三条内容规定涉及监察调查非法证据排除的规则，其释义也仅针对法条进行解释，"以非法方法收集的证据应当依法予以排除，不得作为案件处置的依据"的表述中未区分非法证据类型和认定标准，也未明确排除主体和监督方式，这使得监察调查中的证据审查和监督无法受到有效制约。职务犯罪案件办理过程中，监察委和司法机关的职务活动存在交叉衔接部分，监察调查活动是职务犯罪案件移送审查起诉的前置程序，与后续公诉、审判活动在制度和程序上良好衔接极为重要。

目前学界针对细化监察调查非法证据排除规则的讨论已有相当研究成果，集中体现在关注监察调查和刑事诉讼程序的衔接问题，认为在职务犯罪案件中，调查程序与后续刑事诉讼程序法律规定中"呈现出一种'井水不犯河水'的景象，但实际上两种不同性质的证据必须做出制度安排，否则司法实践中将会出'无法可依'的局面。"① 需建立完善的衔接机制以保证监察证据在司法程序中的良好适用。也有以两法衔接为背景进行阐述，认为监察委"没有妥善地处理好法律衔接问题，在实际适用

---

① 陈卫东、聂友伦：《职务犯罪监察证据若干问题研究——以〈监察法〉第 33 条为中心》，《中国人民大学学报》2018 年第 4 期。

的过程中恐存在有违法治尤其程序正义的风险。"① 故提出摆脱"调查中心主义"、注重监察证据的检察监督等应对策略。还有侧重监察法和非法证据排除规则的关系问题，从非法证据规则适用于监察程序的必要性入手，论述监委适用非法证据排除规则的困境，并提出明确内部权责划分、保障讯问录音录像制度、强化审判中心主义等对策。② 已有研究成果对本书在参照刑事诉讼规则提出完善监察非法证据排除的程序法对策，拓宽两法衔接问题研究思路，明确监察委调查活动中严格规范证据规则的重要性等方面研究具有理论借鉴意义。但已有成果将刑事侦查排除非法证据和监委调查排除非法证据同时进行比较的理论分析并不多见，也未充分剖析监察立法模式的特点及内容对非法证据排除规则适用产生的影响。

在梳理已有研究成果的基础上，本书从刑事诉讼非法证据排除立法模式和监察委调查非法证据排除立法模式两个视角切入，分别探究其立法规定、运行程序及功能效果，然后比较刑事诉讼非法证据排除规则立法体系，分析出监察委调查中证据审查存在的问题，阐释两种立法模式的联系与区别，最后提出监察调查中非法证据排除的可能完善进路，以期弥补监察委调查活动中非法证据排除活动的局限性，并实现监察活动与刑事诉讼活动的良好衔接。

第二节　刑事侦查中的外部非法证据排除模式

我国刑事诉讼非法证据排除模式属于外部监督模式，这是指根据法律规定，我国刑事案件于侦查、审查、起诉、审判等各个环节均可触发非法证据排除规则程序，法院、检察院及公安机关均是实施该规则的权力主体。公权力机关根据法律赋权启动该程序为路径之一，诉讼当事人亦可主动申请排除非法证据。此种模式为主体广泛的外部监督。在刑事

---

① 刘艳红：《职务犯罪案件非法证据的审查与排除——以〈监察法〉与〈刑事诉讼法〉之衔接为背景》，《法学论》2019 年第 1 期。

② 郑曦：《论非法证据排除规则对监察委办理案件的适用》，《证据科学》2018 年第 4 期。

侦查过程中严格适用该规则具有诸多显著优势。一方面，严格法定的规则运行模式对侦查活动产生明确指引作用；另一方面侦查监督环节准确排除非法证据、严格规制侦查行为本身具有正义价值，是预防冤假错案，维护实体正义，贯彻证据裁判原则，实现司法公正等价值的彰显。另外，此种模式亦能实现惩戒非法取证人员，救济被害人权益，保障刑事诉讼制度公正的功能。

一 非法证据排除规则严格法定

既往我国刑事诉讼法在非法证据领域立法较少，非法证据排除规则真正确立是随着典型冤假错案被及时纠正，全面依法治国的持续深入发展而系统形成的。自 2010 年以来，立法机关出台了一系列涉及非法证据排除的法律法规，使得规则内容逐渐明确清晰，最终发展至成熟的成文规定。以 2010 年为起点，2012 年、2013 年、2017 年等多个时间节点均有立法动态，俱是本规则系统化全面化的关键环节。

为规范司法机关取证行为，树立非法证据排除理念防范冤假错案，增强证据规定可操作性，2010 年 6 月，最高人民法院、最高人民检察院、公安部、国家安全部、司法部联合发布《关于办理刑事案件排除非法证据若干问题的规定》以及《关于办理死刑案件审查判断证据若干问题的规定》。其中明确了刑事诉讼证据的基本原则，规定了不同种证据的收集规则，细化了证据审查的程序、证明责任，对非法证据的内涵进行界定，并强调不得以违法程序收集的证据作为定案依据。这两个证据规定的出台意义重大，第一次在司法解释名称中提及"排除非法证据"的字样，标志着我国非法证据排除规则初步确立，"也意味着我国的非法证据排除规则进入实质性运作阶段，司法机关和侦查机关排除非法证据有了法律依据"。[①] 但此时尚无正式立法对该制度以法典化形式予以明确规定，其

[①] 宋建国、彭辉：《非法证据排除的司法困境及对策研究》，《河北法学》2017 年第 11 期。

完善性均有待加强。

2012 年新《刑事诉讼法》出台，刑诉法第五十四条在吸收上述两个司法解释证据规定的基础上，系统性规定了非法证据的含义、范围及排除程序，对刑讯逼供、暴力、威胁等非法方法予以禁止，并确立非法证据排除规则基本原则和审查非法证据的标准。相较 2010 年两个证据规定，2012 年刑诉法修改内容结合了以往司法解释零散的规定，对非法证据排除规则进行系统化全面化的整合，使其配套规定趋于完善。此次立法标志着我国非法证据排除制度的正式确立，首次以立法形式弥补了本领域的法律空白，亦契合了人权保障的基本理念。

收集、审查证据活动复杂多变，若穷尽列明各种情形，则法条过于繁杂，体量过大，此举并不现实，故有必要配套司法解释进行辅助，因此 2012 年《最高人民法院关于适用〈刑事诉讼法〉的解释》出台。该司法解释第四章第八节对非法证据排除规则进行了相应细化规定，用占整部司法解释约十分之一的篇幅对证据制度做出解释。① 详细的操作规程对上述新《刑事诉讼法》的立法内容起到了补充辅助的作用，也对非法证据排除制度良好适用产生了积极意义，使其既有成文法典之明确规定，也有具体操作的解释规定，更加凸显其在公正办案、维护人权方面的关键作用。

党的十八大以来，针对司法实践中存在的因刑讯逼供导致冤假错案的问题，《中共中央关于全面深化改革若干重大问题的决定》明确提出"严禁刑讯逼供、体罚虐待，严格实行非法证据排除规则"，以党内法规形式体现了党中央对非法证据和冤假错案绝对的禁止态度，为后续非法证据排除制度发展提供政策支持。

2013 年中央政法委和最高人民法院分别发布《关于切实防止冤假错案的规定》（下称《规定》）及《关于建立健全防范刑事冤假错案工作机制的意见》（下称《意见》），《规定》十五条内容中有三条对非法证

---

① 最高人民法院《关于适用〈中华人民共和国刑事诉讼法〉的解释》中共 52 条近 9000 字篇幅为证据规定，其中详细列明各种类型证据绝对不得作为定案依据的情形、准许补正或解释的情形等。

据收集、审查、排除和责任进行规定；《意见》也有三条内容强调了非法手段获取的证据及未经相关程序审查的证据不得作为定案依据。[①] 2016年两高三部联合发布《关于推进以审判为中心的刑事诉讼制度改革的意见》涉及非法证据排除规则的部分较少，主要侧重侦察机关收集证据的行为，明确依法排除侦察机关采用非法方法收集的证据。司法解释均对非法证据排除规定进行了重审和强调，表明严格准确排除非法证据是防止冤假错案发生的关键环节。

基于多个法律文件均着眼冤假错案防范的现状，为进一步贯彻落实中央关于深化依法治国实践和司法体制改革的要求，2017年6月两高三部制定出台了《关于办理刑事案件严格排除非法证据若干问题的规定》，此次证据规定共四十二条，与以往的司法解释不同的是其所有条文均与非法证据排除相关，具有较多突破性进步。如对侦查、起诉、审判等活动进行了更高要求的规定，明确了刑讯逼供、暴力、威胁等收集言词证据的非法形式，进一步细化了排除证据的原则标准，强化检察机关职能和责任，并完善审查合法证据的步骤程序等。此规定是非法证据排除领域地位较高的一部司法文件，诸多条文规定也体现了刑事诉讼中证据收集、审查、排除的重要地位，虽然存在重复供述规定不全面、取证手段规定有所退步等问题，但作为"非法证据排除制度的大成之作"，[②] 其在严防冤假错案方面的地位和意义不容忽视。

2018年最高人民法院发布《人民法院办理刑事案件排除非法证据规程（试行）》，其出发点是"认真贯彻党的十八届三中、四中全会改革要求，严格落实中央深改组审议通过的《关于推进以审判为中心的刑事诉讼制度改革的意见》、《关于办理刑事案件严格排除非法证据若干问题的

[①] 详见中央政法委《关于切实防止冤假错案的规定》第三、四、十三条和最高人民法院《关于建立健全防范刑事冤假错案工作机制的意见》第八、九和十二条内容规定。

[②] 宋建国、彭辉：《非法证据排除的司法困境及对策研究》，《河北法学》2017年第11期。

规定》等文件"①，用共计 36 条内容进行阐述。除重申上述文件规定外，主要侧重非法证据排除规则流程性问题展开论述，以解决司法实践中实际存在的排除难问题，从而对审判人员办理案件有所帮助。2018 年《刑事诉讼法》进行修改，赋予人民检察院在法律监督中对非法取证的司法工作人员的立案侦查权，可视为非法证据检察监督的进步之一。2020 年新《刑事诉讼法》解释出台，修改内容为未依法移送的讯问过程录音录像若不能排除非法取证可能性则予以排除，是非法证据排除规则的又一细化。

二 非法证据排除监督制裁程序衔接

诸多社会影响力大的冤假错案经媒体曝光后，将纠正和预防冤假错案的问题推向舆论中心，冤假错案的发生直接影响人们对法律的信仰，并使司法公信力严重受损。② 严守程序正义，维护实体正义是社会公众的愿望，亦是刑事诉讼的价值所在，非法证据排除规则是实现上述价值的途径之一。2012 年修改后的刑诉法从侦查监督程序起就在各个环节均明确规定了非法证据排除规则的正式适用，非法证据排除规则在刑事案件中侦查、检察和审判环节均对案件进行多方面的监督，法律赋予检察机关广泛的非法证据排除规则权力，对顺利开展刑事诉讼监督程序有多重作用，由此产生的对非法证据收集和非法证据的程序制裁也随之贯穿刑事诉讼全过程。

在司法实践中侦查阶段检察院所发挥的监督作用正在被不断强调，其中具有代表性的司法解释是 2017 年发布的严格排除非法证据规定，要求侦查活动中要及时排除非法证据，对检察机关排除非法证据提出了"宜早不宜晚"的要求。我国检察机关的角色较为多元，不仅是案件的审

---

① 戴长林、刘静坤、朱晶晶：《〈关于办理刑事案件严格排除非法证据若干问题的规定〉重点解读》（上），《人民法院报》2017 年 7 月 19 日第 6 版。

② 近年来，一系列冤假错案的陆续曝光，如杜培武案、李久明案、赵新建案、佘祥林案、聂树斌案、孙万刚案、赵作海案、张氏叔侄案等。

查者，决定其是否进入下一个诉讼程序，同样也是监督者，对侦查活动合法性、收集证据规范性等进行强有力的制约。严格监督的出发点是对冤假错案的绝对禁止。刑事犯罪的处理往往涉及诉讼当事人经济利益之损失甚至人身自由的剥夺，对非法证据采取零容忍态度以提升证据采信合法性对准确办理刑事案件，严厉打击冤假错案，维护程序公正及响应国际公约人权保护精神起关键性作用。严格排除非法证据，建立和落实各项监督机制，通过全方位监督机制，实现程序公正，是树立法治信仰的有效途径。

审查起诉阶段检察机关严格排除非法证据，监督案件办理活动能起到维护实体程序正义的作用。此阶段是刑事诉讼的中间阶段，起着承上启下的过渡作用。检察机关须严格审查案件，对于"事实不清，证据不足"则需要将案件退回公安机关补充侦查；对于随案移送的证据存在非法性或违法性，则不得作为证明案件事实的证据，从而将其排除，并决定案件是否退回。此过程中作为审查者必须慎重审查证据，区分问题程度，因为证据非法性情况一般较为复杂，包括绝对违法必须排除的证据、程序违法裁量是否排除的证据及补正可适用的证据。从事实层面出发，非法证据也可以是"真的"，但更有可能是"假的"，为客观事实的查明容易产生是否排除的犹豫。检察机关的审查作用就是强调无论真假都应当一概排除，因为只有彻底排除非法证据才能保证用于认定事实的证据可以反映案件真实情况。即使该证据可能为关键证据，将其排除导致无法定案，也不得突破非法证据绝对排除的原则。由此看来，非法证据排除规则在维护实体和程序正义中的作用不可或缺，体现出刑事诉讼绝不纵容司法违法犯罪的态度。

刑事案件进入审判阶段后，检察机关的角色发生一定转变，从监督者变成了被审查者。原因是检察院承担证明证据收集合法的证明责任，若其上述监督环节存在权力行使错漏，则会面对因指控不当而导致指控失败并承担相关责任的结果，该后果是浪费诉讼成本、拖延案件办理效率、损害当事人基本权益的消极结果集合体。故证据作为诉讼的核心问题，以证据为案件审理之基础和逻辑源头符合诉讼法和证据法基本原理，也是顺利办案的必然要求。细化证据规则，严格设计程序是规范证据收集活动的具体路径。以近年来在以审判为中心的刑事诉讼制度改革过程为例，我国在证据制度改革方面做出了不懈努力，并取得一定成效："建立讯问过程录音录像制度，在重大案件侦查终结前对讯问的合法性进行核查，以有效遏制非法取证；建立命案等重大案件检查、搜查、辨认、指认等环节的录音录像制度，完善证人制度，以避免遗漏或忽略关键证据等。"①沈德咏大法官认为："作为司法制度的重要组成部分，证据制度是否科学、完备，能否在司法实践中得到严格执行，直接反映一国的司法文明程度和法治发展水平。"② 所以完善证据规则对检察机关审慎办案的意义十分重大。

在非法证据排除规则中，制裁性活动持续贯穿其中。任何权力机关于何时发现证据非法性采集的存在，均需及时排除该证据，重新依刑诉法规定改变案件办理状态，并对相关责任人进行追责，制裁惩戒作用将在下述内容中具体论述。非法证据排除规则以其监督作用和制裁作用的良好衔接在司法活动中实践良好，故有学者认为，系统化非法证据排除机制是"刑事诉讼法治化的代价，也是世界各国对人权保障和诉讼公正的要求。"③ 非法证据排除规则在侦查监督阶段的严格适用是及时惩处非法取证行为、提升证据可用性和证明力的司法活动，对促进案件公平正义有积极意义，亦是程序正义价值的显著体现。

三 非法证据排除规则惩戒与保障并行

非法证据规则在适用过程中发挥了重要的制裁惩戒作用，制裁对象

① 杨波：《以事实认定的准确性为核心——我国刑事证据制度功能之反思与重塑》，《当代法学》2019 年第 6 期。

② 沈德咏：《贯彻证据裁判原则系统完善证据制度积极推进以审判为中心的刑事诉讼制度改革》，《人民法院报》2017 年 5 月 13 日第 2 版。

③ 杨波：《以事实认定的准确性为核心——我国刑事证据制度功能之反思与重塑》，《当代法学》2019 年第 6 期。

包括非法证据本身、收集证据的办案人员、审查证据的检察人员等。当前立法和司法实践对非法证据均持绝对禁止的态度，虽然有相关轻微程序违法证据可裁量适用的规定，但此种可补正证据本质上并非严格意义上的非法证据，因此绝对排除非法证据，即使会导致案件真伪不明无法查清，或即便证据能证明真实案件情况，均不可予以适用，这是现代法治精神所在。对非法取证人员依法追究其责任，包括党务处分和刑事责任，实现惩罚非法取证行为，威慑其他办案人员的重要警示功能。

依法惩戒的显著效果就是实现保障功能。追究违法行为人责任的同时维护受害人各方权益是国际人权公约精神和我国以人为本理念的实际践行。复议复核的法律规定起到了一定保障作用。根据相关法律规定，在通知犯罪嫌疑人及其辩护人、诉讼代理人以及侦查机关于非法证据排除的决定后，公权力机关还应当履行关于当事人享有向上级机关申请复议复核权利的告知义务。因为刑事活动中人权为法律重点保护的对象，无论犯罪嫌疑人还是侦查人员，若非法证据排除的程序或结果有误，任一方人权及基本权益将会成为无辜牺牲品，经复议复核的决定结果若维持则更意味着结果客观准确，若被改变则是及时纠正错误，预防冤假错案，促进公正裁判的必要过程。故复议复核程序体现了法律赋予当事人的人文关怀、充分尊重及保护。

排除非法证据后对犯罪嫌疑人、被告人的处理也是保障人权的重要体现。另外，排除非法证据会使涉案当事人诉讼结果产生重大变化：若查明证据经刑讯逼供获取，当事人所述犯罪行为并非其所为，则应当宣告其无罪；若排除了能够证明案件事实的直接证据，导致全案证据无法形成完整证据链证明案件事实，或者排除影响案件部分事实认定的证据，使案件处于事实不清，真伪不明状态时，则根据"疑罪从无"原理亦需宣告其无罪。这表明"保证无辜者不被错误追究是非法证据排除规则的首要意义"。[①] 当事人基本权益保护是非法证据排除规则正当程序意义所

---

① 易延友：《非法证据排除规则的中国范式——基于 1459 个刑事案例的分析》，《中国社会学》2016 年第 1 期。

在，有学者提出"双轨制"救济新模式，亦是一种新思路，即受侵害的当事人可以尝试国家赔偿和民事诉讼双轨救济之道。被侵权人除了可以依照国家赔偿法申请国家赔偿外，还可以在公诉后提起附带民事赔偿诉讼。此外，可建立被害人补偿基金，用违法行为人支付罚金的方式来弥补受害人的精神损害和人身损害，从而达到惩罚违法行为人、救济受害人的双重效果。

第三节　监察委调查中的内部非法证据排除模式

监察委排除非法证据的模式界定为内部模式，其规则内容的特点及其产生的结果可概括为规定内容模糊性，权力行使行政性和制裁后果虚化性。从应然角度分析此种内部非法证据排除模式，其立法内容欠缺的清晰性使得监委内部权责划分不明，同时在监察委行政运行的部门定位下，其办案活动与部门设置均具有明显的行政属性，这使监察委非法证据排除的实际效果存忧。

一　非法证据排除制度规定的模糊性

《监察法》第三十三条和《监察法释义》中对非法证据排除进行规定，其中采取绝对排除与相对排除相结合的模式：一方面对所有以非法方法取得的证据都一律排除，如《监察法》第三十三条第三款；另一方面对程序性违法的证据采取差异性对待，参照刑诉法规定以违法严重程度决定是否予以排除，如《监察法》第三十三条第二款。相对排除模式意即监察机关按照刑事诉讼中非法证据排除规则的规定内容，对监察委调查案件涉及的非法证据进行区别对待。监察调查活动中违法收集证据的"非法方法"由监察法释义做出了解释，但存在一定问题。

首先，"刑讯逼供"判断标准采纳与刑诉法高度相似的表述模式并不完全适宜。《监察法释义》对"刑讯逼供"做出了解释："是指使用肉刑或者变相肉刑，或者采用其他使当事人在肉体上或者精神上遭受剧烈疼痛或者痛苦的方法，迫使当事人违背意愿供述的行为，如殴打、电击、饿、冻、烤等虐待方法。"如上述"剧烈痛苦"在法条中被界定为含"肉体"和"精神"两方面，肉体痛苦若未明确规定适用某种医学标准化模型则其主观性极强，精神痛苦的外在表现形式亦表现类型不同，因此即便存在高度相似的文字表述内容，但是基于监察法体系化程度低于刑诉法及其司法解释的客观现状，照搬全套其规定未免过于机械。另外，规定中将"刑讯逼供"与"威胁、引诱、欺骗及其他非法方法收集证据"置于同一段出现，此种行文方式与刑事诉讼中传统的"刑讯逼供"前置的立法惯例并不相同，故二者客观范围与具体含义仍有待解释。①

其次，主要概念如"威胁、引诱、欺骗"等范围含糊不清。现今监察法释义规定内容的特点为明确"威胁""引诱"之内涵，但"欺骗"界定尚存缺陷。"引诱"和"欺骗"二者并不相同，如果将释义中"诱使、欺骗"等表述通用于上述两概念并不妥当。实践中存在与"引诱、欺骗"等高度类似的侦查技巧，即被调查者接受讯问时往往顾左右而言他、避重就轻以逃避认罪，办案人员为使其认罪伏法常采用引导、诱导等办案技巧，所以"引诱、欺骗"与侦查技巧间存在界限不明的模糊关系。证据诈术、引导讯问等典型办案手段在侦查调查中不可或缺，如监察委办理的职务犯罪案件被调查人员一般文化水平较高，心理素质较好，甚至熟悉案件办理流程，此时明确讯问技巧可适用界限，区分技巧与欺骗之界限，合法准确讯问被调查人，皆是办案过程的重要步骤。2017 年刑诉法解释"征求意见稿"曾将引诱和欺骗明确规定为获取口供的违法手段，后考虑到侦查人员实际办案中对讯问技巧的运用删除了此规定，但司法解释的态度并非否认该手段的非法性，而是采取模糊回避的处理方式。监察法释义的规定模式与司法解释如出一辙，"欺骗和引诱之本质是一种'诈欺'，正如诈骗罪一样，其行为目的是"使对方陷入认识错误"并在这种意志被影响或支配的认识错误下做出有罪供述，这与刑讯

---

① 刘艳红：《职务犯罪案件非法证据的审查与排除——以〈监察法〉与〈刑事诉讼法〉之衔接为背景》，《法学评论》2019 年第 1 期。

逼供、威胁、非法拘禁等具有一致的后果。"[1] 这表明"引诱、欺骗"等手段获得的证据均有排除的必要，因此司法实践中准确把握含义范围确有必要，遗憾的是《监察法释义》并未对"欺骗"作出进一步解释。

二 非法证据排除程序的行政化

监察权能的典型属性之一为行政性，使其办理职务犯罪案件及排除非法证据等活动亦具有行政性。监察委非法证据排除职能行使特点突出表现为未明确划分部门权责，监察委职能部门包括案件审理部门、执纪审查部门、执纪监督部门等，在这些机构中，"日常工作监督、执行党纪国法的职能主要由执纪部门履行；审查、调查违纪违法和涉嫌职务犯罪的职能主要由执纪部门履行；审查、调查执纪部门调查后移送案件审理部门，由案件审理部门对案件进行定性并形成审理报告，根据不同情况或向纪委常委会提出处理建议，或移送检察机关审查起诉。"[2] 从机构设置来看，未曾赋予某一部门专门审查监督违法证据的职权，任一部门均可以任意在其办案阶段开启非法证据排除规则程序，此举看似使非法证据的监督贯穿了职务犯罪案件调查审查全过程，随时发现随时查处，实际情况却是各部门职能不清，可能存在不作为、任意作为的办案现象，这说明监察委内部的自我排除和监督缺乏有效性，非法证据自我排除机制的运作效果也不理想。

非法证据排除程序行政化的另一表现为被调查人权利行使的缺位。这与刑事诉讼非法证据排除规则程序有很大不同。其一，被调查人无权启动非法证据排除规则程序。刑事诉讼规定了两种启动非法证据排除程序的模式，一种是依职权启动，即公安机关、检察机关和法院均可在案件办理过程中启动程序；另一种是依申请启动，刑诉法规定刑事案件被

---

① 刘艳红：《职务犯罪案件非法证据的审查与排除——以〈监察法〉与〈刑事诉讼法〉之衔接为背景》，《法学评论》2019 年第 1 期。

② 郑曦：《论非法证据排除规则对监察委办理案件的适用》，《证据科学》2018 年第 4 期。

告人及其辩护人对证据收集合法性存疑时可主动申请公权力机关启动非法证据排除规则程序。监察法则与之不同，其三十三条第三款仅规定了上述第一种模式且仅有监察委可自行启动，无被调查人行使非法证据排除规则权利的成文性规定。其二，监察法无明确允许律师介入规定。刑事诉讼中非法证据排除程序的依当事人申请启动一般需要两个因素："一是诉讼化的程序架构；二是律师的专业帮助。"① 律师在此过程中起较为关键的作用，因为当事人一般缺少专业法律教育背景和丰富诉讼经验，即使对证据合法性存疑也大概率无法准确了解非法证据排除程序和方式等相对专业化内容，需要律师介入予以帮助。同理，在监察委办案时被调查人文化素养和社会经验也许丰富于一般刑事诉讼被告人，但法律专业知识和程序适用敏感度则不然。当前监察法未规定律师可以介入案件调查程序，被调查人无专业化法律帮助则难以独立申请非法证据排除规则程序，其权利行使必然受限。

综合来看，监察委内部机构行政化权责划分和实体法方面被调查人权利保障之差异，使得监察委调查案件更类似于行政程序，区别于刑事诉讼控辩审三方参与的诉讼模式，监察委仅经过调查即终局性单方面告知被调查者处理结果。从而可以得出监察委缺乏相应的内部监督制约机制，被调查人权利行使程序阙如，这使监察委自我排除和自我监督的效果则不会达到理想预期。

三　非法证据排除制裁后果虚化

非法证据排除程序行政化是监察委自我监督的体现，监委内部行使权力、内部监督的机制固然有直接、便利、高效的优势，但基于其机制的某些天然缺陷，可能导致监察程序中非法证据排除制裁后果虚化。监察机关内部权责不清导致权力行使制衡不力，有排除非法证据权力的监

---

① 谢登科：《论监察环节的非法证据排除——以〈监察法〉第 33 条第 3 款为视角》，《地方立法研究》2020 年第 1 期。

察委职能部门尚未通过法律予以明确赋权，监委内部目前多个部门均可行使权利，表面上看似能有更多部门机构适用规则，保证非法证据排除的合法性，但实际效果堪忧。因此，在程序启动主体不明确、权责不清的情况下，容易产生不良后果。

内部自我排除模式导致外部监督缺位，导致排除效果欠佳。监委调查案件收集证据、认定事实活动与审查证据合法性、排除非法证据活动均由其下设部门进行，调查和监督权力部门同根同源，是典型的自我监督和自我排除。该模式缺乏制裁效力，存在诸多缺陷：一方面，内部自我监督基于其相同的职业特性，监督者和被监督者往往存在类似或相同的观念，导致监督活动的有效性存疑；另一方面，监督者和被监督者可能具有利益的一致性，例如监察委中有权排除非法证据的监察人员可能考虑到本部门的破案率、结案率、立功、受奖等因素，而不愿排除非法证据。① 利益影响下获得的监督效果存在被减损的可能性。

法律空白导致非法证据排除活动存在逻辑悖论，从现有法条来看，《监察法》及其释义实体上划定"非法证据"界限范围，程序上赋予监察委排除非法证据之职权并类推适用刑事诉讼标准，表面上配套制度已较为完善。但刑事诉讼法及其司法解释中无监察案件可完全适用的具体程序，监察机关只能依据监察法律规定自行排除非法证据，并无刑诉模式可以参照，此为法律规定之空白。当前《监察法》立法的模糊性使其非法证据排除存在逻辑悖论：若案件调查中监察委职能部门需自发排除违法所得证据、行使非法证据排除职责，则该部门就不会收集非法证据，因为主动否定自己是一个自相矛盾的过程。在上述内外部原因和立法缺失的共同作用下，监察委调查过程中自行排除非法证据仅为形式上的规定，很难产生实际效用，从而导致非法证据排除的规定虚置和结果虚化，对准确严格办理监察案件，切实维护程序正义的效果并不明显。

---

① 郑曦：《论非法证据排除规则对监察委办理案件的适用》，《证据科学》2018 年第 4 期。

第四节 两种运行模式的差异性

就立法模式而言，监察法与刑诉法并不完全一致，刑事诉讼法以法条和司法解释及相关文件等多种形式构建完整系统的非法证据排除规则，且其作为典型程序法，前后程序衔接规定较为清晰明了。反观监察法在立法层面对非法证据的规定尚有不足，具体表现为监察法内容涵盖性质多元但细化程度较低，然而证据规定对职务犯罪案件办理的意义又较为重大。因此，以刑事诉讼规定为基础，对比监察法立法模式的差异和不足对后续理论分析具有重要作用。

一 监察法性质多元造成规则完善性缺失

普遍认为，监察法是实体法、程序法、组织法等多种性质合一的法律，规定了监察机关的性质、工作原则、组织机构、职责、监察范围、监察权限和程序以及对监察机关、监察人员的监督等，是对国家监察工作起统领性和基础性作用的法律，亦是监察工作的基本遵循。[①] 因此，可以将监察法性质定义为"经全国人大审议通过的'基本法律'"，[②] 与其他法律单一的性质不同，其是包含、调整各种社会关系的多元性法律，立法内容也更丰富庞杂。所以，对各级国家监察机关而言，无论是组建监察机关，还是依法开展监察活动，其基本法律基础都是监察法。自然，监察机关在开展监察活动中涉及到有关法律法规的事项，也要遵守有关法律法规的规定，以确保依照宪法和法律行使权力，依法行使权力。然而其法律性质多元且规定内容繁杂，自然无法细化部分规则内容，非法证据排除就是其中之一，其立法规定不详细，内容单一，未形成完善的证据审查排除体系。

---

① 《中华人民共和国监察法》共分为9章69条，内容方面主要涉及监察机关及其职责、监察范围和管辖、监察权限、监察程序、反腐败国际合作、对监察机关和监察人员的监督以及法律责任等事项，涵盖了监察体制基本制度设计的各个方面。

② 莫纪宏：《准确把握监察法的属性》，《中国纪检监察》2018年第7期。

　　监察工作人员在非法证据排除方面，坚持严格依监察法行使权力也是立法要求。作为调查职务犯罪的重要法律，仅以法条本身规定基本制度适用案件办理，实际显然是无法穷尽的，相关配套解释、指导性案例等法律渊源也需要及时跟进。监察法确立的监察非法证据排除规则相对独立，其与刑事诉讼非法证据排除规则的联系和区别应当予以阐述。刑事案件诉讼程序排除非法证据与监察委案件调查中排除非法证据关系非常密切，监察委虽然具有广泛的办案权力，但调查活动终结后认为应当进一步处理仍需启动诉讼程序，将案件移送给检察院审查起诉并依照刑事诉讼原理决定是否提起公诉、依法审理。贯穿上述步骤的关键纽带即为证据，检察院、法院做出决定的参照依据是随案移送的监委调查提供的证据链，若依《监察法》所获证据无法被运用于刑事诉讼程序，则案件处理将停滞不前，故可以得出监察活动所收集证据成为定案证据的必要前提是依法获得并符合刑事诉讼标准的结论。为实现上述良好衔接，两法证据收集和排除须密切关注彼此动态并紧密联系。

　　在明确二者密切联系的同时，监察委非法证据排除模式相较刑事诉讼非法证据排除规则模式而言存在较大差异的客观事实也不容忽视。主要表现在刑事诉讼法为典型程序法，其规则内容系统完善，故刑事诉讼程序中非法证据排除规则活动已有完备的实体及程序规定，而监察法及其释义内容尚不完备，作为实体程序二合一的监察法，涉及非法证据排除规则的立法内容简化。具体从法律规定层面而言，其一，监察程序非法证据排除的范围较刑事诉讼非法证据排除更广，不同于已明确规定的五类刑事非法证据，《监察法》对"非法证据"的证据形式未做出限制，规定更为宽泛；其二，从非法方法上看，即使存在《监察法释义》所作的限缩解释，其"非法"范围仍大于形式非法证据的条件；此外还有学者认为，"从立法规定来看，监察非法证据排除规则的可能发展前景要更广阔。即仅从《监察法》第三十三条第三款的字面意义来看，监察程序中非法证据的解释空间要比刑事非法证据排除规则大很多。"[①] 所以上述

---

① 高通：《监察程序中非法证据的法解释学分析》，《证据科学》2018年第4期。

差异是监察法性质多元导致部分立法内容简化的结果之一。

二　监察委调查中非法证据排除重要性尤甚

监察委承担着高效反腐败的重任，查明案件事实，严厉惩处犯罪，保障基本人权，维护公平正义是其处理案件的任务和目标所在。发挥调查职权处理职务犯罪案件时，为在正义基础上寻求效率最大化，在高效基础上实现案件准确化，促进随案证据良好适用，顺利衔接刑事诉讼程序，将非法证据排除规则贯穿调查过程重要且必要。

1. 防范权力滥用，合法行使权力

监察法第五条明确规定，监察调查制度应当在严格反贪肃纪的同时，保障当事人的合法权益，这既是对监察程序基本原则的遵循，也反映了监察调查制度本身就是一个利益平衡的考量，目的在于在监察中心主义和当事人主义之间寻求价值平衡。作为一个集中统一、权威高效的反腐机构，监察机关须全面履行监督、调查乃至处置权力行使者的综合职能。有权必有责，用权受监督。任何权力都可能被滥用，监察权也不例外，该权力高度集中，适用广泛且外部监督作用不明显，一旦被滥用则产生的后果不堪设想。依据宪法及监察法规定精神，打击职务犯罪、严格反腐败进程中监察机关、检察机关及法院需保持密切联系，互相配合制约，但是由于监察机关是"政治机关"①的定位结合其监察对象可知，公权力机关工作人员是监察权力予以监督调查的基本组成，机关地位之间存在客观的不对称性，其优越的法律地位和政治地位可能使其他机关的制约配合效果不甚理想。因此，《监察法》确立的内部监督机制（尤其是严格的内部审批机制和问责机制）是防范监察权力滥用的基础，即要以非法证据排除规则的适用防止权力主体滥用职权。如上所述，监察权运行中存在体系相对独立、机制相对封闭、过程相对秘密等特点，调查活动往

---

① 中共中央纪律检查委员会、中华人民共和国国家监察委员会法规室：《〈中华人民共和国监察法〉释义》，中国方正出版社 2018 年版，第 62 页。

往会出现外部制约机制不健全的情况，从而导致被调查者权利被侵犯的风险，特别是在采取留置措施的过程中，更有可能引发以非法方式获取被调查者口供的情况，而非法证据排除规则作为"抑制违法行为的最好方法"以正反两方面强大的功能与作用，为监察权的合法、正当运作提供了法律规范和保障，同时也符合了国际公约中关于禁止酷刑、不人道和有辱人格处罚规定的相关要义。

2. 有效衔接监察调查和刑事诉讼

监察法和刑事诉讼法的衔接是近年来学界讨论的议题，二者主要在证据收集审查方面和案件诉讼审判程序方面存在进一步衔接的必要。依照证据法相关原理，审查排除非法证据属于证据规则之一的证据审查规则，与证据收集规则共同构成案件证据的基本制度框架。证据收集、审查、排除等均需以规则内容为标准，严格按照程序内容运行，且规则构建也"为事实认定者审查证据合法性提供了依据"。[①] 因此，在非法证据排除规则的语境下，取证和审查联系紧密，并非完全分离。当前，监察法中的证据规则与刑事诉讼法中的证据规则尚未实现统一，由于监察调查针对的是职务违法犯罪，与普通刑事案件相比，其社会敏感性高，涉及的社会利益面广，案件复杂，因而导致两类案件在实践中的查处思路和指导思想存在客观差异，对此，权威解读也明确地将监察调查界定为"不等于侦查"，所以在证据领域二者的规定有所衔接亦存在区别。《监察法》第三十三条第一款采用"依据本法收集的证据"的表述，应当将其界定为监察法取证规则，与刑事诉讼法及其司法解释规定并不完全相同，例如监察法中对讯问时间、地点就未作规定。因此监察委调查时应按其收集证据；但《监察法》第三十三条第二款的规定表明证据审查规则以刑事诉讼法及其司法解释为标准。由此就产生了取证规则与审查规则法律渊源不统一的现状，差异化规定无论大小，均会影响非法证据排除规则的适用。因此为使职务犯罪案件亦符合"审判为中心"

---

① 谢登科：《论监察环节的非法证据排除——以〈监察法〉第 33 条第 3 款为视角》，《地方立法研究》2020 年第 1 期。

的基本诉讼要求，监察法向刑事诉讼法靠拢，消除非法证据排除困境确有必要。

被调查人涉嫌职务犯罪需要追究刑事责任的案件进入后续诉讼阶段时，移送检察机关审查起诉就是作为监察调查结束后的法定阶段而存在，即使两法规定有所出入，但后续刑事诉讼活动以前置调查程序为基础和前提进行。监察案件移送的证据作为前置程序与诉讼活动衔接的纽带若存在证据资格、证明能力及证明品格等问题，则必然会影响案件审理效率，增加诉讼成本，产生诉讼繁累，甚至影响案件公正处理。监察调查收集的证据材料必须符合刑事诉讼所要求的证据品格和证据能力，其合法性必然首当其冲。为确保监察证据能够在刑事审判中顺利通过合法性审查，防止辩护律师提出质疑，客观上必然要求监察调查取证不仅要符合刑事诉讼法的有关规定，而且要符合刑事审判中适用的诸多规则。简言之，非法证据排除规则作为整个刑事诉讼程序中的一项重要诉讼规则，必然会得到监察调查的程序性遵守，也唯有以此方式，才能实现刑事诉讼前置程序与正式刑事诉讼程序的协调和衔接。

3. 弥补监察法规范不足导致的取证困境。

《监察法》实体程序二合一的立法特征，其法律条文虽然精简明确，指向性明确，但是法条体量有限也导致取证规范抽象概括有余，对收集和运用证据情形缺乏具体化与精细化的规定，相关程序性规范不易操作的弊端愈加显现。[1] 以非强制性调查措施为例，《监察法》规定内容就显得较为粗陋，诸如在调查人员采取谈话、询问和讯问措施时，既没有规定调查人员不得少于两人，也没有规定被调查人必须单独接受询（讯）问，还欠缺对被调查人的基本诉讼权利和义务告知的要求；又如在采取勘验检查措施时缺乏必要的条件，即见证人在场、制作相应笔录等规定；在采取鉴定措施时，更没有对鉴定人员、鉴定机构和鉴定过程等最基本条件予以规范。[2] 相比监察法的证据规定，刑事诉讼法中非法

---

[1] 李海峰：《非法证据排除规则在监察程序中的价值预期与合理运用》，《法治研究》2020 年第 6 期。

[2] 陈瑞华：《论监察委员会的调查权》，《中国人民大学学报》2018 年第 4 期。

证据排除规则完整且具体，所以将非法证据排除规则适用于监察调查程序可以弥补监察取证规范存在的客观不足，以此强化证据收集的规范化和法定化。

第五节 监察委调查非法证据排除的规制完善

《监察法》程序实体不分的立法模式有完善的必要性，将程序法和实体法规范进行分立是非法证据排除规则在监察委调查中良好适用的完善进路。参考刑事诉讼法规定将非法证据类型进行划分，并对其认定标准进行理论探索，应当明确证据排除的程度标准，划清监委排除非法证据的主体和权限，并建立内部监督追责制度。案件依刑事诉讼程序移送至检察院后，检察院和法院亦需要对随案移送的证据进行合法性审查，因此，促进监察证据在检察阶段和审判阶段的良好衔接适用，是完善监察程序非法证据排除立法模式的要求。

一 《监察法》的程序性规范

以非法言词证据和非法实物证据作为监察法非法证据的类型划分。依据刑事诉讼基本理论，刑讯逼供、暴力、威胁等方式获取的证据类型多为犯罪嫌疑人、被告人供述、证人证言、被害人陈述等，理论上将其划分为非法言词证据。监察法第三十三条释义中提到需排除刑讯逼供等暴力手段获取的证据，但是未将规定细化到证据法定类型，因此根据刑事诉讼法规定引入监察非法言词证据的立法模式在审慎排除证据，保障被调查人切身权益方面是一进步。物证、书证等作为实物证据，多以搜查、扣押等侦查手段获取，违反法定程序收集的实物证据由于侵犯公民基本权益的严重程度低于非法言词证据，学界有观点将此种证据的排除模式归纳为"自由裁量的排除"①，原因是法官可对该证据收集是否违法

---

① 陈瑞华：《非法证据排除规则的中国模式》，《中国法学》2010 年第 6 期。

进行裁量，部分可以经补正或合理解释予以使用。因此监察实体法在书证、物证等实物证据划分问题上根据刑事诉讼诉法规定，并结合职务犯罪案件的特点，确定非法实物证据类型，制定刚性且严格的调查活动程序，使违反法定程序收集的实物证据可以有明确的判断标准，才能成为裁量排除或补正使用的前提。

认定非法言词证据将"痛苦标准"和"自愿标准"相结合。传统刑事诉讼将非法言词证据的认定标准规定为"痛苦标准"，即人受到肉体或精神上难以忍受的剧烈痛苦，其中较为典型的手段为刑讯逼供、暴力、威胁等。而职务犯罪案件则不同，被调查人由于知识、经验等不同于寻常刑事案件犯罪人，调查人员更多采取讯问技巧、证据诈术来获取口供，容易与欺骗、引诱手段相混淆。所以"以该行为是否足以使人产生违背其自由意志的精神强迫作为排除要件"①，将"自愿标准"作为判断非暴力类取证手段是否违法的有效途径，在刑讯逼供、暴力部分侧重痛苦标准，欺骗、引诱部分侧重自愿标准，从而准确判断证据排除与否是监察实体法应当规定的内容。

以违法程度为标准细化非法证据排除规则。直接排除违法程度最高的、严重侵犯公民基本权利获得的证据。《监察法》中"威胁、引诱、欺骗"的含义应当被进一步明确，毕竟职务犯罪的被调查人大多拥有超出普通犯罪嫌疑人的文化水平、心理素质和专业水准，为使案件调查顺利进行，讯问技巧被普遍应用，如"证据诈术、暗示、反复施压与压力升级引诱、量刑协商等"。②故准确判断此类证据是否严重侵犯人权是维护公民基本权益的重要手段。裁量排除虽取证行为存在一定违法违纪情形，但需考量是否严重侵犯公民权利的证据。考察的实然因素应当包括被调查人权益损害的类型和程度、办案程序违法的恶劣程度、公正办案的社会期望值、监察纪律被损害的社会容忍度等，综合判断后若监察机关认为社会影响恶劣、有损公平公正时则予以排除，若非上述情况，则赋予

---

① 孙锐：《非法证据排除规则的实体之维》，《河南大学学报》（社会科学版）2021年第1期。

② 高通：《监察程序中非法证据的法解释学分析》，《证据科学》2018年第4期。

排除机关裁量是否继续使用该证据的权力。考虑补正适用瑕疵较为轻微的证据以认定案件事实，无法做出合理解释的则当然地予以排除。根据陈瑞华教授的观点，"瑕疵证据虽然广义上属于非法证据，但大都属于通过轻微违法获取的证据，如遗漏记录、记录错误、缺少签名等。"① 此类违法程度较轻的行为并不严重侵犯公民的基本权利。将这类非法证据排除在外的成本明显大于其收益，所以尽可能通过补正或合理解释利用这类证据是诉讼效率化、经济化的要求。上述内容在刑事诉讼法及其司法解释中规定已较明确，监察法可考虑参考并进行衔接。

明晰权力主体范围，清晰划分监察委内部权责。详细明确非法证据排除的启动、审查、排除等程序主体的目的是最大程度上防范非法证据排除实际操作的秩序混乱和相互推诿，权责一旦落实到各部门，权力主体对该工作的重视程度必然提升，办案规范化合法化也会相应实现。同时是否考虑类比刑事诉讼法启动非法证据排除规则程序的规定，允许监察委调查的被调查人依申请启动非法证据排除规则程序，也是值得思考的问题。

建立健全监察委自我制约与内部追责制度是程序法中的保障机制。《监察法》第十条及释义从国家对地方和上级对下级两个层面体现了监察机关的内部关系，即国家监察委领导地方各级监察委工作，上级监察委领导、监督、指导下级监察委。其释义对"领导"一词做出了扩大解释，即率领、领导、教育、管理及监督等多重含义。且"领导"内容广泛，包括业务、工作、纪律、党政等多个方面。显而易见，在非法证据排除环节亦应存在上下级纵向监督，具体模式可以为下级监委报告案件办理情况，由上级监委对其进行指导监督，同时上级监委主动进行跟踪调查和制约监督，若发现事实或程序违法则及时予以追责，其制约效果应当强于监委内部自行制约监督，也能避免其内部的混乱，达到防范非法证据的目的。

---

① 陈瑞华：《论瑕疵证据补正规则》，《法学家》2012 年第 2 期。

二 刑事诉讼中严格排除职务犯罪非法证据

为了更好地促进监察程序与司法程序的衔接，符合"以审判为中心"诉讼制度的基本要求，严格排除非法证据需要在证据规则方面促进《监察法》向《刑事诉讼法》的靠拢，实现《监察法》第33条与刑事诉讼程序的协调。监委案件的检察阶段自经监委审查移送至检察院审查起诉开启，故而在进行非法证据审查时对有效衔接的需求非常明显，有学者提出了两种模式，分别是"直接适用模式"和"规则转化模式"。① 直接适用模式是指刑事诉讼法证据规则绝对直接地被应用与监察活动。该思路在现行制度体系下并不可行，因为监察法赋予监察机关独特的政治定位和法律地位，监察法亦是性质较为特殊的一部法律，从立法态度来看监察委调查活动是不被允许由刑诉法调整的，否则监察体制改革就全无必要了，故监察活动必须有其独立的法律予以规范。

规则转化模式是指参照刑事诉讼法相关规范，将监察法证据收集审查程序予以完善。此模式并非照搬规则，而是以现有刑诉规则为蓝本，借鉴并选取可用内容，将其转化为监察活动语境下能被良好衔接适用的非法证据排除规则，从而消除证据方面前置程序与后续移送活动间的差异，形成体系化的职务犯罪案件办理流程。一般认为规则转化模式的预期效果优于直接适用模式。至于审判环节非法证据排除的适用，学界普遍观点是促进《刑事诉讼法》扩大范围，即将"监察人员"列入与侦查人员同等地位的法条。② 例如现行刑诉法中不增加条款，在第五十七条中"侦查人员"后加入"监察人员"；同理，在第五十九条第二款中"侦查人员""其他人员"后增加"监察人员"的表述。此设想在2020年《刑事诉讼法》解释修改时被寄予希望，然尚未做出改动，后续仍可以有所期待。

---

① 谢登科：《论监察环节的非法证据排除——以〈监察法〉第33条第3款为视角》，《地方立法研究》2020年第1期。

② 郑曦：《论非法证据排除规则对监察委办理案件的适用》，《证据科学》2018年第4期。

三 坚持以审判为中心

审判中心主义原则是诉讼的基本原理，该原理贯穿刑事诉讼全过程，要求诉讼活动中审判为中心环节，案件事实和证据调查均需要在审判阶段完成。对于"审判为中心"这一基本原则，现阶段已出台大量文件予以强调，中共十八届四中全会《关于全面推进依法治国若干重大问题的决定》（下称《决定》）体现的精神为"推进以审判为中心的诉讼制度改革，确保侦查、审查起诉的案件事实证据经得起法律的检验"。依据《决定》亦出台文件对决定进行回应，如两高三部《关于推进以审判为中心的刑事诉讼制度改革的意见》、最高人民法院《关于全面推进以审判为中心的刑事诉讼制度改革的实施意见》等。多个法律文件不断强调"审判为中心"的议题，其核心目的是"发挥审判机关的最终裁决地位，彰显庭审在刑事判决中的决定性作用"。①

我国推进的国家监察体制改革中基本理念应当与司法领域诉讼制度改革相一致。因此，在监委处理案件过程中坚持审判为中心符合诉讼制度基本原理，《监察法》法条规定亦不与之相悖或抵触。例如从逻辑上分析现行《监察法》第三十三条确立的监察机关在收集和运用证据时"应当与刑事审判关于证据的要求和标准相一致"的标准可知其符合本原理基本内涵。但较为笼统的法条规定与司法实践容易有所出入，因此强化审判为中心基本理念不无必要。

监察体制改革进一步推进，学界开始产生一些质疑和担忧，提出了对所谓"监察委调查中心主义"的担忧，即"监察委权力过大，其调查环节是否会对后续刑事诉讼程序尤其是审判程序造成压力、从而冲击审判中心主义原则"。② 此种忧虑是由于《宪法》赋予监察委不同于侦查

---

① 刘艳红：《职务犯罪案件非法证据的审查与排除——以〈监察法〉与〈刑事诉讼法〉之衔接为背景》，《法学评论》2019 年第 1 期。

② 郑曦：《论非法证据排除规则对监察委办理案件的适用》，《证据科学》2018 年第 4 期。

权、检察权和司法权的权力，监察权在案件诉前程序过于强大，可能导致监察程序处理结果变成案件最终处理结果的担忧。为避免上述情形发生，应当强化庭审在刑事案件审理中的核心作用，使审判中心主义原则贯穿查证事实、举证质证、严格非法证据排除规则、公正裁判等多方面，保障非法证据排除规则有效运行。

监察委自行排除非法取证虽属监委内部监督制约机制的运行结果，但监察机关无刑事案件的终局审判处理权，后续审查起诉及法庭审判的职能是由检察机关和审判机关履行，检法办理案件中需依职权或申请对证据进行审查并排除非法证据，是为外部监督制约。监察机关移送调查证据的最终目标是使案件顺利得到审判，这要求其采用刑事诉讼同等证据标准办案，相应的检法外部审查证据的行为可倒逼监察机关慎重严格收集证据并及时排除非法证据。也即"遵循'以审判为中心'的基本要求，审判之前的调查（侦查）活动、审查起诉活动都应参照司法审判的证据规则。"① 故而为确保后续案件审理顺利，尤其是审判阶段法院能有效审查排除证据，必须彻底贯彻并强化审判中心主义原则。

法治是治国理政的基本方式，监察制度改革亦是全面依法治国的重要环节。进一步深化监察体制改革，必须促进职务犯罪案件公正办理，坚持完善中国特色社会主义监察制度，必须保证监察委员会依法公正行使调查职权。监察调查中排除非法证据是其内部有效自我监督的制度安排，也是防范冤假错案，保证案件顺利办理的重要环节。已有监察非法证据排除规则研究，侧重监察法与刑事诉讼法交叉衔接部分的理论分析，多认为证据方面规则缺失的情况，可能使职务犯罪案件存在不公正办理的风险。但立足于刑事诉讼法和监察法衔接视角，通过立法模式的比较分析，完善监察调查非法证据排除规则立法就成为研究的重点问题。在此背景下，参照刑事诉讼法非法证据排除规则立法规定审视监察法的不足，分析监察调查非法证据规则模糊、内部自我排除模式结果虚化等亟待解决的问题。积极促进监察调查活动同刑事诉讼交叉部分顺利衔接，

---

① 褚福民：《以审判为中心与国家监察体制改革》，《比较法研究》2019 年第 1 期。

始终将"以审判为中心"要求贯穿于监察委案件调查处理全过程，亦有利于监察委准确客观审查证据。当然，上述研究进路仅为本问题的相关理论探索，相关的制度安排还需要《监察法》立法形式进行改革，实体性规范和程序性规范分别立法应该是监察调查非法证据排除规则建立基础。

第七章　监察调查中的自行回避程序

第一节　问题的提出

《国家监察法》第五十八条规定"办理监察事项的监察人员有下列情形之一的，应当自行回避。监察对象、检举人及其他有关人员也有权要求其回避。（一）是监察对象或者检举人的近亲属的；（二）担任过本案的证人的；（三）本人或者其近亲属与办理的监察事项有利害关系的；（四）有可能影响监察事项公正处理的其他情形的。"综合来看，自行回避制度在监察法中的立法是借鉴刑事诉讼法的内容设置的，目的是为了保证监察程序的公正开展。本条规定被列入监督章节也充分说明监察程序中设置自行回避制度是为了实现自我监督的重要保障，但是毕竟《国家监察法》2018 年才通过，规定内容实施效果需要时间检验和评估，因而本章对于此问题的讨论，更多的是要和刑事诉讼法中回避制度的实际运行进行对照，为监察程序中自行回避制度的完善奠定基础。

自行回避是指审判人员、检察人员、侦查人员等在诉讼过程中遇有法定回避情形时，自行主动地要求退出刑事诉讼活动的制度。[1] 我国《刑

---

[1]　拜荣静（1971—），男，河南孟州人，法学博士，兰州大学法学院教授，研究方向为刑事诉讼法学，司法制度，证据法学。参见陈光中《刑事诉讼法》，北京大学出版社、高等教育出版社 2009 年版，第 132 页。

事诉讼法》第二十九条规定：审判人员、检察人员、侦查人员有下列情形之一的，应当自行回避，当事人及其法定代理人也有权要求他们回避：（一）本案的当事人或者是当事人的近亲属的；（二）本人或者他的近亲属和本案有利害关系的；（三）担任过本案的证人、鉴定人、辩护人、诉讼代理人的；（四）与本案当事人有其他关系，可能影响公正处理案件的。最高人民法院颁布的《关于审判人员严格执行回避制度的若干规定》第一条第五项规定"本人与本案当事人之间存在其他利害关系，可能影响案件公正处理"法律并未对上述"其他关系""其他利害关系"作出具体的解释，一般司法实践中将这种"其他关系""其他利害关系"理解为办案人员与本案当事人有近亲属以外的关系，邻居、好友、同学、同事、师生关系，个人间恩怨关系等。当然有这类关系还并不构成回避的理由，必须足以影响案件的公正处理。既然法律没有作出硬性规定，那么就赋予了法官很大的自由裁量空间。

2013年8月2日下午，一段包括上海市高级人民法院法官在内的5名官员集体嫖娼的视频在网上曝出，该视频一经曝出，舆论哗然，引起了媒体高度关注。据该视频的爆料人称，其与顾某的装修合同官司经一审、二审审理后，审判结果不公正。而导致该不公正出现的原因在于原告顾某与上海市高级人民法院的法官赵明华存在亲戚关系，而赵明华利用其职务权力干涉了该案件的审判结果。该案件中一审法官和二审法官虽与案件的当事人之间没有直接的利害关系，但却与当事人的亲戚之间存在上下级关系。在中国当前的法院系统模式下，下级难免会受上级影响，因此，上述案件中的法官与当事人之间存在的这种间接关系也足以影响案件的公正处理。但是依照目前法律的规定，这种间接关系并不属于法官自行回避的理由，使法官在司法正义与自行回避之间处于空白地带，这也是目前司法实践中的常见问题，回避理由模糊与制度保障缺失导致自行回避功能虚化。

虽然回避制度的创设以及启动事由大体类似，但是中国社会的特殊性决定了社群成员整体的亲情观念，以及费孝通先生所指出的熟人社会的人际关系的承继现状必须予以认可，否则，回避制度不能发挥其应有作用。这也充分说明自行回避制度的创设是基于关系社会而产生。除却亲缘关系属于刚性回避事由之外，人际交往中复杂而又难以检视的利害关系通常只是可裁量的回避事由，即便可裁量，但由于这种利害关系的隐蔽性而难以发现。就如上文说到的上海高院法官集体腐败案，当事人煞费苦心才收集到他们和当事人利害关系存在的证据。因此，自行回避制度的完善必然与当事人与司法裁判公正性的追求密切联系，而且与司法公信力直接相关。这就要求裁判者在处理司法事务之前必须按照既有程序做出价值取舍和理性判断，这也是自行回避制度对于裁判者解决司法事务中立性的必然要求。从另一个角度来看，当事人很难发现裁判者在解决司法事务过程中和另一方当事人具备可能会影响公正司法的关系。

我国《监察法》第五十八条规定了自行回避程序要求，本条规定契合监察委员会调查权基本权属要求，但综观本条规定仍属原则性、宏观性规范，由于缺乏对称性基本信息，因而被调查主体很难意识到回避的必要性。监察机关是国家设立对公职人员进行监察的专职机关，监察人员是专门行使监察职能的国家工作人员。但是，因为监察人员也是公职人员，他（她）们本身也需要接受监察、监督。[①] 回避制度作为诉讼程序的基本制度，引入监察程序也属必然，回避制度也是程序正义理念的基本要素，如果应当回避的调查人员仍然参与调查程序，那么调查的公正性就会无法保障。作为保障司法程序公正性的重要制度形式，回避是一项保证司法裁判中立性的法律制度。"任何人不得在涉及自己的案件中担任法官"充分表明回避的理念已经不再局限于诉讼活动中，而是在新兴的纠纷解决形式，如调解、仲裁等均规定了回避的制度形式。随着我国监察体制改革，《监察法》对于履行调查职权的监察工作人员也引入自行回避的制度要求，其目的也应该主要是，调查权的行使应当保障被调查者基本权利。[②] 在国家监察程序中规定自行回避具备非同寻常的意义。

---

① 参见张晋藩《论监察法的立法目的与基本原则》，《行政法学研究》2018 年第 4 期。

② 左卫民、安琪：《监察委员会调查权：性质、行使与规制的审思》，载《武汉大学学报》（哲学社会科学版）2018 年第 1 期。

一方面，《监察法》创建了独立监察程序，排除了《刑事诉讼法》等程序性规则的适用。但法律仅为监察程序构建了框架，细节性内容的缺失使其难以发挥指引和规范权力的功能。① 《刑事诉讼法》不适用于监察程序，因而国家监察委员会履行调查权过程中更多是内部监督和自我监督。这些监督形式不能说流于形式，但是基于人性基础考量，这种监督成效还需进一步论证，也需要时间和案件办理质量检验。在这种情形下，自行回避的规定有助于弥补此类缺陷，但监察法也仅规定了原则性禁止行为，并未对程序性制裁后果明确规定。通过将部分不能保证中立的调查人员排除在办案程序之外是保证监察委员会调查权行使过程中产生冤假错案的重要前提。

另一方面，自行回避的规定能够保证调查权的公正行使。现在看来，无论如何界定调查权，它均和侦查权属性有所重叠。监察委员会行使的调查权是针对职务违法案件和职务犯罪案件。当所谓的"调查"应用于职务犯罪案件之时，这种"调查"就与侦查有着相同的实质，而被调查人只有到了检察机关审查起诉环节才能获得律师帮助。② 这意味着，监察委员会拥有了原属人民检察院的查处贪污贿赂、失职渎职犯罪的相关职能，这项职能即为侦查职能。③ 监察机关的调查权不仅在形式上与侦查机关的侦查权较为相似，而且还具有完全相同的法律效果。④ 因而调查权也是法定程序探明案件事实，但案件事实毕竟待挖掘，是已经发生的事实。其实，从这个角度出发，侦查、调查和考古一样，只能依据收集到的证据资料，通过一定的判断规则探索未知的案件事实，在这个过程中，程序规则就是保证办案人员准确判断的行为保证，而身份问题在调查权中

---

① 参见叶青、程衍《关于独立监察程序的若干问题思考》，载《法学论坛》2019 年第 1 期。

② 参见戴涛《监察体制改革背景下调查权与侦查权研究》，载《国家行政学院学报》2018 年第 1 期。

③ 参见褚福民《以审判为中心与国家监察体制改革》，载《比较法学研究》2019 年第 1 期。

④ 参见陈瑞华《论国家监察权的性质》，载《比较法学研究》2019 年第 1 期。

的作用就在于保证调查人员去除带有倾向性的意见，从而影响案件证据的采集、取舍，导致案件事实认定产生偏误。

自行回避是当下诉讼法律制度中的一项基本要求，是法官任职回避的法定类型之一。关于回避制度及其问题，学界的研究已经提供了比较丰富的成果和研究资源，但从这种制度设计在程序法的实效性以及违法制裁的有效性角度进行的研究还稍显不足。本章将通过自行回避的历史溯源，《监察法》中自行回避的制度预设与功能虚化的分析，重新建构自行回避在监察法中的程序性违法制裁。

第二节　自行回避的程序控制原理

一　自行回避的法治传承

回避制度在我国已有多年历史。这一制度发源于汉代，隋唐宋时期得到进一步完善，至明清两代走向成熟，演进历程几乎贯穿了整个封建社会时期。回避制度在古代分为地域回避和亲仇回避，地域回避主要适用于官吏的任免。西汉时期有："王国人不得宿卫"，"王舅不宜备九卿"的规定。东汉后期针对地方官通过婚姻关系等发展自己势力的情况规定：婚姻之家及幽翼二州的人不得交互为官。这种异地为官制度随着东汉的灭亡而夭折。隋代回避制，与汉代的回避制不同，隋代开科取士以来，开始重新推行地域回避制，隋代的异地为官制主要的适用对象是更低层级的州县。唐代基本延续了隋朝的这一制度，宋代的地域回避范围则在州一级。元代法律规定则第一次采用了"回避"的说法，《大元通制职制上》规定："应回避者而不回避，各以其所犯而坐之"。明初的地域回避范围比省更大，实行大区回避，"定南北更调用人"，"南人官北，北人官南"。后来《大明令》规定"凡流官注拟，并须回避本贯"。在继承明制的基础上，清代对官员地域回避做了空前严格的规定。在司法与行政不分的封建社会，官员任职的地域回避实则也是为了保证司法审判的公正与公平。

我国从唐代首次规定了听讼回避制度，唐玄宗时期的《唐六典·刑部》规定："凡鞫狱官与被鞫之人有亲属、仇嫌者，皆听更之。"意思是审判官吏与被审问人之间素有仇嫌或有亲属关系的，应当回避，换为其他人进行审判。元代在唐宋法律的基础上进一步完善了听讼回避制度"事关有服之亲，并婚姻之家及曾受业师"或有仇嫌之人都应该回避，如果应回避而不回避，各以被告原应判处的罪名论处。明、清法律中专门有"听讼回避"条，将回避的主体从法官扩大到了佐贰官、吏典，如果应回避而不回避，处答四十，如果因有亲仇关系而使被告罪有增减，以故出入人罪论处。"听讼回避"相对"地域回避"，是一种专门针对审判活动的回避制度，也由此显示出我国古代对审判公正的重视。

应该说自行回避制度在中国是有传承和践行的。比如，1906 年清末修订的《刑事民事诉讼法》对此就有较为明确的规定。"凡承审官有下列情形者，应向高等公堂声明原由，陈请回避：一 承审官有被损害者。二 承审官与原告或被告有戚谊者。三 承审官于该案曾为证人或代理人者。四 承审官于该案无论现在或将来有关涉利益或损害者。"[1] 1907 年清末《大清各级审判厅事办章程》第十条对自行回避更为详细。"审判官审承案件，应行回避之原因如下：一、审判官自为原告或被告者。二、审判官与诉讼人为家族或姻亲者（参照刑律诉讼门听讼回避条文）三、审判官对于承审案件现在或将来有利害关系者。……"[2] 1911 年清出台《大清民事诉讼律草案》第二十八条和《大清刑事诉讼律草案》第四十二条则对法官的回避进行了详尽规定。"推事遇有下列各款情形，为法律所应回避，不得执行职务：推事自为被害人者；被告人或被害人系推事之配偶或其四亲等内血族、三亲等内姻族者，其姻族关系消灭后亦同。……"[3] "推事遇有下列各款情形，为法律所应回避不得执行职务：

---

① 上海商务印书馆编译所编纂：《大清新法令·点校版》（第一卷），上海商务印书馆 2011 年版，第 423 页。

② 上海商务印书馆编译所编纂：《大清新法令·点校版》（第一卷），上海商务印书馆 2011 年版，第 391—392 页。

③ 怀效锋：《清末法制变革史料》（上卷），中国政法大学出版社 2010 年版，第 509—510 页。

推事或其妻为诉讼当事人，或与诉讼当事人有为共同权利人、共同义务人、担保义务人偿还义务人之关系者。其妻为诉讼当事人者，虽婚姻消灭后，亦同。……"① 而民国政府《中华民国民事诉讼法》则尽可能将会影响案件裁判公正的情形囊括其中。"法官有下列各款情形之一者，应自行回避，不得执行职务：一、法官或其配偶、前配偶或未婚配偶，为该诉讼事件当事人者。二、法官为该诉讼事件当事人八亲等内之血亲或五亲等内之姻亲，或曾有此亲属关系者。三、法官或其配偶、前配偶或未婚配偶，就该诉讼事件与当事人有共同权利人、共同义务人或偿还义务人之关系者。……"②

中华苏维埃共和国中央执行委员会于 1932 年《裁判部暂行组织及裁判条例》第十九条中明确规定："与被告有家属和亲属关系或私人关系的人，不得参加审判该被告的案件（陪审、主审一样）。" 1950 年《人民法庭组织通则》第十条规定；"县（市）人民法庭及其分庭的正副审判长、审判员，遇到与其本身有利害关系之案件，应自行回避。" 1954 年《人民法院组织法》第十三条规定；"当事人如果认为审判人员与本案人员有利害关系或者其他关系不能公平审判，有权请求审判人员回避。" 1979 年《人民法院组织法》和《刑事诉讼法》对办案人员的回避问题又作了更具体、更明确的规定。1996 年修订的《刑事诉讼法》对 1979 年《刑事诉讼法》中关于自行回避的理由将 "担任过本案的证人、鉴定人、辩护人或者附带民事诉讼当事人的代理人的"，修改为 "担任过本案的证人、鉴定人、辩护人、诉讼代理人的"。修改后的诉讼代理人还包括公诉案件的被害人及其法定代理人或者近亲属委托的诉讼代理人，以及自诉人及其法定代理人委托的诉讼代理人，而不再仅仅局限于担任过本案附带民事诉讼当事人的代理人，这一修改扩大了应当自行回避的人员的范围。2012 年《刑事诉讼法》修订时在 1996 年《刑事诉讼法》的基础上增加了关于

---

① 怀效锋：《清末法制变革史料》（上卷），中国政法大学出版社 2010 年版，第 555—558 页。

② 中国民事诉讼法，法律图书馆 http：//www.law-lib.com/law/law_ view.asp？id = 223164，访问时间：2019 年 4 月 19 日。

回避的规定适用于书记员、翻译人员和鉴定人。辩护人、诉讼代理人可以依照本章的规定要求回避、申请复议。此次修订将回避制度的适用范围扩大到书记员、翻译人员和鉴定人。当书记员、翻译人员和鉴定人有《刑事诉讼法》第二十八条规定的情形时也应当自行回避。这一修订更进一步扩大了自行回避适用的人员范围，是回避程序法上关于回避制度的一大进步。

如果说中国规定回避制度更多的是为了保证案件处理的实体公正，那么西方国家规定回避制度则是为了实现程序正义，虽然出发点和理念存在差异性，但是殊途同归。公正的程序正义和结果正义是人们所创设各类诉讼活动解决纠纷、争议的基本要求和共同目标，而现代创新的国家监察体制也概莫能外。以刑事诉讼法为例来看，一味地追求案件实体正义所引发的不择手段非法取证逐渐被扬弃，而美国"辛普森"案件非法证据排除也充分体现了程序正义的独有价值，人们对于实体正义的追求已经被程序正义进行限制。程序正义和案件体现的实体公正相比较，程序正义更加注重法律所规定的现有程序在实际诉讼过程中体现的价值。这也就意味着，通过违反法律规定的禁止性规范开展的司法活动无效。程序正义的这种控制功能不论对于当今中国的司法活动还是行政活动，抑或是监委调查活动也都是适用的，而且在当下全面依法治国的背景下，更加具备时代意义。对于自行回避制度的设计和应用，不论是三大诉讼法还是监察法都存在很多问题，这说明在对自行回避制度的设计理念和功能发挥方面还存在技术缺陷，一方面是对自行回避制度缺乏可操作性，另一方面是还没有认识到自行回避制度对于完善监察委员会自我监督功能实现中的重要性。因此，对于自行回避制度本身属性和功能的认识直接决定了制度设计的形式和理念，这种基本认识不仅对制度设计产生根本性影响，而且更重要的是在制度的实际运行过程中直接决定了是否被准确适用。制度设计不能只是空中楼阁，功能发挥才是根本性回避，从程序控制视角来看，程序违法性制裁的设立才是重心。

改革开放后，经过市场经济洗礼后的中国社会虽然相较费孝通先生所描述的熟人社会已有很大区别，但也是并行现代制度文化与儒家礼法文化理念的特殊领域。这也表明，虽然市场经济的高速流转性削弱了人们的地域文化特质，现代制度规范逐渐建设并确立了法治文明现代化的行为规范，但是上述儒家文化中的情与理仍然在中国人的人际关系中根深蒂固，不但没有削弱，而且伴随现代化媒体、网络联系更加紧密、便捷。那种认为中国目前已经进入陌生人社会的观点是缺乏说服力的，人际交往中的亲情、友情所形成各种可见、不可见、显现、隐蔽的人情关系错综复杂，既不可预知，也无法排除。这种特殊文化现象所形成的社会关系网络成为公权力行使主体开展公务活动时的潜在权力寻租隐患，因为这种特殊人际关系并没有被严格限定并被排除于公权力行使之外，或者已有既定规范并不能实现上述目标。对于司法审判，这些特殊社会关系通常在在案件审理过程中施加影响，干预审判人员公正裁判，某些情形下，导致人们对于这种现象能够所达到一种奇怪的心态：既深恶痛绝，又哀己不幸，前者是别人找到关系疏通影响裁判者，所以痛恨，后者是悲哀自己找不到熟人关系。中国古代的监察机构经过漫长的发展过程不仅日趋于完备，而且形成了具有内在联系和相互关系的体系，使内外相维，互相补充，既独立运作，又有特定的规范和程序可循，成为国家机构中地位特殊、作用特殊的国家机构。它所缔造的监察文化和积累的丰富经验，对于当前的中国特色的监察法制建设具有重要镜鉴价值。①国家监察法已经将自行回避制度写入法条，如何使监委调查权行使过程中避免出现司法审判中的问题就成为研究自行回避制度的重要内容。

二　信息源的内生性和不对称性

当代中国自行回避制度，除了对中国古典治理经验的一定继承性之外，还与现代程序法制度的建立紧密联系在一起，这是国家司法制度改革史的一个重要面向。程序天然具有其独立价值，程序价值本身表现出

---

① 参见张晋藩《中国古代的治国之要——监察机构体系与监察法》，《中共中央党校学报》2018 年第 5 期。

其民主、法治、人权和文明精神，它是无须也不可能依赖于实体公正，它以其自身的法治品格成为社会正义的无可替代的重要内容。① 随着我国程序法的不断完善，正义和人权也在程序法中不断加强，自行回避制度也随之逐步完善。作为维护司法公信力追求程序公正的制度设计，自行回避既有保障案件处理公正性的基本功能，也有提升社会对案件处理结果的信任度，因而自行回避制度的设计，无论是在诉讼程序中，还是在国家监察过程中均具备维护社会正义的积极因素。但是，任何制度设计进行立法固定也只是第一步，如何将其固有属性正确发挥才是目的。制度作为文化的组成部分，每一项内容是否为制度主体接受并践行既需要刚性的制度规范，又需要相应的文化观念予以认可，更需要对应的程序违规制裁作为行为违法后果。在刑事诉讼程序中，回避制度，尤其是自行回避的具体内容和实践均存在问题，前述上海法官腐败案件，也充分表明回避制度对法治社会诉讼程序的公正要求差距明显。这就要求在国家监察程序中，自行回避的制度设计观念需要向程序公正的要求进行，使监察委调查权行使中自觉践行程序公正的要求，让自行回避制度具备发挥作用的观念基础。

　　国家监察调查程序中，调查权执行主体与被调查对象之间关于回避事由信息获取的不对称性，以及调查权执行主体回避事由的内生性共同决定了自行回避适用的不确定性。之所以在国家监察程序中直接规定自行回避而不是申请回避，显然是基于监察委员会行使调查权过程中自我监察的要求，也是因为这种必然存在的信息不对称。通常情况下，诉讼程序中会规定申请回避，但申请回避是在信息（回避事由）知悉的情形下实现，否则不可能。现行三大诉讼法中对于回避是由主要是涉及到利害关系问题，这种关系的存在，必然导致诉讼裁判一方得利另一方受损，因此就要求裁判者介入纠纷进行裁判之前必须身份合格，避免偏私或者先入为主，防止有意袒护或者刻意打击。司法公正、司法效率、司法权

----

① 参见陈光中《刑事诉讼法》，北京大学出版社、高等教育出版社 2009 年版，第 13 页。

威是现代司法制度发展与设计的最终目标，而正常的程序运行更是结果正义或者实体公正的前提，这些价值和理念同样也应该被新设置的国家监察程序中的自行回避制度吸收。在诉讼程序中，如果当事人无法知晓裁判自己案件的法官与另一方当事人的利害关系，就不能获取相关回避事由信息，这种程序启动的理由和依据不存在通常使当事人意识不到申请回避的必要性。有效的信息发现模式是当事人关于回避事由充分知悉的前提，与此同时，回避主体对于回避制度本身设计的程序公正重要性理解以及建立在此基础上的私权意识培养也是回避事由发生功用的内在因素。

在刑事诉讼程序中，作为回避主体法官自身的回避意识培养应该是建立在程序公正的基本理念。国家监察程序中，调查权行使主体也应该树立程序公正的理念，回避意识的培育在调查权运行中，不仅是必要的，而且与诉讼程序相比，更为重要。作为国家监察程序中的调查人员，在调查过程中的中立性决定了其不能与被调查者存在可能影响公正调查结果的任何情形，这不仅是实体性调查结果的要求，更是程序公正在国家监察调查程序中的体现。自行回避在国家监察程序中的重要作用与申请回避在诉讼程序中作用存在一定差异性，这并不是认为申请回避不重要，而是自行回避在监察调查权行使中的特殊作用。自行回避不仅需要培育程序公正的意识，更需要厘清回避事由使这种制度产生功能实现的动机。在国家监察调查权行使过程中，这种公权力的运行不仅应该是查明案件事实和采集证据的工具，更应该是保障被调查对象合法权益的平衡因素，因此，自行回避在国家监察调查程序中所起的作用是内生性的。作为调查主体对这种程序的启动也是裁量性的，因为是否启动，由调查主体提出申请，但是调查启动应该在最大程度上保障调查权行使的公正性，这就要求调查的程序控制与结果，均应是公正合理的。

充分体现实体和程序的内生公证要求。监察法所规定的自行回避制度，实际上是法律要求调查主体通过启动该项程序来实现调查过程中的自我监督，形式上也是一种监督，实体上要求调查结果客观、公正。鉴于国家监察调查程序的特殊性，被调查对象对于调查主体的知情权是相对有限的，和国家监察程序相比，诉讼程序中，当事人针对申请回避的知情权也是不完善的，审判法官的个人关系信息几乎无从知晓，目前的相关法律规定仍然不力，当事人能够获取并进行正确判断的信息仍然缺乏。国家监察程序就更为特殊了，这种信息，尤其是个人相关信息很难获取，因此规定自行回避制度就是回应调查主体与被调查对象之间回避事由信息的不对称性。

第三节　自行回避的制度预设与功能虚化

回避制度在法治国家建设中得到越来越多的关注，主要原因在于人们期待该制度能为保障社会正义，实现公平公正作出贡献。但是从实践来看，该制度能否被恰当地运用，以及能否达到预期的效果都是值得深思的，为引入反思性改革带来了契机。

一　自行回避的制度预设

由于自行回避被认为是防止法官将公权用于私人关系利益最大化的重要制度，因此，抑制法官权力和防止法官腐败一直是这一制度设置的主要功能预期，主要目的是保障程序公正，以程序公正保障实体公正，让正义得以实现且以看得见的方式实现。"中国是一个乡土社会，中国传统'乡土社会'中形成的人伦关系的'差序格局'，使得'中国的道德和法律都因之而得看所施的对象和自己的关系而加以程序上的收缩'。"①在这样一个社会中，每个人都扮演着多种角色，法官也难以逃离这一社会特性，他们一方面是社会公平正义的守护者，另一方面也是家庭中的子女、配偶、父母或者亲邻好友。在这种复杂的社会关系中，法官在扮演"审判者"这一角色时难免会带入其他角色，或者受到其他角色的影响。

---

①　费孝通：《乡土中国·生育制度》，北京大学出版社 1998 年版，第 36 页。

在典型的人情社会中，法官往往会因夹在不同的角色之间而陷入两难境地，到底是刚正不阿，大义灭亲，还是徇私枉法，偏向亲友，在这一角逐间，司法公正面临着极大的挑战。自行回避制度设置的目的即是使法官免于陷入这种两难境地，根据这一制度，法官掌握了角色的自主选择权，即法官可以自行回避的方式放弃一时的法官角色而选择其他社会角色，作出这样一种选择后，法官在只需以家庭角色来面对有特殊关系的案件当事人，免除了因大义灭亲而受到责难，甚至影响其家庭关系、社会关系的和谐的危机。同时该规定也避免了与审判人员有上述关系的当事人通过对审判人员说情或者贿赂而使审判人员违背司法公正，防止法官腐败，作出偏向性的裁判结果。另一方当事人也因法官的自行回避而对诉讼程序产生信任，进而对诉讼结果较容易接受。

自行回避制度的运行实施除了需要法律的保障还需要依靠法官的理性自觉与职业道德。根据刑事诉讼法的规定凡是具有第二十八条规定的四种情形的，法官应当自行回避，这里强调的是"应当"，即此时的回避是法官的"义务"，法官无自主选择权，同时根据刑事诉讼法第三十条的规定，审判人员的回避由院长决定，院长的回避由审判委员会决定。对于违反自行回避规定的后果，根据刑事诉讼法第二百二十七条的规定，二审法院应当裁定撤销裁判，发回原审法院重新审判，同时 2011 年《最高人民法院关于审判人员在诉讼活动中执行回避制度若干问题的规定》其中第七条也规定"第二审人民法院认为第一审人民法院的审理有违反本规定第一条至第三条规定的，应当裁定撤销原判，发回原审人民法院重新审判。"对于违反自行回避规定的审判人员，应当承担的后果也予以了规定，第十二条第一款规定"对明知具有本规定第一条至第三条规定情形不依法自行回避的审判人员，依照《人民法院工作人员处分条例》的规定予以处分。《人民法院工作人员处分条例》第三十条规定违反规定应当回避而不回避，造成不良后果的，给予警告、记过或者记大过处分；情节较重的，给予降级或者撤职处分；情节严重的，给予开除处分。"

设定法律程序的目标应该是为了保障独立于实体公正结果的程序控制所要实现的理念，这些程序控制通常以程序性制裁为结果，保障程序参与当事人正当权益不受侵犯，不仅实体公正，而且程序公正。国家监察程序中自行回避的规定可能在案件实际调查过程中能够得到公正的实体结果，但不能因为基于上述考量即可认定前述制度设计本身具备正当性。虽然立法维护法律程序的先定性对于调查主体调查案件过程中查明事实，收集证据的正确适用作用有限，但对于论证自行回避制度本身正当性的价值还是必要的。

制度设计是否有成效关键在于该制度在保证程序运行中能否起到预期作用，自行回避制度在国家监察程序中的根本目标是保证调查权行使中的客观公正，从国家监察法的制定来看，国家监察程序中不适用刑事诉讼法，因而诉讼程序中规定当事人应当知晓与行使的申请回避权利可能在监察程序中无法实现，或者直接实现面临障碍。这种情形下，国家监察法规定自行回避制度就适逢其时，最大程度消除外界对于监察委员会调查权公正行使的疑虑，同时也可以最大限度消除被调查对象的不信任，积极配合调查过程。这种意义上，也可以认为自行回避制度的规定也是对监察权这项公权力运行进行有效约束的制衡措施。调查主体主持调查工作顺利进行应该保证客观、中立的位置，才能使调查结果具备权威性和说服力。

二 自行回避制度功能虚化的现状

尽管刑事诉讼法对自行回避规定了法定情形，但从司法实践来看仍存在应回避未回避而未承担任何后果的情况，这一方面归因于现有法官信息披露制度不够完善，个别法官职业素质的有待提高；另一方面也应归因于刑事诉讼法规定的兜底条款表述模糊。刑事诉讼法中的近亲属仅指夫、妻、父、母、子、女、同胞兄弟姐妹。按照刑事诉讼法的这一规定，刑事自行回避制度所限定的应当自行回避的人员排除了生活上存在的除了上述近亲属关系的其他关系，这一限定将使自行回避的初衷不能真正得以实现。虽然 2011 年《最高人民法院关于审判人员在诉讼活动中执行回避制度若干问题的规定》将刑事诉讼法中的"近亲属"作了扩大规定："本规定所称近亲属，包括与审判人员有夫妻、直系血亲、三代以内旁系血亲及近姻亲关系的亲属。"这一规定虽然在理论上扩大了应当自行回避人员的范围，但由于这种关系往往具有隐蔽性，当事人很难知道这种可能影响公正审判的关系的存在。在目前法官信息披露制度还不够完善的条件下，当事人和法院难以对法官自行回避做到有效监督，往往需要法官依靠职业道德自觉回避。因此，对于个别具有权力寻租意向的法官就有机可乘，这种关系便处于只有"你知我知"的秘而不宣之间，这种有机可乘也是司法腐败的原因之一。

法官无视法律规定冒险利用特定关系作出偏向性裁判，使司法正义遭受侵蚀，事后发现再予以惩罚。虽使法官为此受到了处罚，但司法正义在遭受侵蚀后的弥补难以天衣无缝，正如威廉·格拉德斯通所说：迟到的正义是非正义。《刑事诉讼法》第二十八条第四项的兜底条款对前三项的规定起到了一定的补充作用，法律并未对"其他关系"作出具体解释，但"其他关系"确实能够影响案件的公正审判的情形，如文章开始提到的案件。根据法律规定，这种情况并不属于法官自行回避的情形，法官此时没有理由提出回避申请，这使大量应当自行回避的案件排除在法律规定之外，很多需要自行回避的法官没有按照法定情形退出司法程序。法律界定的模糊是法官在"其他关系"和"可能影响案件的公正审理"拥有自由裁量权，但是对自由裁量权的放任就是权力滥用的潜在风险。司法实践也表明，由于缺乏来自程序法的有效监督和违法制裁，法官对自行回避制度的规避反而更容易导致权力滥用和腐败。

具体到我国的国家监察程序，建立并健全自行回避制度不仅是监察委员会自我监督实现的要求，也是增强该项程序具备可操作性的重要过程，也是对今后无法涵盖的需要回避事由复杂情况有效性的灵活操作。综合来看，自行回避制度对监委调查权的准确行使和实体结果正确、公正，维护监察委员会案件调查的权威性起到积极作用。同样，作为被调查对象，是否对监察委员会调查权实际运行认同也是自行回避制度的一项重要作用，国家监察程序中规定自行回避制度对于监察委员会的调查人员既是权利也是义务，权利意味着可以主动向组织提出回避事由出现，不能继续调查活动，义务也意味着这是实现监察委员会有效自我监督的积极履职。

程序公正与实体公正都是国家监察法立法精神的灵魂和基石。但现代社会，公众和当事人对程序公正的期望与实体公正的态度等同，因而，在监察委员会的调查过程中，被调查对象获得一个依法成立、中立无偏倚、独立的调查组是得到其配合并保障调查结果可信的重要保障。也可以认为，自信回避制度体现的程序公正精神就是保障被调查者的合法权益，使其在调查过程中受到公平、公正对待。刑事诉讼中的控辩双方要求权利对等、平等对抗，和刑事诉讼程序相比，在国家监察程序中《刑事诉讼法》不能适用，因而不存在上述权利对等和平等对抗的问题，在这种力量失衡的情形下，自行回避制度就显得更为重要。

三　自行回避制度功能虚化的程序公正隐忧

在自行回避制度功能预期存在落空可能性的同时，比照前述上海法官案件，自行回避制度在实践中的溢出成本却变得越来越高昂，这使自行回避功能设置的初衷被搁浅。总体上，自行回避制度功能的虚化将会导致如下程序不利后果。

1. 程序公正和实体公正的共同实现存在障碍

自行回避制度设置的初衷是为了保证调查人员在调查程序中的中立性，以程序公正保障实体公正。根据"自然正义"原则，调查人员在调查程序中不得存有任何偏私，而且须在外观上使任何正直的人不对其中立性有任何合理的怀疑。为防止对被调查人员怀有不利偏见的人担任调查主体，调查人员不仅不能与案件或者案件的被调查人员存有利益上的牵连，而且不得对案件事实事先形成预决性的认识或判断，否则调查人员所作的调查就会失去法律效力。程序正义解决的是司法过程的正义，自行回避制度是一种程序法上的制度，旨在保证程序的公正进行，但是此制度功能虚化导致程序的公正实现得不到保证。而程序公正又是实体公正的保障，程序不公正必然导致实体结果的不公正。因此，自行回避功能的虚化不利于程序公正和实体公正的共同实现。

2. 难以消除公众对监察委员会的工作疑虑

调查人员的自行回避是使和案件有关系，可能影响案件公正调查的调查人员主动退出调查程序，使调查过程和结果以程序保障的方式实现。对当事人来说，与案件有利害关系的调查人员退出调查程序，可以使被调查人员安心消除对调查过程的不信任感，从而接受和尊重裁判结果，而对公众来说，调查者的是否中立是判断实体结果是否公正的主要依据。因此，可以说程序公正是被调查人员对实体公正信任的依据，也是公众对监察机关信任的依据。正如英国的丹宁勋爵所言："正义必须根植于信赖，当心地正直的人们转而认为法官有偏私时，信赖也就荡然无存了。"①自行回避制度的规定是消除当事人对调查不信任的一种手段，但是调查实践中自行回避功能的虚化使应当回避的调查人员没有回避，使调查过程有了偏私的潜在隐忧，进而导致被调查人员对实体调查结果的不信任。因此，自行回避功能的虚化不利于消除普通民众对监察机关、调查人员的工作疑虑，导致监察委员会调查权的权威性生疑。

3. 不利于调查效率的提高

调查公正和调查效率是相辅相成的关系，在保证调查公正的同时也需兼顾调查效率。在调查资源有限的情况下，应当降低错误成本的投入，节约调查资源，使有限的调查资源发挥最大的调查功能。自行回避制度的有效实施不仅可以保证调查公正也可以有效保证调查效率，降低调查成本，极大地缩小不必要的错误投入，避免调查成果的无效。但自行回避功能虚化就不能防止应当自行回避而未回避的案件启动调查程序，类似如上文所述上海二审法院在发现有违反自行回避规定的情形后撤销原判，发回原审人民法院重新审判，由此产生的后果就是除了造成司法正义的缺失，还浪费了原审判程序所花费的时间、人力、物力、财力。法院需要重新调整审判人员，再次投入时间、人力、物力、财力，造成司

---

① ［英］丹宁勋爵：《法律的训诫》，杨百揆等译，法律出版社 2000 年版，第 86—87 页。

法资源的浪费。诉讼时间的拖延，诉讼效率也因此得不到提高，监察委员会调查权行使中的情形也类似。

4. 不利于内部监督制度功能的实现

《国家监察法》第五十五条规定，监察机关通过设立内部专门的监督机构等方式，加强对监察人员执行职务和遵守法律情况的监督，建设忠诚、干净、担当的监察队伍。自行回避制度的良好运行需要监察机关的有效自我监督，但监察法规定的自行回避情形往往具有隐蔽性，只有建立完善的调查人员适度内部信息报告制度，自行回避制度才能受到有效的监督。一方面，调查人员信息报告制度的功能之一即是监督调查人员自行回避制度的实施。任何一种制度都不是单一运转，也不是单一发挥作用的，每一种制度的良好运行都需要其他制度加以辅助。调查人员信息报告制度当然也不例外，自行回避制度的良好运行同样能够促进调查人员信息报告制度的完善，使调查人员信息报告制度的功能得以实现。另一方面，自行回避制度的良好运行使自行回避制度的功能得到充分发挥，使自行回避制度在监察程序中发挥的作用引起人们的足够重视，调查人员内部适度信息报告制度也会受到相应的重视，形成制度之间的良性循环。

第四节　调查主体违反自行回避的程序后果

在讨论程序违法对于自行回避制度的要求之前，首先应当从诉讼结构切入，分析诉讼回避制度与诉讼结构的关系。诉讼结构在诉讼法学理论中是一个比较宏观的概念与理论，由于民事、行政、刑事这三种诉讼形态中的具体诉讼活动参与者存在较大差异，与民事诉讼、行政诉讼不同，刑事诉讼结构的核心内容是控、辩、审三方在刑事诉讼中的关系。按照刑事诉讼原理，为保证裁判中立的诉讼结构形成，要求裁判者在控辩双方之间保持一种超然的和无偏袒的态度和地位，不得对任何一方存有偏见和歧视，裁判者必须不偏不倚居中审理，而自行回避制度就是保障审判中立的内在制度保障。

"自然正义"法则有两项最为基本的要求："一是任何人都不得做自己案件的法官。即裁判者不得与案件存在利益关系，在裁判的过程中不能有偏私行为；二是控辩双方的意见和证据都要被同等对待。即法官应给予案件当事人以充分陈述自己意见和提供证据的机会，并对他们的意见和证据给予应有的关注"。① 自行回避制度即是符合"自然正义"的制度设计。通常建立裁判中立的诉讼构造需要自行回避制度满足与本案件有牵连的人不得成为该案件的裁判官。裁判者若与本案有牵连其在裁判过程中很难置身事外，人是一种利己的动物，在涉及自身利益时往往会作出有利于自身的选择。但是裁判者的使命是使案件得到公正审判，使司法权威得到维护。因此与案件有牵连关系的人理应回避该案件的审理程序，裁判者不得与案件结果或者争议双方有任何利益上或其他方面的关系。

如前文所述，裁判者也同时扮演着多种社会角色，作为社会生活中的一员，很难脱离其他角色而生存。在司法实践中难免会遇到案件的当事人与自身存在某种关系的情况，这时法官就需要在法官角色和其他角色之间进行抉择，也需要在"情"与"理"之间进行抉择。为了避免法官在抉择时出现偏差，自行回避制度就可以发挥应有作用，从源头杜绝这种偏差给司法公正带来的危险，将威胁扼杀在萌芽状态。在对待接受审理的双方，裁判者不应有支持其中一方或反对另一方的偏见。双方当事人地位平等，权利对等，裁判者处于中立地位，应当杜绝先入为主的偏见，裁判过程中绝不能戴着有色眼镜偏袒一方当事人而歧视另一方当事人。自行回避制度的初衷即为了确保审判中立，以保障程序正义，实现实体正义。而审判中立又是当前诉讼构造的必然要求，因此，自行回避制度是当前诉讼构造中的必然程序选择。

程序违法在刑事诉讼活动中指的是刑事诉讼的主体，也即警察、检察官、法官在侦查、控诉、审判过程中违反法律既定手续的现象，因而，这种程序性违法和实体法错误适用相比较，其法律后果完全不同，被称

---

① 陈瑞华：《刑事审判原理论》，北京大学出版社 2003 年第 2 版，第 45 页。

为程序性制裁。这就说明在刑事诉讼法活动进行过程中，如果行使公权力的国家机关和其工作人员行为违反了程序法所规定的方法、步骤，那么对其行为和后果应该作出否定性评价，也就是程序性制裁。因此，完善监察委员会内外部制约机制，推进监察委员会自身廉洁性组织目标的进一步实现。① 自行回避制度作为国家监察法所规定的程序性规范，要求监察委员会调查人员如果具备自行回避所要求的情形应当履行回避法律手续。如果国家监察委员会工作人员在行使调查权过程中发现具备自行回避事由而不履行相关法律程序，那么这种调查权运行程序就是对监察法所规定法律原则的公然违反，这是国家监察程序的公正性遭受破坏。同样，由于监察委员会调查人员没有积极履行自行回避法律手续，调查权运行中的中立性丧失，被调查对象合法权益就会受到侵犯，尤其是人身权受到侵犯存在的隐患，或者另一种情况，国家利益受损。

程序法定当然要求产生法律后果，这就是程序性制裁，这和通常情况下的错案适用中的实体性制裁有所区别，刑事追诉和国家赔偿通常是实体性制裁手段。程序制裁是对程序违法行为和后果进行评价，前者主要是考量该监察委员会调查人员调查行为是否有效，是否继续能够产生应有法律效果，后者是对调查权行使过程中产生的证据以及由此而来的事实认定是否继续有效。对违反自行回避制度规定进行程序违法认定并进行相应制裁，其价值在于遵守并践行自行回避制度具备了独立的程序控制能力。根据上述程序违法后必有程序性制裁的基本历程，自行回避主体应当履行而没有履行法律手续就要承担相应制裁，这也是程序制裁对自行回避制度的具体要求，因为监察委员会调查权是调查取证的过程，所以程序制裁就直接体现在应当自行回避而没有自行回避条件下收集证据本身的合法性问题，也意味着这种证据是否具备证据能力，是否属于非法证据范畴。

非法证据的排除依据在于"自白任意性规则"，对于以刑讯逼供、威

---

① 参见杜倩博《监察委员会内部机构设置与运行机制：流程导向的组织变革》，《中共中央党校学报》2018 年第 4 期。

胁、非法拘禁等方法获取的言词证据应当"强制性排除"，对以欺骗引诱方法获取的言词证据以及重复性供述应当予以"裁量性排除"。① 由于监察机关不执行刑事诉讼法，而只执行《监察法》及其关联法规，因此，刑事诉讼法以及司法解释所确立的非法证据排除规则，就难以对其发挥约束作用。② 而且，监察证据无需转化便可直接获得刑事诉讼证据资格。③ 国家监察法规定了非法证据排除，和刑事诉讼法相比，无论是广度还是强度均有所收窄，第三十三条规定监察机关依照本法规定收集的物证、书证、证人证言、被调查人供述和辩解、视听资料、电子数据等证据材料，在刑事诉讼中可以作为证据使用。目前《监察法》中规定了相关证据审查认定规则，但相较于刑事诉讼法仍然过于粗疏，应当将刑事诉讼法中关于证据审查认定的规则进行条文的借鉴。比照刑事诉讼法设立体系完备的证据审查认定规则，在监察程序中落实非法证据排除规则。④ 监察机关在收集、固定、审查、运用证据时，应当与以审判为中心关于证据的要求和标准相一致，以非法方法收集的证据应当依法予以排除，不得作为案件处置的依据。但是无疑本条的规定也是防止非法取证错误认定法律事实的重要屏障。

在刑事诉讼中，审查判断证据证明能力成为证据是否具备可采性的基本前提，证据能力是一种资格，以合法性为前提，因而收集程序合法，才能作为证据在诉讼中应用证明事实存在与否。证据能力理论的提出是从立法层面对证据证明事实前的一种价值判断，这和实际上该证据能否证明案件事实无关，因而法律规则的预先设定就是证据能力规则能否适用的前提。对于监察调查活动而言，案件事实的形成与确定是依托

---

① 参见刘艳红《职务犯罪案件非法证据的审查与排除——以〈监察法〉与〈刑事诉讼法〉之衔接为背景》，《法学评论》2011年第1期。

② 参见陈瑞华《论监察委员会的调查权》，《中国人民大学学报》2018年第4期。

③ 参见张中《论监察案件的证据标准——以刑事诉讼证据为参照》，《比较法学研究》2019年第1期。

④ 参见马方、吴桐《逻辑与司法：监察程序中证据规则的解构与建构》，《河北法学》2019年第9期。

于证据形成的客观事实，而证据收集的合法与否决定了客观事实的形成是否具有真实性。① 刑事诉讼中对证据能力的审查判断既包括了规定证据收集、固定活动的引导性规则，也同时包括了特定情形下的非法证据排除问题。监察调查取证规则应当以证据能力为核心，从取证主体、取证手段两方面构建调查取证规则。② 如国家监察法第三十三条所规定的排除非法证据的情形。对于不是具备证据能力的证据，不存在证据使用资格，因而就没有必要考虑其证明力大小。具备法定回避事由应该履行自行回避法律手续而没有履行，属调查行为的程序违法，既然存在程序违法，那么调查行为的取证结果就该接受程序制裁。但是对于违反《国家监察法》自行回避要求所取得证据是否有证据能力需要进一步分析。

我国对于违反法律程序的方式取得的证据称为非法证据，对于非法证据的处理有两种方式，一种是强制性排除，一种是裁量性排除，因此，违反自行回避法定程序取得的证据应属非法证据，按照非法证据排除规则进行适用。强制性排除适用于违反自行回避程序收集到的言词证据，这是严重违反国家监察法法定程序获得的证据，影响到案件调查工作人员的中立性和调查工作本身的公正性，这主要是考虑到违反自行回避规定违法情节严重，尤其是被调查对象的言辞证据为非法获取，只有确立最严厉的程序制裁形式，也即确认言辞证据非法并被排除，才能实现自行回避制度在国家监察程序中的作用，有效防止程序违法并积极保障监察委员会自我监督的实效性。但是，对于违反自行回避程序规定，监察委调查过程中取证的实物证据则和言词证据区别对待，原因是虽然监察委程序违法，鉴于目前的腐败形势依旧严峻，职务犯罪案件证据调查困难很大，因而对于已经取得的实物证据应该适用裁量性排除，这也是程序违法与程序制裁均衡性的具体体现。如果对于违反自行回避制度取得

---

① 参见马方、吴桐《逻辑与司法：监察程序中证据规则的解构与建构》，《河北法学》2019 年第 9 期。

② 参见马方、吴桐《逻辑与司法：监察程序中证据规则的解构与建构》，《河北法学》2019 年第 9 期。

的证据全部适用于强制性排除，可能会导致案件中的一些有价值的能证明犯罪事实存在的证据被排除，使案件事实真相难以发现，最终形成犯罪证据无效。

第五节　监察委自行回避程序的制度完善

前文已经分析了身份调整在国家监察秩序中的功能虚化问题，要想使自行回避能够切实发挥监察委调查权秩序控制的作用，就需要完善自身回避主体的相关制度。应当说，回避制度在刑事诉讼秩序中已经具备较为完善的框架形式。自行回避、申请回避和指定回避共同构成一个完整的制度设计，这也充分说明，只有这三者紧密结合在一起，共同发挥作用，才能完成制度体系的使命。虽然我国《监察法》对监察履职工作人员的回避制度已经有了明确规定，但较为粗疏，一些需要明确的具体事项并没有规定，这使法律规定的内容缺乏可操作性。因此，对于涉及监察程序调查权行使过程中回避制度适用的相关条件一定要明晰，指定回避和申请回避制度已有相关制度规定，但是对于自行回避，则需要进一步研究。解决自行回避调查权主体在国家监察程序中的适用，重点解决亲属关系问题，情感问题和其他关系的关联问题，以及自行回避的程序性规定，关键是自行回避的法律后果和自行回避的内外监督机制。这是因为不明确的法律规定只会导致自行回避制度可能仅仅只在法律形式上有所体现，但实务中缺乏可行性，不能实现立法预期和效果，这种情形只能导致自行回避制度对于监察主体并没有实现行为程序性控制。《监察法》第三十八条关于利害关系的规定不能一笔带过，法律应当明确规定其具体含义，这除了让监察程序调查主体对于是否启动自行回避作出准确判断，还可以使相关内部监督机构及时提醒，做出决定。

一　关系制度的完善

尽管相关法条已经将可能需要回避的情形进行了分类，但由于法条纳容有限，仅仅是一些列举可能情形，这就需要进一步具体地明确细化和指引，使自行回避制度充分发挥作用。人际关系是一种非常复杂的客观存在，广义范围内的人际关系和交往特征，只要是影响调查公正的人际关系都会被限定在规定范围内，但问题是，人性的复杂和人际关系的多元、多样性存在决定了这种身份关系也是一种多方面、分层次的存在，需要认真对待。改革开放四十年多年来，我国市场经济全面发展，社会主义法治全面建立，这使原本存在熟人社会的特征有所改变，人际关系出现一些变化，但不可否认的是传统人际关系并未因此消失，而且因为新媒体（如微信）的出现而进一步巩固。也可以认为，在一定程度上，这使人际关系的复杂化反而有所增加，并未达到某些学者认为中国社会已经由熟人社会进入陌生人社会的场域。也许，在关系制度，尤其是身份关系方面，可以换个视角来看，这并非什么外在力量可以使身份关系发生某种转向，而是中国传统文化的一种特征和体现，因而，只能正确面对，不能视而不见。因此，在设计监察程序自行回避制度时，就应该充分考虑身份关系的具体内涵和影响，以及由此而引发的对其他关系的指引。

1. 明晰亲属身份关系

应该说，法律中关于亲属关系的基本规定体现在民事法律规范中，属于民事法的重要组成。也有国家为体现重视，将亲属法单列独立成法，和大多数大陆法系国家一样，我国也制定了民法典，与法国、德国一样，将基本的亲属关系规范体系编入民法典，决定相互间的人际关系和财产关系。亲属间的身份关系由两性结合、血缘关系形成与发展为基础，这是以法定的婚姻家庭关系形成为基本自然属性，这其中，伦理关系是出发点，姻亲形成社会关系或法律关系，因而，对于亲属关系身份认定决定于一个国家历史文化传承、伦理纲常、经济社会发展等因素影响。我国的三大诉讼法规定的回避事由通常也是自行回避的基础，从诉讼法的规定来看，司法工作人员不得是本案当事人或当事人、诉讼代理人的近亲属。当然，也进一步规定与司法工作人员有夫妻、直系血亲、三代以内旁系血亲的姻亲关系的亲属。但是，对于国家监察程序中调查权行使中的自行回避，这种诉讼法意义上的回避范围显然有待于进一步完善。一是应扩大亲属身份范围。《监察法》应该采取列举形式立法，对于应当自行回避的亲属范围进行明确，如对于旁系血亲不应当仅限于三代以内，应该扩大至四代或者五代。二是明确姻亲范围，将姻亲中符合回避制度要求的关系类型，包括配偶的父母、兄弟姐妹、子女的配偶和子女配偶的父母需明确列举说明，从而达到自身回避制度适用准确。

2. 情感关系身份

纵观三大诉讼法，也包括《监察法》，都未对利害关系人涉及的利害关系进行明确解释，已有的诉讼法解释，要么先罗列，要么是概括，各部法律内容重叠冗杂，可操作性差。例如，曾经有过的婚姻关系、同居关系、恋爱关系、财产财务纠纷或者其他形式纠纷、矛盾等，或者办案主体与当事人正在或完成某个诉讼活动等。这些情形的存在都是自行回避应当考虑的利害关系要素，对此，均应进一步明确范围界定，对国家鉴定程序中的调查主体是否应该自行回避做出明确指引。我国虽然经过多年改革开放发展社会主义市场经济，建立了社会主义法治体系，逐步迈向司法现代化，这种全面依法治国总要求促进了社会活动中的法治规制，规定了人际关系的存在空间，但并未完全消除传统人际关系的影响，反而，在有些情形下，这种影响不但没有减弱，反而有所加剧。这种熟人社会的特定人际关系状态，并不是短时期内仅靠法制宣传就能解决问题的，需要时间，让法治成为一种全民信仰才是解决问题的根本之道。之前，最高检、最高法院、司法部也都明确规定离职后的法官、检察官离职后两年内不得以律师身份担任诉讼代理人或辩护人，这虽然目的是防止这部分人通过以前的人际关系产生的情感进行司法利益互换，但问题是，两年后，又如何？如何保证两年后这种情感因素就消失了？潜在的风险无法消除，对应在《监察法》中，自行回避制度的运行也需要考虑到类似情感要素影响，曾经的上下级关系等各种因素影响。

3. 其他身份关系的影响

调查主体对于此前曾经经历的认知或者确信，会对其内心影响产生作用，这种特殊经历对于思想认知的判断有其他因素不可替代的作用。

换言之，根本不需要其他违法交易，就会对调查主体心证产生实质影响。因此，自行回避在国家监察程序中就需要对调查主体的其他身份进行全面清理，立法上可以根据影响公正调查可能性的程度进行列举，比如同学、同事、邻居、同乡等诸如此类的关系均应考虑在内，使调查工作能够客观公正进行。除此之外，因为国家监察对公职人员是全覆盖，因此，《监察法》关于自行回避制度的立法就应当体现更多的视野前瞻性和开阔性。尽量去除调查工作人员在调查过程中存在违反法律程序的情形。防止发生影响调查公正的可能性，这就要求法律必须对传统利害关系进行适度补充，解决调查工作人员回避及情感的偏私性，尽量避免案外因素引致的主观偏见，既保护监察调查过程中当事人权益，又保障国家利益不受侵害。一旦调查主体发现有足够证据表明参与监察调查可能存在偏私情形，就应当主动放弃调查权的行使，保证案件的公正调查。完善的自行回避制度可以为调查主体理解和执行制度带来较大便利，立法更重要的是保障制度的执行。

二　自行回避的程序性规定

理论上，自行回避就是指监察委调查人员在行使调查职权处理相关监察事务过程中发现或者认为自己职务行为与该行为要求的主体规定不符合，存在法定应当回避情形，应当主动同监察委机关或者上级负责人汇报并要求退出调查程序，调查主体自行回避申请是否应该准许应该由监察委机关或者相关上级负责人依法进行审查并做出决定。首先，调查工作人员提出自行回避申请。监察工作人员在开始监察调查之前或者处理监察调查事务过程中，发现或者意识到已接触到的事务有证据表明有法定应当回避的情形存在。这种情形之下，就应该立即将回避法定情形向监察委机关或者相关上级汇报并申请自行回避，申请报告应当主动说明依法应当回避的事实及理由，但必须要注意的是，此申请一定应该在监察委关于回避的决定作出之前提出，否则再提出自行回避就没有任何意义，还要承担相关程序违法责任。其次，监察委审核自行回避申请的负责人也要及时审查，以书面形式作出决定，但须以查明申请书所述相关事实和理由成立为前提。如果申请自行回避事实依托证据确实充分，那就应该作出准许决定，如果不属于法定回避情形，就应该作出不批准决定。只有自行回避的法律程序进一步完善，进行明确相关程序配套的法律后果，才能使自行回避制度在保障调查权行使的公正性、维护好监察委反腐败责任和担当中发挥应有作用。

三　自行回避的法律后果

造成目前自行回避制度功能虚化的主要原因是执行效果几无，如果制度设计后没有执行力，那么在实际工作中调查工作人员所受制约将非常有限。立法过程中，法条的设定通常由假定条件、行为模式、法律后果三项内容组成，而《监察法》关于自行回避的规定则缺失法律后果，这样就使法律规定对于调查工作人员自行回避的程序制裁态度不明，造成自行回避制度不能充分发挥效力。当然，关于自行回避在国家监察程序中的法律后果，主要是指违反禁止性规定后应当承担的相应法律责任，如果调查人员在调查活动中没有严格遵守自行回避制度，应该受到相应法律处理承担责任义务，如果相应调查行为是调查人员违反自行回避情形下完成的，那此种行为应当就是违法行为，不具备法律效力。但是，当调查人员依据自行回避制度必须进行回避而又没有回避，则其之前调查活动中调查行为获取的证据材料及其行为是否具备法律效力？这种违法性应该仔细分析确定，并不能一概而论予以全部排除。如果调查人员调查活动本身或者通过调查活动取得相应证据材料仅仅是一般性调查工作，并没有对最终调查结果形成结局性影响，那么可以对之前的证据和事实进行认定。但是，如果调查人员违反自行回避的禁止性规定，相关的调查活动和取证行为已经严重影响到调查结果形成，对监察活动公正性造成损害，那么这种调查活动和行为就应该认定为无效，其调查取证不具备法律效力，证据材料应当排除。

四 自行回避的内、外部监督机制

我国监察体制运行的特殊性决定了制度的执行必须要有完善的监督机制保持其执行力。自行回避制度的设计主要是义务履行层面的禁止性拟定，这种规定要求监察调查工作人员自觉遵守，由此而产生了很大的不确定性，这也包括法律规定的模糊性和调查工作人员法律理解能力的差异性。因此，就需要强化自行回避制度执行的监督机制的及时引入，对监察调查人员纠偏提醒，及时发现应当采取自行回避而没有采取，保持调查结果的客观公正性。任何一种制度的有效执行都应当有完善的监督机制予以配合，才能取得预期法律效果，否则制度就形同虚设。在监察委内部机构，应当由相关部门履行职能，对于监察程序中调查行为合法性进行监督，尤其是回避制度的执行应该作为一项重要督查内容，特别是自行回避的执行。外部监察机制可以作为内部监察机制的补充，由于目前监察调查的特殊性，这种外部监督机制应该如何界定行为边界发挥作用，还需要进一步研究确定。当然，一项完备的监督机制理应是内部、外部监督机制功能互补的体系才能发挥应有作用，目的都是为了保持监察委调查工作的公正性。

在刑事诉讼过程中，程序公正与实体公正共同指向公平正义，通过近年来平反的聂树斌等冤案，可以充分显示出程序公正所具备脱离实体公正所存在的独特品质和价值。在国家监察程序中规定自行回避对于案件当事人具备程序正义需求。能够让被调查人员感受到调查人员和自己没有任何利益牵涉，调查人员是可以被信任的，在调查过程中适用法律和认定事实是符合法定程序要求的。使案件的调查过程和结果符合对程序公正达到的基本目标，当事人对于监察委员会调查案件的取证和认证信任、满意。自行回避的价值意义不容置疑，被世界多国普遍接受，广泛认同，国家《监察法》明确规定自行回避制度也是对此强调制度的承接与创新。总的来看，国家监察法规定的自行回避制度是十分必要的，也是完善监察委员会自我监督的重要程序性规范。监察委员会工作人员在行使调查权过程中违反自行回避规定是一种程序性违法行为，作为程序制裁的结果必然对调查中获取的证据产生影响，而非法证据排除就是对调查结果的一种否定性评价。虽然实际工作中，可以采取对违反自行回避工作人员行政纪律惩戒或者其他方式追究其相应责任施加有效制裁。但这种方式并不足以广泛适用所有案件，因而程序制裁方式则是对监察委员会工作人员调查中取证的法律责任追究。国家监察法规定的自行回避制度原则性较强，而且缺乏相应程序制裁，因而功能虚化无法发挥其在监察委员会自我监察中的实际功能。在以后的法律完善中，应该进一步考虑自行回避在监察程序中的作用，积极保障和回应程序违法对应的程序制裁，这既是监察委员会工作人员的义务，更是被调查对象的权利保障措施。

第八章 监察程序和审判程序的配合与制约

第一节 问题的提出

在宪法赋予监察机关监察权力后，监察法即以法律形式对监察权的内容、行权程序及其与其他权力之间的关系等作出了规范。宪法第127条第2款及监察法第4条也同时规定，监察机关办理职务犯罪案件的，应当与审判机关、监察机关、执法部门相互配合、互相制约。监察法第34条对监察机关与审判机关、执法机关等国家机关在发现职务犯罪问题后的案件移送方面也作了规定。上述这些规定是宪法和监察法对监察权和审判权关系所作的原则性的法律安排，这种安排不仅反映了二者基于平等宪法地位上的衔接关系，同时也体现了二者在衔接关系中的权力制约与保障关系。

现代法治国家中，审判权同时具有权利保障和权力制约功能。审判权的权利保障功能是通过以审判权为核心的审判权行使得以实现的。市民社会和政治国家的矛盾发展，是社会存在的基本样态，也是法治的基础和界限。① 市民社会和政治国家的关系具体表现为权利和权力的关系。

---

① 马长山：《市民社会与政治国家：法治的基础和界限》，《法学研究》2001年第3期。

基于人民主权的理念，包括审判权在内的权力，其存在的合法性基础就在于权利保障的价值取向，悖离这一价值取向的权力，就是权力的异化。审判权的权利保障功能主要通过以下方式来实现：一是通过审判权的行使保障当事人的合法权益。如在民事诉讼阶段当事人两方对立，对峙法庭，法官依照法定的审判程序，对查明的事实适用实体法作出裁判，通过公力救济将法律权利转化为现实权利的过程。法定权利只有转化为现实权利，才能成为或再现生活的事实，才对主体有实际的价值，才是真实的和完整的，对于国家来说，才算实现了统治阶级的意志和法律的价值。二是通过行使刑事审判权对犯罪分子刑事责任的追究，实现刑罚的惩罚功能，以此达到教育和惩戒之目的，维护受害者的权利，培养公民的守法观念和权利保护意识。

审判权的权力制约功能是通过一系列正当程序原则对审判权自身运行过程进行约束实现对审判权的制约，同时通过在审判活动中对系列证据裁判规则的运用实现对其他进入审判程序的权力行使过程的约束。以事实为根据、以法律为准绳，法律面前人人平等，公开审判原则，回避原则，律师辩护，无罪推定，罪刑法定主义以及民事执行程序中的执行豁免，执行救济等规定都是正当程序原则的体现。正当程序原则对审判权运行提出的正当性要求，其最终目的在于实现审判权的公平与正义。审判权的正当性要求采取一定的救济措施以纠正可能发生的程序错误，确保审判权在法定的轨道上运行。而证据裁判规则则是通过规定一系列的证据标准和要求，对取证主体的取证行为和过程实现规制，对于不符合证据裁判规则的取证行为载体的证据，依照该规则标准依法予以排除在证据资格和能力之外，从而实现对取证权力合法性的过滤功能。

从监察权角度来讲，审判权对监察权的制约功能就体现在，在办理职务犯罪案件的刑事审判过程中，通过对监察调查取得证据的审查、认定和运用实现对监察调查权的检视。监察体制改革背景下，宪法和监察法赋予了监察权新的内涵。监察权依法被赋予监察机关独立行使，是为实现监察全覆盖、依法调查职务违法和职务犯罪问题并加强反腐和维护宪法和法律尊严之现实需要。根据监察法和政务处分法的规定，监察权主要承载三项大的职能，即监督、调查和处置职能①。审判权的实质是判断权，② 是一项由专业法官对进入审判程序的纠纷案件据法定程序依法进行专业裁判的权力，旨在解决纠纷，维护公平正义，维护法律权威。而通过审判权要解决的纠纷案件，既包括民事纠纷案件，也包括行政纠纷案件，还包括刑事案件。在监察权承载的职能事项中，除查办违纪违法案件外，还包括职务犯罪案件的办理。因此，监察权职能事项范围内，调查权能与审判权必然存在衔接关系，这种衔接关系即存在于监察机关履行调查职能过程中，也就是涉嫌职务犯罪案件的刑事调查活动。虽然宪法和监察法均规定了监察委员会依法独立行使监察权，不受行政机关、社会团体和个人干涉，但监察权的运行并非是在封闭的权力系统内独立行使，在职务犯罪案件查办范围内，监察调查权最终须进入刑事审判程序，接受刑事审判程序的检视。

而从法治反腐角度看，司法反腐作为国家整个反腐败体制的重要组成部分，在查明职务犯罪事实、依法进行证据裁判、准确适用法律规定方面发挥着最终裁判的重要作用。以监察调查带动强劲的反腐风暴，最终要走向司法机关的严密有序的刑事诉讼，司法反腐是政治反腐的法治依归，这就决定了司法在反腐败政治格局中处于巩固监察执法成果和实现反腐罪行法定、彰显反腐法治权威的终局地位。因此，职务犯罪案件领域内，监察调查与刑事审判程序的配合与制约决定了监察反腐的成与败。

目前，由于监察调查权与刑事侦查权在权力属性上的差异性，以及监察法与刑事诉讼法"法法衔接"的不明确和不畅通③，使得监察调查权行使的合法性受到质疑。本章通过对监察调查程序与刑事审判程序配合与制约的关联性进行分析，提出监察调查应当以审判为中心，确保监察调查取得的证据经得起证据裁判规则的检验；在与刑事审判程序配合与

---

① 胡锦光：《论监察委员会"全覆盖"的限度》，《中州学刊》2017 年 9 月。

② 刘杨、刘建刚：《审判者之辨》，《北京联合大学学报》（人文社会科学版）2017 年 7 月。

③ 方明：《职务犯罪监察调查与刑事诉讼的衔接》，《法学杂志》2019 年第 4 期。

制约过程中，监察机关应当依法监察和保障审判人员履职行为，不致使监察权和审判权"相互配合、互相制约"的关系异变为"制约监督不足、配合有余"的关系。

第二节　监察程序和刑事审判程序配合与制约的关联性

以审判为中心的司法改革要求刑事诉讼活动的各个环节都要以审判为中心。监察机关办理职务犯罪案件过程中，监察调查程序便是职务犯罪案件刑事诉讼活动的一个环节构成，这就决定了监察调查程序必须围绕审判中心展开。因此，监察调查程序事项及其实体权力行使最后都须走向刑事审判程序，接受审判权的审查。

一　监察权办理职务犯罪案件须以审判为中心

以审判为中心有助于发挥审判在刑事诉讼中的关键功能，并能有效确保侦查、审查起诉的案件事实证据经得起法律的检验。[①] 在当前刑事诉讼制度改革和监察体制改革的大背景下，人民法院在职务犯罪审判中勇于承担重任，既要坚持司法公正、防范冤假错案的底线下发挥庭审在查明事实、认定证据、保护诉权、公正裁判中的决定性作用，也要努力积极引导监察机关在职务犯罪调查取证过程中严格依照《刑事诉讼法》、《监察法》等法律及司法解释的规定，惟有如此，方可真正实现监察委员会与司法机关的有效衔接与相互制衡；也才能避免国家监察委员会成为权力的"利维坦"，从而形成有效的权力制约关系，构建法治反腐的制度体系。

因此，以审判为中心，从审判权的角度，就是要通过审判权对进入刑事审判程序的权力形成约束，使之在法治轨道内合法运行。从监察权

---

① 潘金贵、王志坚：《以审判为中心背景下监察调查与刑事司法的衔接机制研究——兼评〈刑事诉讼法系（修正草案）〉相关条文》，《社会科学研究》2018 年第 6 期。

的角度，就是要在职务犯罪案件办理中，通过审判权，对刑事调查权形成制约功能，实现监察权依法反腐，保障公民权利不受侵犯的法治反腐机制。

以审判为中心的诉讼制度改革旨在确保庭审的决定性作用，通过在刑事诉讼全过程落实司法审判标准，实现侦查、起诉等诉讼活动经得起法律的检验。根据《监察法》第四十五条第四项的要求，监察调查涉嫌的职务犯罪案件所得证据，最终要移送检察院依法提起公诉。因此，职务犯罪案件中，监察调查程序终将是整个刑事诉讼程序的准备阶段。刑事诉讼程序主要由刑事调查（侦查）、提起公诉和审判三个环节构成。《监察法》第三十三条对调查收集、固定、审查、运用证据的要求和标准的规定以及对非法证据排除规则适用的规定，从证据角度体现了监察调查权的行使对以审判为中心要求的遵循。新刑诉法适用解释在第七十六条中也明确规定，监察机关依法收集的证据材料的审查判断，适用刑事审判关于证据的要求和标准。以审判为中心即意味着职务犯罪案件的刑事调查和提起公诉两个环节中的诉讼活动都要围绕审判这一环节开展。监察权并非是一个封闭独立的权力系统，监察机关职务犯罪案件调查活动并非独立存在，调查获得的证据也非由自己裁判和认定，而是必须进入刑事审判程序，经由审判权通过严格适用刑事诉讼审判规范后方可实现作为定案依据的法律效果，这些刑事诉讼裁判规范指的就是证据裁判的一系列规则。[①] 所以，证据裁判规则对刑事审判证据的要求和标准，在监察机关办理职务犯罪案件的调查取证活动中，最终将转化为对刑事调查活动取证行为的规范标准。也即监察调查行为过程的正当性和合法性，最终要通过调查所得证据这个载体依法接受刑事庭审程序质证、辩论、排非等证据裁判规则的约束和规范。无疑，刑事调查活动必须围绕审判中心展开。

监察机关行使监察权办理的职务犯罪案件的调查行为要以审判环节所要求要遵循的正当程序标准和证据裁判规范标准为中心来开展相应的

---

① 褚福民：《以审判为中心与国家监察体制改革》，《比较法研究》2019 年第 1 期。

诉讼活动，而不是以法院或监察机关为中心。否则，一旦刑事调查活动未遵循证据规则的要求和标准，该调查取得的证据在刑事审判程序中将有可能不得作为确认案件事实的证据被采纳，最终将导致监察机关办理的职务犯罪案件的被告人或犯罪嫌疑人的无法被依法定罪量刑，或可能只能依据政纪处分法律予以政纪处分甚至不予处分，而监察反腐目的和实效也将无法实现。故，职务犯罪案件中，监察权行使必须以审判为中心，只有监察委调查活动围绕审判中心开展，严格遵循审判中心遵从的证据裁判规则，监察权的合法性才能经得起审判权的检验，二者之间方可实现有序衔接，并进而实现权力制约关系。

二　职务犯罪案件中监察权须受审判权的检视

监察权专司监察职能，在国家反腐败工作中承载着大量的反腐败任务。虽然监察委调查权不同于侦查权，其并不具有宪法意义上的司法权性质，但从证据适用规则方面，职务犯罪案件的监察调查活动中采取强制措施的各项权力及其获得的证据的合法性问题，都要经由审判权通过运用刑事审判规范和证据裁判规则对其进行审查。这在监察法第三十三条规定中体现得最为明显。监察法实施后明确要求监察机关办理职务违法违纪案件不适用刑事诉讼法，但却在第三十三条规定了监察机关在查办职务犯罪案件过程中收集的证据在刑事诉讼中可以作为证据使用；其收集、固定、审查、运用证据的要求和标准要同刑事审判的标准一致。同时明确，上述各个阶段所取得的证据适用非法证据排除规则。应该说，监察法的这一规定，解决了监察委调查权取得的证据资格和证据能力问题。但判断一项证据最终是否具备证据能力，主要审查的是证据的合法性问题，也即取证主体的取证行为是否符合法律规定，否则就不具有证据能力。[①] 而现行法律框架下，审判权裁判刑事案件过程中所必须遵从的证据裁判规则、质证规则等审判要求和标准也只能是刑事诉讼法律

---

① 褚福民：《以审判为中心与国家监察体制改革》，《比较法研究》2019 年第 1 期。

规范，法院也不能自创。① 否则，监察机关办理职务犯罪案件过程的合法性便会遭受质疑，同时也意味着监察权行使未能依法进行。对此，最高人民法院 2021 年 1 月 26 日发布的《最高人民法院关于适用〈中华人民共和国刑事诉讼法〉的解释》（以下简称"新刑诉法适用解释"）中也有体现，如第七十四条规定对监察讯问录音录像证据进入刑事审判程序后的法院审判审查规则；第七十六条规定，监察机关依法收集的证据材料，在刑事诉讼中可以作为证据。对前款规定证据的审查判断，适用刑事审判关于证据的要求和标准；第一百二十条至一百二十二条规定了对采取技术调查措施收集的证据材料的出示、辨认、质证、核实、认定等审查规则。

从监察权最终须受合法检验的视角，监察权行使的程序和边界是否合宪合法，最终也须由审判权进行确认。职务犯罪案件办理中的监察权必然要接受审判权的审查。② 否则，案件办理过程中，监察对象只能是一个有犯罪嫌疑的对象，而非犯罪者。同时，监察对象作为犯罪嫌疑人，其人身自由等某些刑法意义上的权益依然不能被监察权所侵犯和剥夺。新刑诉法适用解释第一百三十四条、一百三十五条规定，对刑事犯罪案件的证据，法庭可以决定对其收集的合法性进行调查，法庭对此作出决定的，由公诉人对讯问合法性的核查材料等证据材料，有针对性地播放监察讯问的录音录像。第一百三十五、一百三十六条也规定了监察调查人员须以出庭说明等方式证明证据收集过程的合法性问题。第二百一十八条、二百三十五条还规定对提起公诉的案件，法院应当审查被告人被采取留置措施的情况以及监察调查的各种法律手续。上述规定均表明，监察委查办职务犯罪案件，调查活动所得证据材料等的适用问题最终都由刑事诉讼证据裁判规则所统摄。③ 调查取证的各项权力行使过程及合法

---

① 龙宗智：《监察与司法协调衔接的法规范分析》，《政治与法律》2018 年第 1 期。

② 姜明安：《国家监察法立法应处理的主要法律关系》，《环球法律评论》2017 年第 2 期。

③ 汪海燕：《审判中心与监察体制改革——以证据制度为视角》，《新疆社会科学》2018 年第 3 期。

性的确认，也最终由审判权依据证据裁判规则通过对其载体——证据及其获得过程的合法性进行判断和认定予以确认。

上述规定亦表明，监察机关办理的职务犯罪案件，最终是要进入刑事司法审判程序。在监察权与审判权的衔接关系中，监察委查办刑事犯罪案件的调查活动，只是为案件进入司法程序做准备的一个阶段性的行为，而非一项能够决定案件终局的权力，监察权的行使必须接受来自审判权的检视。故对犯罪事实是否清楚、证据是否确实充分、被告人是否有罪的问题，监察权并不享有最终判断权，审判权在查明腐败犯罪案件的犯罪事实、准确适用法律规定，依法惩治腐败犯罪方面发挥最终裁判作用。

司法是预防和惩治腐败体系的重要环节，是遏制腐败的最后关卡。行使监察权办理职务犯罪案件，能否实现法治反腐，其成果最终由审判权予以认定。法院认定案件事实必须以证据为根据。《监察法》第四十条也规定，监察机关办理职务犯罪案件应当进行调查，查明犯罪事实，形成相互印证、完整稳定的证据链。因此，结合前文，在职务犯罪案件中，调查取得的证据均需在审判程序中接受审判权的审查。监察调查活动所得证据是否能够在庭审中被认定和采纳，不仅体现了监察机关调查取证的能力和质量，更关系到犯罪嫌疑人涉嫌的犯罪事实是否构成法律上的犯罪事实、涉嫌犯罪的公职人员能否被依法定罪，实现罪行法定。所以，如果监察机关调查活动所得证据资格和证据能力在法庭审查中被予以否认，意味着该嫌疑人涉嫌的犯罪事实将无法从刑事法律层面获得确认，进而可能导致已发生的腐败问题无法受到刑事处罚和制裁，这也会使监察权在职务犯罪领域惩治腐败的功能得以减弱甚至丧失。作为具有终局性的审判权，通过发挥对进入法庭审理程序的监察权行使过程的检视作用，可以实现约束监察权恣意，保障监察权能够在法治轨道内依法反腐，充分发挥法治反腐的实效。否则，不受制约或制约不足的监察权一旦出现异化，则有损国家宪法和法律的权威，同时也将给国家实现治理能力现代化造成障碍。

三 审判权主要通过证据裁判规则对监察权发挥拘束作用

监察权与审判权关联关系中，监察权与审判权衔接的关键在于监察机关调查取证与审判机关证据裁判的衔接。职务犯罪案件中，监察机关主要担负着侦查机关的职责，在调查中收集、固定、审查、运用证据后移送检察机关起诉，这些证据是否能够在审判程序特别是庭审中被认定和采纳不仅体现了监察机关调查取证的能力和质量，更关系到能否对涉嫌犯罪的公职人员进行依法定罪，对社会主义民主体制和价值观、道德观、正义观的建立以及法治现代化建设具有重要影响。

证据裁判规则发挥作用的直接对象是法庭审判过程。在这一过程中，审判权通过审判活动发挥作用，而证据裁判规则通过审判权主导的审判活动对进入庭审程序的包括审判权在内的公权力行为的运行发挥规范作用。证据裁判规则对进入审判活动的公诉机关所提交的证据资格的标准和要求均作出了具体的规定，如非法证据排除规则就对控诉机关的证据资格进行了限制，这使得公诉机关的公诉活动不得不遵守这种规则安排。职务犯罪案件中，公诉机关向法庭提交的各类证据承载了监察机关行使监察权的行为过程，而监察机关调查取得的证据不但构成公诉机关提起诉讼的主要根据，同时还构成了审判权进行刑事审判的证据基础。因此，证据裁判规则对公诉活动及审判活动的规范作用，实际上最终通过审判权主导的审判活动间接地作用于了监察调查权。故证据裁判规则关于证据审查要求和标准以及证据的取证和调查审查等程序性事项的规定是监察机关与审判机关共同遵照执行的规范标准，审判权通过在法庭审判活动中运用证据裁判规则对监察权起到拘束作用。

因此，职务犯罪案件实务中，监察机关调查取证与审判机关证据裁判衔接的实质就是监察机关行使监察权的监察行为和审判机关行使审判权的审判行为对证据裁判规则的遵守问题。监察机关调查取证与审判机关证据裁判之间衔接是否有效，决定了监察权与审判权衔接的有效性，同时也决定了监察权与审判权行使基础的正当性与合法性。为此，实践中通常需要：

第一，监察机关调查取证行为要实现两个遵循：一要遵循证据裁判规范关于取证行为正当程序的要求。《监察法》规定了询问、讯问、搜查、调取、技术调查、查封、扣押、勘验检查等十几种办理案件的强制措施，但关于这些强制措施应当遵守的程序并不严谨和具体。相比较刑事诉讼法及其相关司法解释等证据裁判规范则对此作出了相对完善和正当的程序规定。比如，关于讯问措施，《监察法》只用第二十条第 2 款一条简单提及，具体讯问流程并未详细规定。比较刑诉法对讯问措施实施程序性规定则更为仔细：如刑诉法就规定了可根据犯罪嫌疑人不同类型进行录音录像。对讯问过程录音录像的应当告知犯罪嫌疑人，并在讯问笔录中写明。同时要求，对讯问过程录音录像，应当不间断进行，保持完整性，不得选择性地录制，不得剪接、删改，还须同时依法制作讯问笔录。讯问笔录应当交犯罪嫌疑人核对，对于没有阅读能力的，应当向他宣读。对讯问笔录中有遗漏或者差错等情形，犯罪嫌疑人可以提出补充或者改正等等。在职务犯罪案件中，法院对监察机关调查所获证据的审查判断，适用的依据是刑事审判关于证据的要求和标准，而这些要求和标准最终又要以取证行为正当程序等方式对取证过程作出规制。因此，监察调查取证过程应当遵循证据裁判规则关于取证行为正当程序的要求，这样才能够确保调查取证行为的正当性和合法性。

二要遵循证据裁判规范关于证据审查与认定标准。职务犯罪案件中，监察其所采取调查措施内容大多都与刑事侦查措施具有同质性，而监察法关于这些调查措施的实施程序及其取得的证据规制又十分粗疏，对调查取得的证据的审查与认定标准也未作具体规定。因此，在案件进入刑事审判程序后，法院对这些监察调查措施取得证据的审查与认定的依据只能是刑事证据裁判的标准。否则，造成刑事审判标准不统一，影响法治权威和反腐败体系建设，最终也损害了司法公信力。因此，监察机关调查取证行为对证据裁判规范关于证据审查与认定标准的遵循也是确保监察调查证据合法化和正当化的内在要求。

刑事诉讼法及其相关司法解释确立的包括非法证据审查与认定标准

在内的证据裁判规范，实质构成了监察调查取得的证据所应当遵循的要求和标准，同时也构成了审判权在法庭审判中进行证据审查与认定的裁判标准，监察机关调取证据时也应遵从。否则就会造成犯罪行为裁判认定法治标准的不统一，这既有违刑事审判的诉讼规律，也违背了以坚持司法公正、预防冤假错案、保障公民合法权益为改革目标的以审判为中心的审判制度改革。

第二，审判机关作出裁判须经过合法的调查程序。证据裁判是刑事诉讼制度改革对审判机关的必然要求。审判人员应当根据证据裁判规则要求，依照法定程序收集、审查、核实、认定证据。这既是审判权实现自身权力合法运行的内在要求，也是审判权对其他权力发挥制约和检视作用的正当性的体现。审判机关作出裁判都必须经过合法的调查程序，所有作为定案根据的证据必须在法庭上经过有效质证和辩论，在辩方对控诉证据合法性提出有根据的异议时，要启动"排非"程序对证据的合法性进行认定。凡是经合法程序被排除在证据资格之外的非法证据，均不能用来证明案件事实。新刑诉法适用解释第四章关于各类证据的审查与认定的要求和程序标准所作的详细规定，不但是职务犯罪案件监察调查取证行为需要遵循的行为准则和取证标准，亦是审判权行使所要遵从的要求和标准。否则，审判权的行使便不具有正当性和合法性，其对职务犯罪案件犯罪事实和证据的判断也将会丧失合法性基础，亦无法成为定案根据，而监察反腐必将丧失法治根基。

法院虽然依法负有"忠于事实真相"的义务，但这种义务的履行必须符合法定程序的要求，不能在法定的证据调查程序以外追求所谓"客观真实"，否则法院就背离了公正审判的理念，沦落为另一个追诉机关。

第三节　监察机关应当依法监察审判人员履职行为

监察权尊重和保障审判权并不意味着放弃对其依法进行制约和监察，对其进行有效制约反而有助于保障审判权的健康运行。根据《监察法》第三条规定，"各级监察委员会是行使国家监察职能的专责机关，依照本法对所有行使公权力的公职人员进行监察，调查职务违法和职务犯罪，开展廉政建设和反腐败工作，维护宪法和法律的尊严。"法院的审判人员也是公职人员，其行使审判这一公权力的行为也依法受到监察权的监督制约。

监察制度改革对我国法官惩戒制度改革的影响主要包括两个方面：第一，在对象上，监察制度的监察对象是包括法官在内的所有国家公职人员，法官惩戒委员会的对象则是法官，虽然两者的对象呈现包含关系，但两组织在地位上并不属于包含与被包含的关系，监察委员会的工作目标在于保证公务员队伍的纯洁性，使得公务员能够高效行使职权不受腐败影响，以维护国家机器正常运转。法官惩戒委员会的工作目标在于维护法官道德操守，通过对法官行为的高标准追求以达到对增进司法公信力，维护司法权威的追求，除此之外也通过其作为惩戒主体的中立性、独立性，从而保障法官行使职权过程的独立性中立性，所以此二者更多应该是秉持各自价值追求进行分工合作的关系。第二，内容上，监察制度的监察内容包括职务犯罪行为和违法行为，法官惩戒制度的惩戒内容针对法官的违法违纪行为和职务不端行为。[①] 二者在违法这一块存在相同，但两者的价值追求却非相同，监察委员会的工作目标在于深入开展反腐败工作，推进国家治理体系和治理能力现代化。而法官惩戒制度除此之外，还有一套专门针对法官的职业化的惩戒方式。

一　法官惩戒制度关于法官职业化惩戒方式

《最高人民法院关于完善人民法院司法责任制的若干意见》（以下简称"人民法院司法责任制意见"）和新修订的《法官法》等法官惩戒制度，关于法官的职业化惩戒方式是通过法官惩戒委员会，从专业角度对法官违反审判职责的行为进行审查认定并作出惩戒决定予以完成的。这

---

① 刘怡达：《监察体制改革背景下法官惩戒制度的调适路径》，《理论月刊》2019年第8期。

种惩戒方式下，惩戒主体的人员构成专业化：根据新修订的法官法第48条规定，法官惩戒委员会的构成人员主要由由法官代表、其他从事法律职业的人员和有关方面代表组成，其中法官代表不少于半数。从其构成人员知识专业角度分析，大部分都是具有法律专业知识的人员代表，这体现了对法官惩戒委员会专业性要求的高标准。这种惩戒方式下，对法官责任认定追究的主要内容为法官违法审判的司法责任内容。人民法院司法责任制意见对法官在审判工作中承担的审判责任范围作了界定，规定法官故意违反法律法规的，或者因重大过失导致裁判错误并造成严重后果的，依法应当承担违法审判责任。这体现了法官职业化惩戒方式内容具有独特的专业特性。此外，新法官法和人民法院司法责任制意见对法官违法审判责任追究也有专门的程序规范。对需要追究违法审判责任的法官，一般由院长、审判监督部门或者审判管理部门提出初步意见，由院长委托审判监督部门审查或者提请审判委员会进行讨论，经审查初步认定有关人员具有本意见所列违法审判责任追究情形的，法院监察部门应当启动违法审判责任追究程序。同时还规定，在惩戒委员会审议惩戒事项时，当事法官有申请回避、陈述、举证、辩解等权利。

因此，从法官的职业化惩戒方式的主体、内容、程序看，法官惩戒制度更侧重于对法官违法审判责任的追究，是为落实司法责任制、遵循司法规律、确保法官独立行使审判权，对法官履职行为是否违法的专业判断，其他无涉审判专业领域的违背法官职业伦理道德准则违纪违法或内部行政性事务等不当行为则不适用法官职业化惩戒方式，依照法律及有关纪律规定交由惩戒制度规定的法院内部相关职能部门另行处理，包括构成犯罪的严重违法违纪行为亦不属于法官职业化惩戒方式处理的范畴。

二　监察制度改革推动法官惩戒制度的职业化发展

很显然，在法官违法审判行为之外，对法官违反职业伦理准则等违法违纪行为的监督，在监察体制改革完成前，主要是依靠法院内部纪检监察等职能部门予以实现。但这种监督方式由于监督主体和监督对象之间在人事关系等方面存在利益捆绑，导致监督实效被削弱。[①] 监察体制改革完成后，监察权成为与审判权地位平行的专职于监察职能、由监察委员会独立行使的权力，监察委员会对法官违法审判职责之外的其他职务违法犯罪行为依法享有监督权。这为法官惩戒方式中注入了新的外部权力监督力量。

监察委员会依据监察法、政务处分法、刑法等法律规范，对法官以公职身份从事的职务违法行为和犯罪行为进行监察。根据监察法，监察委员会对涉嫌职务犯罪的公职人员，认为犯罪事实清楚，证据确实充分的，依法移送人民检察院提起公诉；对于职务违法行为情节较轻的，依法以政务处分予以处置。政务处分法第二章对公职人员违法行为适用的政务处分种类及其适用条件作了具体规定，第三章对公职人员违法行为情形及其适用的政务处分进行了规范和列举。

就法官作为公职人员而言，监察权对法官职务违法行为内容的监督亦实现了全覆盖。监察委员会对法官职务行为进行监督时，根据其违法行为情节轻重程度分别给予警告、记过、记大过、降级、撤职、开除等政务处分，涉嫌犯罪的依法定程序移交由审判机关定罪科刑。政务处分法对其违法行为情形的规定覆盖了各种类型的职务违法行为，其中既包括《公务员法》、《法官法》中相应的禁止性规范，也包括了违反党纪政纪及职业伦理道德方面的行为情形。这些违法情形同时也涵盖了国有企业及基层群众性自治组织等在内的公职人员。党纪政纪及职业伦理方面禁止性行为的规范如政务处分法第二十八条，对拒不执行或者变相不执行中国共产党和国家的路线方针政策、重大决策部署的予以记过或者记大过；情节较重的，予以降级或者撤职；情节严重的，予以开除。第三十条规定，对违反民主集中制原则，个人或者少数人决定重大事项，或者拒不执行、擅自改变集体作出的重大决定的，予以警告、记过或者记大过；情节严重的，予以降级或者撤职。第四十条规定，有下列行为之一的，予以警告、记过或者记大过；情节较重的，予以降级或者撤职；

---

① 李德恩：《法院监察目标之设定及其实现机理》，《北方法学》2017 年第 3 期。

情节严重的，予以开除：（一）违背社会公序良俗，在公共场所有不当行为，造成不良影响的；（二）参与或者支持迷信活动，造成不良影响的；（三）参与赌博的；（四）拒不承担赡养、抚养、扶养义务的；（五）实施家庭暴力，虐待、遗弃家庭成员的；（六）其他严重违反家庭美德、社会公德的行为。吸食、注射毒品，组织赌博，组织、支持、参与卖淫、嫖娼、色情淫乱活动的，予以撤职或者开除。应该说，监察法律规范就监察权对法官职务违法行为和犯罪行为的监督的规定，弥补了法院内部对法官职务违法违纪行为监督不足、监督实效不强的缺陷，有助于维护法官职务廉洁性、维持审判自律的同时，克服监督不力等弊端。

因此，法官职纪管理比起法官惩戒委员会，监察委员会的监督更有助于杜绝法官腐败和违法违纪现象。而法官惩戒委员会对法官提出的则是更高的道德标准，是为提高法官职业的工作水平和道德素养。前者有利于国家权力权威性的树立，后者有利于司法公信力的增进。在对法官的监督惩戒中，二者各司其职，缺一不可。已经完成的监察制度改革无疑推动着我国法官惩戒制度向职业化的方向发展。

三　监察委员会应当依法监察审判人员履职行为

审判权的公正行使是实现司法公正的核心环节。审判权依法独立行使既是宪法的基本原则，也是法官惩戒制度追求的目标价值之一。审判权独立行使获得保障，司法公正的实现就具备了前提和基础，司法反腐的惩治功能也将增强。法官作为审判权行使的主体，其职权的行使关涉当事人诸多权益，也影响着司法公正的实现。法官惩戒制度相关规范通过审前保障机制、过程保障机制和裁判保障机制为实现法官依法独立行使审判权提供了相对完善的机制保障。[①] 监察权虽然对包括法官在内的公职人员实现监察全覆盖，但基于法官行使审判权极强的专业特性，监察

---

① 江国华、赖彦君：《法官依法独立行使审判权的保障机制》，《哈尔滨工业大学学报》（社会科学版）2020 年第 5 期。

权对其行为监督的内容应当保持一定的限度。监察委员会应当在依法维护审判权独立行使的基础上对审判人员履职行为进行监察。

具体而言，可以从法官的一般职务行为和专业审判职务行为角度对监察限度的界限作出划分。一般职务行为是由一般公职人员身份履职行为所引起，而专业审判职务行为则是由法官作为审判人员这一特定身份的履职行为所产生。就一般意义而言，不同职务的履职行为承担的职务责任也不同。一般职务履职行为产生的是一般公职责任，专业审判履职行为则产生的是司法责任，不同的责任基础决定了监察权覆盖的限度究竟有多远。但如前文所述，在中国特色社会主义的政治体制背景下，法官作为审判权的主体，其身份角色同时存在多种类型和重叠性，其责任基础同样具有多样性，对其监督的层次和来源也具有多渠道性。

专业审判职务行为唯有法官才能从事，这是法官行使审判权的具体体现。但法官专业审判职务行为范围内，法官惩戒制度对法官行为监督覆盖的范围并未实现穷尽，仅限为法官违法审判行为。根据监察法和政务处分法的规定，监察权的监督覆盖范围则包括了法官职务违法行为和职务犯罪行为。很显然，监察委员会就法官职务犯罪行为依法当然地享有监察权。如法官因贪污受贿、徇私舞弊、枉法裁判等违法原因引起的犯罪行为依法由监察委员会对其进行监督调查并移送检察院提起公诉。

但在法官违法审判行为范围内，法官惩戒委员会和监察委员会的监督区域应有所区分。法官违法审判行为范围内，监察委员会行使监察权应当保持审慎态度。规范制度层面，二者交叉重叠的监督领域为法官的职务违法行为。从文义角度理解，法官违法审判行为属于职务违法行为范畴，也属于监察权监督范围。但如前文分析，法官审判职务行为具有极强的专业特性。基于这一特性的特殊要求及审判权独特的运行规律的缘由，凡审判职权之内引起司法责任的法官职务违法行为，监察委员会不宜涉足，应当由法官惩戒委员会依照法官惩戒制度在内部实现自治。对此，《人民法院司法责任制意见》对法官履行审判职务时依法依纪承担违法审判责任的行为情形进行了规范，同时又对应当予以豁免审判责任的审判职务行为作了列举说明。譬如，该意见规定，法官有涂改、隐匿、伪造、偷换和故意损毁证据材料行为，或者因重大过失丢失、损毁证据材料并造成严重后果的，有违反法律规定，对不符合减刑、假释条件的罪犯裁定减刑、假释的行为，或者因重大过失对不符合减刑、假释条件的罪犯裁定减刑、假释并造成严重后果的，应当依纪依法追究相关人员的违法审判责任。同时认为，存在法官由于对法律、法规、规章、司法解释具体条文的理解和认识不一致，在专业认知范围内能够予以合理说明的，导致案件按照审判监督程序提起再审后被改判等情形的，对法官不得进行错案责任追究。这样规定的目的就在于尊重司法权运行规律、确保法官依法独立且公正地履行审判职责。因此，凡属于上述规范明确列举的行为范围以及由法官在合理自由裁量权裁判行为内，监察委员会在行使监察权时应当予以尊重并不得越权行使，否则监察权涉嫌干扰审判权独立行使之嫌。而对于因审判职权引起的非司法责任的职务违法违纪行为，可以由监察权介入监督查处。

法官一般职务行为也可称之为专业审判职务之外行为，这种行为乃是一般意义上的公职行为。这类职务行为依法需要由监察委员会对其进行监督监察。如法官利用其领导干部身份，从事了报复陷害他人的行为。该行为虽然由法官从事，但并非只能由法官从事，一般公职人员也可以从事。但因法官除却审判人员身份还可能具有领导干部等公职身份，因此，在法官从事这类行为时，其就具有了一般公职行为的特性，故法官这类职务违法行为依法应当由监察委员会对其进行监督处置。

故司法权运行规律及审判权的专业特性，决定了应当在审判人员职务行为范围内，划分出一片区域由法院内部通过"区域自治"形式实现审判自律。监察制度及其监察委员会对此应当予以充分的尊重，并依法监察审判人员履职行为。这既是监察机关遵循司法权运行规律、尊重审判权的判断权和裁决权属性的具体体现，也是提升其治理能力现代化的具体表现。

第四节　监察机关充分保障审判机关裁判的权威性

在监察法律规范未就监察机关收集、固定、审查、运用证据作出新的规定前，法院对其办理刑事案件调查取得的证据的审查与认定的要求和标准就是刑事诉讼的证据标准，这是监察法的授权，也是对监察权的监督。① 监察机关对审判权享有监察权，审判权对监察权在职务犯罪案件范围内的具有制约监督功能。这并不意味着监察权与审判权之间就是对立抗衡的权力分立关系，相反，两者都是在人民代表大会制度体制下、受人民委托为人民服务的权力之间的相互配合、相互制约关系。因此，监察机关在依法监察审判人员履职行为的同时也应当充分保障审判权的权威。具体来说，监察机关至少应当从以下方面实现对审判权威的尊重和保障：

一　监察机关应当遵守有关证据的系列规则

证据裁判原则要求监察机关在对涉嫌职务犯罪案件进行调查之时，应当牢固树立证据意识和程序意识，向审判阶段的证据标准看齐，全面、客观、及时收集与案件有关的证据。具体而言：

第一，全面取证。即要求监察机关及监察人员在对涉嫌职务犯罪案件办理时，既要收集调查对象罪重的证据，也要收集其罪轻或者无罪的证据，还要全面移送证据。这是刑事诉讼法的基本要求。监察法规定移送检察机关提起公诉的职务犯罪案件要达到犯罪事实清楚、证据确实充分的标准。监察机关对与案件有关的物证、书证等证据的收集应当全面进行，包括对被调查对象有利的和不利的证据都应当收集，不得隐藏对被调查对象有利的证据。例如，在有被害人的职务犯罪案件中，如果被害人存在过错，监察机关应当收集能够证明被害人存在过错及过错程度

---

① 刘用军：《论对监察权的监督》，《河南财经政法大学学报》2020 年第 6 期。

大小、责任比例的鉴定结论、视听资料等证明材料。监察机关调查收集的能够证明被调查对象有罪、无罪、罪重、罪轻的各种证据材料，最终还应全部随案移送至法院由法庭进行审查认定，没有移送的，法院对案件事实只能根据在案证据认定。因此，监察机关对证据材料收集不全面的，可能会影响被调查对象涉嫌犯罪事实的真伪性或罪责情节有关事实的认定，最终可能影响犯罪指控的有效性和控诉成功的几率。

第二，客观真实。即要求监察机关及监察人员在收集证据时应当尊重客观事实情况，切忌监察人员主观臆断而"主观归罪"。证据一定是经过查证属实的才能作为定案根据。监察机关调查收集的职务犯罪案件证据，首先应当是客观真实存在的证据而不是虚假伪造的；其次，该证据能够真实反映犯罪事实；再次，监察机关在收集固定证据时，应当尊重事实，不可先入为主、断章取义、偏听偏信甚至弄虚作假，更不得威胁、引诱、逼供等方式收集有关证据。尤其在证人证言、讯问笔录、录音录像等视听资料、勘验检查笔录等证据材料制作过程中，监察机关必须要遵守证据裁判规则的程序规制和制作要求，防止主观臆断。对于凡是不能客观、真实反映案件关联事实的人一概不能将其陈述制作成证据材料；录音录像等视听资料的制作应当保持完整性和真实性，不能进行选择性地录制，凡有增加、删除、修改、篡改、伪造或者无法确定真伪，影响该证据真实性的，都不应当作为证明案件事实的证据材料；最后，监察机关调查收集的证据之间应当相互印证、互无矛盾，能够形成完整的证据链，即便存在矛盾，也需要通过合理解释说明，才可作为定案根据。

第三，及时有效。即要求监察机关及监察人员注重提高收集证据的效率，避免不必要的拖延。"及时"是对刑事证据收集的基本要求。实践中，有些物证、书证类证据不易保存或不易获得，一旦灭失，日后便很难再取得；还有的职务犯罪嫌疑人或有关人员，犯罪后为躲避罪责追究，会选择出逃境外。为防止证据灭失，防止被调查对象及相关人员逃匿追责，监察机关及其监察人员应当及时主动地收集证据，以提高办案质量。另外，一些证据的调查取得需要依法采取监察措施才能获取，如果监察机关不能主动及时地采取措施调取证据，就有可能延误时机错过取证最佳时段，造成取证不充分甚至证据灭失的风险，从而影响案件审判结果。

此外，监察人员在对涉嫌职务犯罪进行调查的过程中，也应当遵守非法证据排除规则，以保障所获得的证据能够经得起法院审判的检验。监察法虽然规定了以非法方法取得的证据予以排除，但并未就非法证据的审查与认定作出具体规定，也未就如何定性和区分"非法方法"做出详细具体的规范。《关于办理刑事案件严格排除非法证据若干问题的规定》及新刑诉法适用解释等刑事证据规则对非法证据的审查和适用规定则相对要更为具体、全面和富有可操作性。关于各种强制措施获取证据后应当遵循的证据审查和认定标准，这些规范根据取证行为违法情节的轻重程度及其所造成的危害后果的严重程度不同，分别确立了"强制性排除规则"、"自由裁量排除规则"和"可补正的排除规则"。① 新刑诉法适用解释第四章也分别对书证、物证、证人证言、被害人陈述、被告人供述、鉴定意见、勘验、检查、辨认、侦查实验等笔录、视听资料、电子数据、技术调查等证据的审查与认定要求作了详细的规定，其中第九节专门对非法证据排除作了细致具体的规定。对以暴力、威胁、刑讯逼供以及非法限制人身自由等非法方法收集的证据属于强制排除的非法证据；对不符合法定程序收集的物证、书证，可能严重影响司法公正的，属于可补正的非法证据；其他情形的非法证据则属于法院可自由裁量予以排除的非法证据。具体规定如，"采用下列非法方法收集的被告人供述，应当予以排除：（一）采用殴打、违法使用戒具等暴力方法或者变相肉刑的恶劣手段，使被告人遭受难以忍受的痛苦而违背意愿作出的供述；（二）采用以暴力或者严重损害本人及其近亲属合法权益等相威胁的方法，使被告人遭受难以忍受的痛苦而违背意愿作出的供述；（三）采用非法拘禁等非法限制人身自由的方法收集的被告人供述。""收集物证、书证不符合法定程序，可能严重影响司法公正的，应当予以补正或者作出合理解释；不能补正或者作出合理解释的，对该证据应当予以排除。认定'可能严重影响司法公正'，应当综合考虑收集证据违反法定程序以及

---

① 陈瑞华：《非法证据排除规则的中国模式》，《中国法学》2010 年第 6 期。

所造成后果的严重程度等情况。"以上这些非法证据审查与认定标准，由法院在刑事审判程序中综合审查运用。

综上，监察机关在办理职务犯罪案件过程中，如果能够将调查证据必须要接受刑事证据裁判规则审查的要求，以法治思维的方式内化于心并形塑于行为之上时、当监察机关在职务犯罪案件调查中严格以证据规则规范和指导自己的取证行为时，监察机关对审判权威的保障便有望实现。

二 监察人员应当履行审判出庭作证义务

监察机关办理的职务犯罪案件进入刑事诉讼程序，必然要遵守刑事诉讼法律制度的规定。监察人员作为公职人员履行职务行为，是办理职务犯罪案件的亲历者，其按照法庭要求出庭作证，有三项重要意义：

第一，监察调查中有助于倒逼监察机关及其监察人员在办案过程中注重保证案件质效。出庭作证是办理职务犯罪案件的监察调查人员的法定义务。新刑诉法适用解释第四章第九节对此作了明确规定，监察人员应当履行审判出庭作证义务。对证据收集的合法性进行调查既是法院的权利又是义务，法院对证据收集的合法性有疑问的，调查人员有义务出庭证明证据收集的合法性；控辩双方也有权利申请监察人员出庭作证，控辩双方申请法庭通知调查人员出庭说明情况，法庭可根据案件情况依职权通知调查人员出庭作证。调查人员应当就证据收集过程相关情况在法庭上接受控辩双方和法庭的询问。这些规定意味着，职务犯罪案件调查活动的合法性必须接受审判权的审查与认定在法律上有了最直接的依据。这也使得监察机关办理职务犯罪案件过程中，为使案件证据能够顺利通过刑事诉讼审判环节的审查，其取证行为必须主动按照"事实清楚、证据确实充分"的法律标准和要求，围绕和服务审判中心客观、全面、及时地调取证据，以接受法庭审判的制约和监督。调查人员出庭作证，主要是为证明其证据收集行为的合法性、收集的证据的真实性和关联性，同时也是为确保收集的证据能够被法庭依法采纳。这既能体现监察机关依法办案，又可增强监察机关办理职务犯罪案件的权威性，同时也可促使腐败犯罪的被告人得到应有的公正惩罚。因此，监察人员履行审判出庭义务，有助于提升办案质效。

第二，审判工作有助于法官贯彻直接言词原则并依法查明案件事实以及增强庭审的权威性。直接言词原则要求证人要直接出庭作证，协助法官有效地发现案件事实真相。调查人员是特殊的证人，调查人员出庭作证所要证明的对象是对其证据收集行为的合法性进行证明。调查人员是与证据接触最为紧密的人，他们是职务犯罪案件证据收集的直接责任人。新刑诉法适用解释关于监察调查人员出庭作证义务的规定符合直接言词原则对证人在场、直接采证和庭审诉讼参与人要通过口头言词表达诉讼行为的要求，是直接言词原则的具体体现。根据证据裁判规则的要求，所有作为定案根据的证据必须在法庭上经过有效质证和辩论。在调查人员出庭作证情况下，其调查收集证据的行为的合法性就可以实现在庭审中接受当庭质证和辩论，其获得的证据就可以实现当庭采证的庭审效果。否则，审判人员对其取证行为获得的证据难以获得正当判断，其所要证明的案件事实的真实性也难以获得有效的判断。因此，调查人员出庭作证有助于审判人员直接从证据中获得对案件事实最为客观准确的认识，同时也能体现出庭审过程及其结果的正当性，从而有助于审判人员贯彻直接言词原则。

调查人员出庭作证接受法官对其取证行为合法性审查，意味着监察机关调查取证活动均需以审判为中心，服从且服务于法庭刑事审判程序；意味着调查取得的证据也要以审判程序要求的标准收集、固定和保管。这使得法院审判权在查明职务犯罪案件事实、认定证据、公正裁判等审判过程中具有了决定性的作用，从而增强了庭审的权威性。

第三，有助于依法保障其合法权益尤其是诉讼权利。根据新刑诉法适用解释的规定，控辩双方对证据收集的合法性有疑问的，法院应当在庭审中进行调查，法庭认为有必要的通知调查人员出庭作证的，调查人员应当出庭证明证据收集的合法性，并就相关情况接受控辩双方和法庭的询问。否则，证据就有可能得不到法庭的认定。因此，监察调查人员出庭作证，一方面，有利于保持控辩双方诉讼地位的平等性。监察调查人员出庭作证接受法庭对其证据收集行为合法性的审查，使得庭审过程更加透明、公开和公正，诉讼参加人能够平等地就调查取得的证据充分地行使质证、辩论等权利，其权利更容易获得充分的尊重和保障，从而有利于保持控辩双方诉讼地位的平等性。另一方面，有助于保护被告人的合法权益。调查人员一旦未按规定出庭作证，有关证据就有可能被排除适用，这就有可能使得调查取得的证据无法形成完整的证据链，造成案件事实无法达到确实清楚的证明结果，根据疑罪从无原则，被告人将会不受刑事制裁。从这一角度讲，调查人员出庭作证有助于保护被告人的合法权益。

目前，新刑诉法适用解释虽然对监察调查人员出庭作证的义务作了规定，但从实践角度，这一规定的法律效果能否实现可能会存在一定困难：一是，新刑诉法适用解释关于通知监察调查人员出庭作证的规定中使用的规范用词为"法庭认为有必要的"、"法庭可以依职权"等，鉴于直接言词原则和以审判为中心的制度改革并未切实在法庭刑事审判程序中得以全面贯彻，职务犯罪案件中监察权并未受到该有的制约监督，上述规范词下，碍于监察权监督全覆盖的实际情况，审判人员并不一定敢于启动这项权力，要求侦查人员出庭作证。又或者，审判人员为了躲避有可能给自身带来的麻烦，审判人员甚至懒于使用这项权力来促使监察调查人员履行出庭作证的义务。这种情况下，调查人员出庭作证的法律效果未必能够真正实现；二是，该适用解释在调查人员不出庭作证的情况下，未对其不出庭作证的法律责任进行明确规定，也未对该证据采信的不利后果作出强制性规定，导致该规定在司法实践中实际被启动运行的概率大大降低，从而对调查人员必须要履行出庭作证的义务并不能形成足够的威慑力。因此，新刑诉法适用解释关于调查人员出庭作证义务规定的实际可操作性有待于商榷。所以，未来在刑事诉讼法律的完善中应当进一步有条件地将"强制调查人员出庭作证"和"未出庭作证证据采信的法律后果"与非法证据排除等证据裁判规则、监察机关调查人员责任落实机制等法律规则进行衔接，以便更好地完善调查人员出庭作证义务规范，促使调查人员自觉履行出庭作证义务，从根本上保障庭审质效。

司法被视为维护社会公平正义的最后一道防线，未经法院依法审判，对任何人不得确定有罪。司法反腐作为国家整个反腐败体制的重要组成部分，在查明职务犯罪事实、依法进行证据裁判、准确适用法律规定方面发挥着最终裁判的重要作用。监察机关依法办理职务犯罪案件并将其导入刑事诉讼程序之后，并不意味着案件的结束，而是需要等到法院的依法判决之后才算完成。从这个角度讲，法院审判应成为监察机关办理职务犯罪案件的最终衡量标准，尊重并保障审判权则成为《监察法》和新《刑事诉讼法》衔接的必然要求。职务犯罪案件需要监察机关和审判人员的共同努力，才能完成调查和审判工作。因此，调查活动和审判程序的衔接便构成了监察权尊重和保障审判权的核心部分，而对调查活动程序及其调取证据的证据规则规范则成为了与审判裁判规范衔接的关键所在。尤其像监察调查程序与刑事诉讼程序的关系、监察调查程序在整个刑事诉讼程序中的程序地位、监察调查取证行为的定性安排等问题的探讨，这既涉及部门法学理论体系的研究，也涉及具体操作机制的构建。这些事项都事关国家监察体制改革的持续推进和实施，事关中国特色社会主义法治体系的完善，也事关国家反腐败体系的健全。在中国特色社会主义法治体系之中寻找"两法衔接"的解决之道，确保权力的平衡和良好运行，实现监察反腐与司法反腐的强大聚合力，既力促实现权力与权力的制约，也力促实现权力与权利的平衡。

第九章 监察调查中认罪认罚
从宽制度的适用

第一节 问题的提出

为全面推进依法治国，实现建设中国特色社会主义法治体系，建设社会主义法治国家的总目标，党的十八届四中全会审议通过了《中共中央关于全面推进依法治国若干重大问题的决定》，该决定明确指出"完善刑事诉讼中认罪认罚从宽制度"。

《刑事诉讼法》第十五条是认罪认罚从宽制度的基本内涵，厘清概念内涵和外延，必须逐一理解"认罪"、"认罚"和"从宽"的语义。所谓认罪是指犯罪嫌疑人、被告人自愿如实供述自己的罪行，承认指控的犯罪事实。其中，认罪内容和认罪自愿性是界定"认罪"与否的关键。根据《最高人民法院关于处理自首和立功若干具体问题的意见》，关于"如实供述自己的罪行"，不仅指供述自己的主要犯罪事实外，还应包括姓名、年龄、职业、住址、前科等情况。犯罪嫌疑人自动投案后隐瞒自己的真实身份等情况，影响对其定罪量刑的，不能认定为如实供述自己的罪行。认罪的自愿性要求犯罪嫌疑人非经非法拘禁、刑讯逼供或者严重损害本人及其近亲属合法权益等进行威胁的情况所作的供述，一方面保障犯罪嫌疑人、被告人的人权，另一方面体现对司法工作人员的约束，保证所获供述的正当性和合法性。

认罚的具体含义未经权威机构予以规范认定，因此根据语义解释，"认罚"是指"愿意受罚"。[1] 具体需要满足三方面的要求，实体方面要求犯罪嫌疑人、被告人在实体上自愿接受所认之罪依据刑法产生的不利后果；程序方面，要求其接受对诉讼程序简化，主要通过犯罪嫌疑人、被告人签署认罪认罚具结书加以证明；另外，认罪认罚制度需要体现犯罪嫌疑人的"悔罪性，积极主动退证退赔、弥补已经造成的损失正是悔罪性的体现"。[2]

从宽则是指依法从宽处理。与英美法系的辩诉交易制度相较，尽管两者均是司法机关与被追诉者协商合作的产物，但我国的从宽处理严守法律红线，禁止突破法律进行没有原则、没有底线的"从宽"，且必须在相关罪名的量刑幅度范围内进行较轻的处罚，是一种科学的从宽模式。

2016 年 11 月，最高人民法院、最高人民检察院、公安部、国家安全部、司法部出台了《关于在部分地区开展刑事案件认罪认罚从宽制度试点工作的办法》，在上海等 18 个城市开展认罪认罚从宽制度的试点工作。试点工作展开后，大量司法实践成为认罪认罚从宽制度在我国具有可行性的强有力论证。理论研究也为该制度的实际适用注入符合中国国情的强大动力。2018 年《刑事诉讼法》，正式将认罪认罚从宽制度确立为重要的刑事诉讼制度，贯彻了"宽严相济"的刑事政策精神，也是我国"社会稳定与犯罪增长关系的理性回应"。[3]

在借鉴国外经验的基础上，逐步适应我国刑事案件的审判需要和刑事政策的发展方向，认罪认罚从宽制度取得显著成效。制度成果显著体现在其有效回应"案多人少"矛盾，优化司法资源配置方面。近年来，

---

① 陈卫东：《认罪认罚从宽制度研究》，《中国法学》2016 年第 2 期。

② 陈卫东：《认罪认罚从宽制度研究》，《中国法学》2016 年第 2 期。

③ 黄京平：《宽严相济刑事政策的时代含义及实现方式》，《法学杂志》2006 年第 4 期。

"案多人少"的矛盾在我国诉讼程序中尤为突出，刑事案件也不例外。① 如何在处理各类繁杂的刑事案件过程中优化司法资源配置，兼顾诉讼的公正价值与效率价值，成为亟待解决的问题。认罪认罚从宽制度无疑是缓解上述矛盾的一剂良药。从开展试点工作至今，依法适用认罪认罚从宽制度案件的诉讼效率明显提升。研究统计数据表明，对于认罪认罚案件，"检察机关审查起诉平均用时 26 天，法院 15 日内审结的占 83.5%，当庭宣判率为 79.8%，其中速裁案件当庭宣判率达 93.8%，被告人上诉率仅为 3.6%"。② 尽管该制度在施行初期不可避免地出现了司法机关工作人员简单机械的适用该制度、未保障犯罪嫌疑人、被告人的知情权，使其盲目认罪等没有向犯罪嫌疑人、被告人阐明该制度的具体规定，导致某些犯罪嫌疑人盲目认罪以快速终结诉讼程序等问题，但不可否认的是，认罪认罚从宽制度对解决刑事案件积压，优化司法资源配置起到了重要的促进作用。

认罪认罚制度对关注被追诉者主体地位，构建协商型诉讼模式有积极作用。刑事诉讼程序中，犯罪嫌疑人、被告人往往处于弱势地位，关注其主体地位的重要性愈加凸显。认罪认罚从宽制度在一定程度上缓和了控辩双方激烈的对抗局面，尤其是将作为辩方的被告人之地位提升至能够对后续刑事诉讼程序的发展有一定选择权和预见性的程度，无疑是刑事政策发展过程中的一大进步。

认罪认罚从宽的显著成效还体现在其对刑罚轻缓化趋势的有效回应。随着人类文明的进步，刑罚轻缓化成为刑事政策的发展趋势，即刑法作为一种对人身权、财产权乃至生命权产生重大影响的制裁手段，应当在

---

① 《2020 年最高人民法院工作报告》提及"案多人少"的困境。2020 年，各级法院共审结一审刑事案件 111.6 万件，判处罪犯 152.7 万人，案件数量总体呈现下降态势。然而，一方面由于新冠肺炎疫情的影响，2020 年涉疫犯罪案件迅速增长，共计 5474 件 6443 人，另一方面开展扫黑除恶专项斗争以来，为严惩涉黑涉恶犯罪分子，彻底清除危害人民群众安全感和公职队伍纯洁性的"保护伞"，各级法院审结涉黑涉恶犯罪案件 33053 件 226495 人，且上述案件侦查和审判难度较大。

② 徐阳、王崇：《认罪认罚从宽制度的程序属性解读——从两个试点办法到〈认罪认罚从宽制度的指导意见〉的文本分析》，《求是学刊》2020 年第 5 期。

适用过程中保持谦抑性。① 因此宽严相济的刑事政策必须予以有效落实。认罪认罚从宽制度使得犯罪嫌疑人、被告人认识到如实供述罪行、配合司法机关诉讼活动的益处，进而以教育感化的方式挽救大批主观恶性较小，确有悔罪表现的被告人。② 也使司法资源有更大空间投入疑难重大案件中，实现了"该宽则宽、当严则严、宽严相济、罚当其罪"。③

认罪认罚从宽制度的理论研究非常丰富，学术讨论的数量在 2016 年后呈现井喷式增长。④ 学界知名学者均对这一理论作出代表性论述。陈瑞华教授以"认罪认罚从宽"基础理论出发反思改革进程中的不足，提出为推进制度改革，需要"深入反思认罪与认罚的同步性问题"，还要重视"速裁程序、被害人合理诉求"等实际问题；⑤ 陈光中、魏晓娜、熊秋红、左卫民等学者亦有相关研究成果。⑥

但现有讨论的不足之处体现在认罪认罚从宽制度在《监察法》语境中的适用研究明显不足与监察调查引入该制度确有必要之间的矛盾。监察制度设立后，监察机关被赋予职务犯罪案件调查权与留置权，表明监察机关在调查程序中收集的证据材料可以直接进入刑事诉讼程序中作为证据使用，而且对相关涉案人员有一定程度的人身限制权，这与公安机关以及检察机关的侦查权具有高度相似性，所以将认罪认罚从宽制度引入监察法有利于促进监察制度与刑事诉讼程序的衔接，保证司法体系的

---

① 赵秉志、金翼翔：《论刑罚轻缓化的世界背景与中国实践》，《法律适用》2012 年第 6 期。

② 叶青、吴思远：《认罪认罚从宽制度的逻辑展开》，《国家检察官学院学报》2017 年第 1 期。

③ 叶青、吴思远：《认罪认罚从宽制度的逻辑展开》，《国家检察官学院学报》2017 年第 1 期。

④ 在中国知网以"认罪认罚从宽制度"为关键词搜索，检索出学术期刊一千余篇，含会议、报纸、学位论文、学术期刊在内的研究成果超两千篇。

⑤ 陈瑞华：《"认罪认罚从宽"改革的理论反思——基于刑事速裁程序运行经验的考察》，《当代法学》2016 年第 4 期。

⑥ 详见陈光中、马康《认罪认罚从宽制度若干重要问题探讨》、魏晓娜《完善认罪认罚从宽制度：中国语境下的关键词展开》、熊秋红《认罪认罚从宽的理论审视与制度完善》、左卫民《认罪认罚何以从宽：误区与正解——反思效率优先的改革主张》等文章。

统一性。然而，上述两种制度均处在探索和成长阶段，《监察法》相关规定呈现出规定不明，规则缺位的特点，导致实践中不可避免地出现适用冲突。故应进一步研究认罪认罚从宽制度在监察委调查程序中的适用规则。

在当前法律制度的框架下，如何科学高效地促进认罪认罚与监察法融合，在惩罚犯罪的同时充分保障犯罪嫌疑人、被告人的人权，具有重要的研究价值。故本章拟从监察调查性质和职务犯罪案件特点入手，审视监察委案件适用认罪认罚从宽制度的合理性，而后分析现行《监察法》对认罪认罚从宽制度的规定状况和存在的问题，最后从立法规定、证据审查和认罪自愿性审查等方面提出有效衔接监察程序和刑事诉讼程序的具体进路。

第二节　监察委案件调查适用认罪认罚从宽制度的必要性

一　基于职务犯罪案件特点的内在要求

根据《监察法》第三十一条的规定，认罪认罚从宽制度适用于监察机关管辖的职务犯罪案件。职务犯罪主要是指国家公职人员利用职权或亵渎职责，以破坏国家管理职能和职务行为勤勉廉洁性为特征的犯罪。[①]与非职务犯罪相比，具有其独特性：

犯罪主体的高智商性。职务犯罪的主体主要是国家工作人员，一方面，上述人员往往拥有较高的学历和较为丰富的社会阅历，在知识和经验的双重武装下形成了普通犯罪分子难以企及的谨慎心理和反侦查能力，因此其犯罪行为难以被察觉；另一方面，职务犯罪的犯罪分子行为模式不同于单纯个人犯罪或共同犯罪，一般借助职务便利，利用由此形成的人脉圈和关系网谋取利益、掩盖犯罪行为甚至毁灭犯罪证据，故在很大程度上增加了此类犯罪的侦查难度，促使我国设立了专门机关即监察机关加以调查。

----

① 陈卫东：《职务犯罪监察调查程序若干问题研究》，《政治与法律》2018 年第 1 期。

犯罪客体的国家性。与多数非职务犯罪主要侵犯公民人身权利、财产权利等不同，职务犯罪主要侵犯职务的廉洁性和不可亵渎性，上述法益关乎社会公民的合法权益以及国家的发展大计，如果不及时加以惩处，将会对人民和国家的利益造成难以弥补的损失。然而，基于职务犯罪主体的高智商性和犯罪行为的隐秘性，此类犯罪往往难以通过报案、举报以及控告等方式为侦查机关所掌握，在一定程度上依赖于有关机关的主动调查，因此须设立专门机关对此进行有效打击以维护国家安全和社会稳定。

犯罪证据的单一性。与多数非职务犯罪有具体的犯罪对象不同，由于职务犯罪主要侵犯的法益是国家工作人员职务的廉洁性和不可亵渎性，因而难以收集或者固定相应的实物证据。一方面，毛发、脚印等便于发现的物证无法对案件的侦破起到决定性作用，另一方面犯罪分子往往有充分的时间和有效的手段对账目、票据等重要的书证加以损毁，从而进一步加大案件的调查难度。因此，职务犯罪对言词证据的依赖程度较高，侦查人员需要在对证人进行询问和对犯罪嫌疑人进行讯问的过程中明确具体的犯罪事实，这对侦查人员的工作强度和沟通技巧提出了极大的考验，因此须对监察机关的工作人员开展专门培训。

二　衔接监察制度与刑事诉讼的客观需要

职务犯罪要求实体上受刑法的规制，程序上经法院裁判才能对被告人确定有罪并处以刑罚，因此完善监察制度与刑事诉讼的衔接既是客观需要，也是长远之计。认罪认罚从宽制度是衔接监察制度与刑事诉讼的关键环节，一方面认罪认罚从宽制度已体现于《监察法》中，监察程序贯穿该制度具有正当性基础，另一方面认罪认罚从宽制度对后续起诉、审判程序的展开产生重大影响，因此须厘清二者关系，明确衔接方式。

明确监察机关的定位以及监察委案件调查的性质是准确适用的前提。在我国现行制度体系中，"监察机关既不是司法机关，也不是行政机关，而是实现党和国家自我监督的政治机关"。① 监察机关以法律为尺度，严格依法办事，对职务犯罪行为和职务违法行为进行统一监督。对于职务违法的涉案人员而言，由于其行为不涉及犯罪，监察机关无权将案件移送检察机关，也就不涉及与刑事诉讼的衔接问题；而对涉嫌职务犯罪的人员，监察机关有权采取讯问、询问、留置、搜查、调取、查封、扣押、勘验检查等调查措施，在调查收集证据的基础上认为犯罪事实清楚，证据确实、充分的，制作起诉意见书，连同案卷材料、证据一并移送人民检察院依法审查、提起公诉。监察委对职务犯罪案件的调查实际上发挥了侦查的作用，但由于监察机关的特殊性质使其又不同于刑事诉讼中的侦查程序，因此须对监察程序向刑事诉讼程序的转化进行研究。

　　阐明"认罪认罚从宽"在《监察法》中的内涵也是制度适用的题中之义。为进一步明确认罪认罚从宽制度的具体内涵，避免该制度在适用过程中出现歧义，两高三部发布了《关于适用认罪认罚从宽制度的指导意见》（以下简称《认罪认罚从宽办法》），就该制度的适用范围及适用条件予以阐明。然而《监察法》在吸收认罪认罚从宽制度时对适用条件及批准程序作出不同规定，导致其由监察程序向刑事诉讼程序进行过渡时出现错位，在审查起诉以及审判程序中如何对被告人认罪认罚的情节予以认定，"从宽"的程度如何衡量，均建立在对该制度有效解释和衔接的基础上。

　　最后还需关注强制措施在监察制度与刑事诉讼中的应用问题。《认罪认罚从宽办法》明确指出，强制措施要在对犯罪嫌疑人、被告人的社会危险性进行综合评估的基础上进行，其中犯罪嫌疑人、被告人是否认罪认罚是考量社会危险性的重要因素。公安机关对社会危险性较小的犯罪嫌疑人可以依法适用非羁押型强制措施，对没有社会危险性的犯罪嫌疑人可不再提请人民检察院审查逮捕。而在监察程序中，监察机关有权对认罪认罚的被调查人提出从宽处罚建议，在强制措施的转化和移送检察机关后强制措施的衔接方面仍存在法律规定的空白和缺位，为促进认罪

---

　　① 闫鸣：《监察委员会是政治机关》，《中国纪检监察报》2018年3月8日第3版。

认罚从宽制度的统一性和协调性，应尽快在监察法中对该制度的法律规范予以完善。

三　构建我国轻罪诉讼体系的必然选择

近年来，由于刑罚轻缓化发展趋势的影响，结合我国犯罪轻罪化的实际情况，构建轻罪化诉讼体系是不可避免的趋势。一方面，对我国《刑法》的具体条文分析可知，法定最高刑为 5 年有期徒刑以下刑罚的罪名有 131 个，占刑法总罪名的28%；法定最高刑为 3 年有期徒刑以下刑罚的罪名有 89 个，占刑法总罪名的 19.73%。[①] 另一方面，《最高人民法院关于加强刑事审判工作情况的报告》中明确指出，2014 年至 2018 年这五年期间，全国各级法院判处被告人三年有期徒刑以下刑罚的占 81.6%，同比上升 5.8%。《最高人民检察院关于人民检察院适用认罪认罚从宽制度情况的报告》也指出，从 1999 年到 2019 年，我国刑事犯罪结构发生重大变化，起诉严重暴力犯罪从 16.2 万人降至 6 万人，被判处三年有期徒刑以下刑罚的轻罪案件占比从 54.4%上升至 83.2%。上述数据无疑反映出我国刑事犯罪轻罪化的发展趋势，对构建轻罪诉讼体系提出了现实支持和必然要求。

对被告人认罪认罚的轻微刑事案件适用速裁程序无疑是构建我国轻罪诉讼体系的表现，一方面速裁程序有效回应了"案多人少"的矛盾，构建繁简分流的机制，提高了诉讼效率；另一方面，速裁程序适用的前提是被告人与司法机关就实体罪名和程序简化达成合意，体现了刑事诉讼的协商性，在一定程度上明确了被告人的主体地位，有利于保障人权。值得注意的是，刑事诉讼的基本价值在于公正和效率，追求效率应当建立在对案件进行公正处理的基础上。因此，认罪认罚从宽制度设立的初衷和本质不是优先保证司法权的高效运行，而是提高刑事诉讼当事人尤

---

① 王志祥、韩雪：《我国刑法典的轻罪化改造》，《苏州大学学报》（哲学社会科学版）2015 年第 1 期。

其是被追诉者的主体地位，在协商型诉讼模式下促进惩罚犯罪与保障人权并重，从而实现刑事诉讼的效率价值。

第三节　《监察法》第三十一条确立监察委案件调查适用认罪认罚从宽制度

《监察法》第三十一条规定，涉嫌职务犯罪的被调查人主动认罪认罚，有下列情形之一的，监察机关经领导人员集体研究，并报上一级监察机关批准，可以在移送人民检察院时提出从宽处罚的建议：自动投案，真诚悔罪悔过的；积极配合调查工作，如实供述监察机关还未掌握的违法犯罪行为的；积极退赃，减少损失的；具有重大立功表现或者案件涉及国家重大利益等情形的。

一　明确了监察程序中启动认罪认罚从宽制度的主体

《监察法》针对主体的规定不一致。第三十一条规定的认罪认罚主体为涉嫌职务犯罪的被调查人，而第三十二条则界定为职务违法犯罪的涉案人员。实际上，对被调查人与涉案人员是否构成认罪认罚的判断标准存在差异，应当分别进行论述。被调查人认罪认罚应当具有积极性和主动性。《监察法》第三十一条明确规定，被调查人"主动"认罪认罚的……这与《刑事诉讼法》第十五条的规定存在差异，对被调查人是否构成认罪认罚，能否得到从宽处理提出了更严格的要求。

这与涉嫌职务犯罪主体的特殊性有关，职务犯罪的主体主要是国家公职人员，一方面由于上述人员拥有较高的学历和法律素养，与普通犯罪相比案件的调查难度大大增加，为防止被调查人借助自身知识水平和社会地位逃脱法律的制裁，对其能否从宽处理应当保持谨慎的态度；另一方面，由于被调查人的工作性质往往涉及国家和人民的重大利益，一旦涉嫌职务犯罪会对社会稳定造成难以弥补的损失，因此要求被调查人真诚悔罪，采取积极的行动予以弥补，否则不能对其进行从宽处理。而对于涉案人员，则要求其对有关被调查人职务违法犯罪行为的揭发或者提供的线索具有真实性和可靠性，以表明其真诚悔罪并自愿接受由此产生的不利后果。

二　确立了监察程序中启动认罪认罚从宽制度的特定行为

《监察法》第三十一条表明，涉嫌职务犯罪的被调查人主动认罪认罚，并且有自动投案、如实供述、退赃、重大立功等量刑情节之一时可以适用认罪认罚从宽制度。这一规定看似对认罪认罚从宽制度的适用情形进行了清晰具体的列举，实则在很大程度上对监察程序中认罪认罚从宽制度的功能进行了限缩。与之相较《认罪认罚从宽办法》中有关"认罚"的考察重点则放在犯罪嫌疑人、被告人的悔罪态度和悔罪表现方面，将退赃退赔等量刑情节作为考量因素之一，且并不存在上述情节，犯罪嫌疑人、被告人就无法适用认罪认罚从宽制度的规定，阐明了该制度的本质要求是犯罪嫌疑人、被告人如实供述自己的罪行，承认指控的犯罪事实，愿意接受处罚的自愿性，将认罪认罚与坦白等量刑情节进行明显划分而非相互杂糅，明确了启动认罪认罚从宽制度行为的特定性，值得监察制度吸收借鉴。

三　规定了监察程序中启动认罪认罚从宽制度的批准程序

立法表明，被调查人作出特定的行为尚不足以启动认罪认罚从宽制度，监察委调查案件适用认罪认罚从宽制度时要求在监察委内部履行两级审批程序，即经负责人集体研究后报给上一级监察机关批准的步骤缺一不可，如果缺少了其中某一程序，将不能在移送人民检察院时提出从宽处罚建议，或者提出从宽处罚建议也将不会被采纳。

首先，监察机关提出从宽处罚建议需要该机关内部的领导人员集体研究。法条明确规定有权对从宽处罚建议下初步结论的人员只能是领导人员，也就是说普通的监察人员无权决定。领导人员集体研究是指包括监委主任、副主任、委员在内具有领导身份的人员，以集体专题会议的形式共同讨论并形成是否从宽的意见，不能由个别领导单独决定。① 在领导人员集体研究以后会得出一个初步结论，即是否同意对主动认罪认罚的被调查人适用从宽处罚制度，如果同意的话则会被报给上一级监察机关决定，否则将直接退回调查程序，不再考虑从宽处罚建议。监察机关内部领导人员集体研究实则体现出该级监察机关的集体意志，体现出各级监察委员会应当对上一级监察委员会负责。

其次，监察机关在经过领导人员集体研究同意提出从宽处罚建议后，需要进一步报给上一级监察机关最终决定是否同意，此时监察机关对认罪认罚的被调查人提出从宽处罚建议才能合法有效。其实现途径是上一级监察机关综合考量全案情况，作出批准与否的决定，体现出上级监察委对下级监察委的领导和监督。② 这种监督方式不同于法院内部的监督关系，其实质是与检察机关内部的领导关系类似，监察机关并没有完全独立的监察行使权，内部还需要受到上级监察机关的领导与监督。监察机关内部对认罪认罚从宽建议的批准具有单向和封闭的特点，体现出监察机关内部监督体系的严明和自上而下的领导机制，显示出对认罪认罚从宽制度适用的谨慎和严谨，两层程序的把关能够使认罪认罚从宽制度的适用更加合理合法，有利于监察机关与司法机关更好地衔接。同时这也是为了确保决策程序公开公正，防止随意性，有利于给予被调查人罪责轻重相适应的法律制裁。③

四 相比诉讼阶段的适用更为严苛

1. 从适用对象来看，其针对性较强

在适用对象上来看，监察委调查案件中认罪认罚从宽制度适用于涉

---

① 桂梦美：《职务犯罪调查阶段认罪认罚从宽的制度逻辑与展开》，《苏州大学学报》（哲学社会版）2020 年第 5 期。

② 桂梦美：《职务犯罪调查阶段认罪认罚从宽的制度逻辑与展开》，《苏州大学学报》（哲学社会版）2020 年第 5 期。

③ 中共中央纪律检查委员会、中华人民共和国国家监察委员会法规室编写：《〈中华人民共和国监察法〉释义》，中国方正出版社 2018 年版，第 162 页。

嫌职务犯罪的被调查人，而一般诉讼程序适用于所有的刑事犯罪，没有特殊对象的要求。其适用对象的特殊性主要源于监察机关调查案件类型的特殊性，监察委员会主要负责调查职务犯罪和职务违法案件，对所有行使公权力的公职人员都可以进行监察，因此其认罪认罚从宽制度在监察委调查程序中的适用对象就是实施了职务犯罪的公职人员，其针对性较强，而刑事诉讼程序适用案件类型较广，即使是监察委调查案件也会被移送到检察机关，由司法机关来确定其是否适用认罪认罚从宽制度，因此监察委调查程序中的认罪认罚从宽制度的适用对象范围小于一般刑事诉讼程序。

2. 从适用程序来看，其程序要求较为严格

在适用程序上，监察委调查案件在适用认罪认罚从宽制度时采取更为严格的标准。除了实体上要求被调查人主动认罪认罚，并满足四种法律规定的情形以外，还要求程序上满足经过监察机关领导集体研究并且报上一级监察机关批准，其严格程度实质上体现了各级监察机关不同于各级法院相互监督的上下级领导关系。在被调查人主动认罪认罚并满足法律规定四种情形之一时，监察委可以提出从宽处罚建议，该从宽处罚建议体现了上级监察机关的意志，在程序要求严于认罪认罚从宽制度在一般刑事案件中的适用。"集体研究"、"上一级批准"是典型的行政决策方式，具有层级性、单方性和封闭性等特征，此规定不仅体现了法律对于监察案件认罪认罚从宽的适用更为慎重，也体现了监察权行使的相对集中性。①

有学者提出，除程序上满足监察机关领导集体研究并且报上一级监察机关批准以外，还需要监察机关最终决定将被调查人移送人民检察院时，被调查人才会真正获得监察机关从宽处罚的建议。由此可见，在职务犯罪调查阶段适用认罪认罚从宽制度在程序上要比在刑事诉讼程序中适用认罪认罚从宽制度更加严格，这也与监察委的性质有关，刑事诉讼

---

① 汪海燕：《职务犯罪案件认罪认罚从宽制度研究》，《环球法律评论》2020年第2期。

程序中检察机关和审判机关都是司法机关，而监察机关是实现党和国家自我监督的政治机关。①

监察机关承担着打击职务违法与职务犯罪，打击贪腐，开展廉政建设的职能，因此在认罪认罚从宽制度的适用程序上更为严格，职权层级更为严明。职务犯罪危害后果较大，除了损害国家和人民的利益，还会破坏党的先进性和纯洁性，破坏社会公平公正，对群众的生产生活具有巨大负面影响，因此在监察机关调查职务犯罪程序中严格适用认罪认罚从宽制度，有利于集中行使监察权，更好地实现监察程序的职能，推进反腐败工作的顺利进行。

与《监察法》规定不同的是，《认罪认罚从宽办法》并未设置研究批准程序，只要犯罪嫌疑人、被告人符合"认罪""认罚"的标准，就具有启动该程序的正当性基础。对比两种规定的差异，监察程序设置研究批准程序的目的在于增加启动认罪认罚从宽制度的严谨性，防止该制度的滥用使得被调查人有逃脱法律制裁的侥幸心理，但实际上这一程序也增加了认罪认罚从宽制度启动的标准以致其背离了设置的初衷。一方面削弱了被追诉者的主体地位，不利于构建协商型诉讼模式。认罪认罚从宽制度旨在促进被追诉者与司法机关依照法律的相关规定，以相对平等的地位就罪名和刑罚达成一种"契约"，强化被追诉者的主体地位。研究批准程序的设置使得被追诉者再次陷入被动的局面，协商也由此转变为审查，违背了认罪认罚从宽制度设立的目的。另一方面也不利于解决"案多人少"的矛盾，优化监察资源的配置。监察机关是专门对职务犯罪进行调查的机关，由于职务犯罪本身的复杂性和严密性，对监察资源的消耗在一定程度上远大于非职务犯罪。而研究批准程序的设立无疑降低了认罪认罚从宽制度适用的效率，应当进行调整。

同时，《监察法》第三十一条中"可以"二字与《刑事诉讼法》中规定的认罪认罚从宽制度相衔接，通常表现为即使被调查人主动认罪认

---

① 关于监察委的性质，通说认为各级监察委员会是行使国家监察职能的专责机关，与党的纪律检查机关合署办公，是实现党和国家自我监督的政治机关，而不是行政机关、司法机关。

罚，并满足法条规定的所有情形，监察机关也并非一定会提出从宽处罚建议，而是拥有一定的自由裁量权，综合全案并根据具体情况来决定是否提出从宽处罚建议，对犯罪性质和危害后果特别严重、犯罪手段特别残忍、社会影响特别恶劣或者是危害我国国家安全的案件的被调查人，主动认罪认罚不足以从轻处罚的，监察机关一般不会提出从宽处罚建议。

3. 相比诉讼阶段而言，认罪认罚从宽制度在监察委调查案件中不允许启动撤案程序。

两高三部联合发布的《关于适用认罪认罚从宽制度的指导意见》中规定从宽处理既包括实体上从宽处罚，也包括程序上从简处理。因此在诉讼程序中对认罪认罚的犯罪嫌疑人或被告人采取从宽处罚时，既可以提出实体上从轻、减轻或免除处罚的从宽建议，也可以变更强制措施等程序上的从宽建议，具体包括撤销案件、裁量不起诉、量刑减让、变更强制措施以及减少审前羁押期限五种方式。[①] 而在《监察法》中规定的监察机关对认罪认罚的被调查人只能提出概括性的从宽处罚建议，并不允许在监察委调查案件中启动撤案程序，从宽处罚建议的单一性不利于更好地激励被调查人认罪认罚，交代犯罪事实。

第四节　监察委案件调查与刑事诉讼认罪认罚从宽的衔接

一　立法层面衔接以明确《监察法》中"认罪认罚"的内涵

只有在立法层面将监察委调查程序中的认罪认罚从宽制度与刑事诉讼程序中的认罪认罚从宽制度相衔接，才能使监察委调查案件适用认罪认罚从宽制度受到司法机关的制约与监督，保障职务违法犯罪案件调查和认罪认罚从宽制度适用的合法性。

除此之外，在立法层面统一刑事诉讼程序与监察委调查程序中"认罪认罚"的内涵，对于提高办案效率，加强监察机关与审判机关和检察

---

① 孔令勇：《教义分析与案例解说：读解刑事诉讼中的"认罪"、"认罚"与"从宽"》，《法制与社会发展》2018 年第 1 期。

机关的适配性具有重要意义。监察委在将案件移送到检察机关时，对认罪认罚的被调查人或提出从宽处罚建议，只有检察机关按照《刑事诉讼法》认定被移送人员确实自愿如实供述自己的罪行并真诚悔罪，愿意接受处罚时才可以适用认罪认罚从宽程序。如果监察委调查程序中的"认罪认罚"与刑事诉讼程序中的"认罪认罚"内涵不同，将会导致两个程序在衔接过程中出现矛盾，即监察委提出从宽处罚建议，但检察机关并不适用从宽处罚程序的情形。即使监察委提出的从宽处罚建议并非具体的量刑建议，但是立法层面"认罪认罚"内涵的不同仍然会导致各机关对认罪认罚从宽制度适用的不同，在具体程序的衔接上出现矛盾，影响监察机关与检察机关之间的相互配合和职权行使。

在检察机关独立行使检察权、审判机关独立行使审判权的前提下，其对认罪认罚从宽制度的适用有一定的自由裁量权，在犯罪嫌疑人或被告人主动认罪认罚的情形下并不一定要从宽处罚，可以根据案件具体情况选择是否适用认罪认罚从宽制度。也就是说当监察机关将案件移送检察院并提出从宽处罚建议时，检察机关并非必须采纳，而是独立做出是否适用的决定。立法层面上进行衔接，刑事诉讼程序与监察委调查程序中"认罪认罚"的内涵的一致可以减少认罪认罚从宽制度在程序适用上的冲突，帮助检察机关更加全面和深入地认识职务犯罪案件，提出准确的定罪量刑建议。

鉴于《监察法》对"认罪认罚"具体内涵规定的模糊性，工作人员可能因为职务犯罪案件的特殊性而认为在监察委调查职务犯罪案件程序中的"认罪"要求比普通犯罪案件更加严格，致使对认罪认罚从宽制度的错误适用。就其认罪认罚从宽制度在监察委调查程序中适用的实体条件而言，理论界有不同的意见，有学者认为《监察法》对于职务犯罪案件认罪认罚从宽适用规定了较为严格的实体条件，即适用门槛必须满足"认罪+认罚+特定情形的条件"。[①] 但也有学者认为职务犯罪案件中的认

[①] 詹建红：《认罪认罚从宽制度在职务犯罪案件中的适用困境及其化解》，《四川大学学报》（哲学社会科学版）2019 年第 2 期。

罪认罚从宽制度适用与其他案件无异，并未更加严格，法条罗列的四种情形并非额外增加条件，而是属于"认罪"范畴与对"认罪认罚"的补充。[①] 本书认为就其适用程序而言，认罪认罚从宽制度在监察机关调查职务犯罪程序中更为严格，而实体方面而言，为了防止出现《监察法》与《刑事诉讼法》在认罪认罚从宽制度层面的不同适用而引起混乱，应该明确其"认罪认罚"内涵的一致性。在调查阶段，被调查人如果认罪认罚，即使不符合"特殊情形"之要求，亦可以参照或者根据《刑事诉讼法》作出相应的从宽处理。[②]

在司法实践中，职务犯罪案件中认罪认罚从宽制度的适用比例较低，很大一部分原因在于监察机关在调查程序中对认罪认罚从宽制度适用把握过严有关，即使检察机关具有独立行使检察权的权力，但由于职务犯罪案件较为"敏感"，监察机关的从宽建议书则具有较强的约束力，监察权具有很强的震慑力，[③] 因此检察机关在审查起诉时对职务犯罪的犯罪嫌疑人适用认罪认罚从宽制度持谨慎态度，这对于提高司法效率和实现宽严相济的刑事政策有一定阻碍，可以看出，保持"认罪认罚"内涵的一致性显得尤为重要。

《监察法释义》对认罪认罚的界定客观上表现为被调查人自动投案、真诚悔罪悔过，积极配合调查工作、如实供述监察机关还未掌握的违法犯罪行为，积极退赃、减少损失。《刑事诉讼法》第十五条表明在刑事诉讼程序中规定"认罪认罚"是指自愿如实供述自己的罪行，承认指控的犯罪事实，愿意接受处罚。两高三部联合发布的《关于适用认罪认罚从宽制度的指导意见》中规定刑事诉讼中的"认罪"是指犯罪嫌疑人、被告人自愿如实供述自己的罪行，对指控的犯罪事实没有异议，"认罚"是指犯罪嫌疑人、被告人真诚悔罪，愿意接受处罚。虽然《〈中华人民共和

---

① 韩旭：《认罪认罚从宽制度研究》，中国政法大学出版社 2020 年版，第 10 页。

② 汪海燕：《职务犯罪案件认罪认罚从宽制度研究》，《环球法律评论》2020 年第 2 期。

③ 汪海燕：《职务犯罪案件认罪认罚从宽制度研究》，《环球法律评论》2020 年第 2 期。

国监察法〉释义》与《刑事诉讼法》、《关于适用认罪认罚从宽制度的指导意见》中认罪认罚的内涵具有一致性，但是监察委调查程序中特别强调了被调查人改恶向善和真诚悔罪的主观意愿，与诉讼程序中有所差异，由于《〈中华人民共和国监察法〉释义》没有明确的法律效力，因此为了能够在立法层面做好监察委调查程序与刑事诉讼程序的衔接，立法层面的明确规定确有必要。

二 建立健全监察证据的诉讼审查机制

由于职务犯罪案件具有被调查人反调查意识较强且实物证据较难收集的特点，同时监察机关又肩负着大力打击腐败的职能，因此监察委调查职务犯罪过程中，证据的收集显得尤为重要且困难。对被调查人认罪认罚的案件，其核心证据主要是被调查人的口供，其认罪认罚是以被调查人口供的形态展示出来，因此其口供的收集过程是否合法是审查核心。在这些案件中，由供到证，使证据的生产可能自觉或不自觉地从"收集"转变为"制造"。[①]《监察法》第三十三条、第四十四条、第四十五条都体现出监察机关严防冤假错案的决心，与我国刑事诉讼中的"犯罪事实清楚，证据确实充分"的证明标准和非法证据排除规则相呼应，但因为缺少健全的制度设计而容易出现证据收集合法性存疑的问题。

在刑事诉讼程序中适用认罪认罚从宽制度，即使有导致口供中心主义的风险，但是刑事诉讼采取的相应的措施能保障被追诉人的权利，例如司法机关的告知义务、证据开示制度的探索、值班律师制度、认罪认罚具结书真实性与合法性的审查程序等。而在监察委调查程序中并未规定这些程序与制度，因此建立健全监察证据的诉讼审查机制就显得十分必要，由司法机关来制约监察机关，审查其证据的合法性与证据收集程序的合法性，保障被调查人的合法权益，防止冤假错案的发生。

---

① 左卫民：《"印证"证明模式反思与重塑：基于中国刑事错案的反思》，《中国法学》2016 年第 1 期。

对于实物证据，司法机关应当审查该证据的"三性"。该实物证据必须是与本案相关的能够证明犯罪嫌疑人的犯罪事实，不能是与本案无关的证据，对于实物证据合法性的证明需要依赖非法证据排除规则。根据《关于办理刑事诉讼案件严格排除非法证据的若干规定》，其非法实物证据与非法言词证据的排除范围不同，对于非法的实物证据进行相对排除，这主要是因为在刑事犯罪中，实物证据的获取非常困难，通常是根据被调查人的认罪口供找到隐蔽性很强的关键性物证或书证，此类非法实物证据可以补正适用。

对于言词证据，通常为被调查人的口供。被调查人的口供在认罪认罚的职务犯罪案件中具有十分重要的意义，正是因为口供在这类案件中十分重要，因此我们要建立健全对监察证据的诉讼审查，防止出现刑讯逼供和口供中心主义。《刑事诉讼法》第五十五条第一款规定了口供的证明效力，体现了孤证不能定案的规则，在职务犯罪案件中，我们需要采取补强证据规则，只有形成相互印证、完整稳定的证据链才可以对被告人定罪，不能因其认罪认罚而有所降低刑事诉讼的证明标准。对于监察机关调查程序中获得的被调查人的言词证据，严格采取非法证据排除规则，对非法言词证据进行绝对排除，防止监察机关刑讯逼供，出现冤假错案。

因此，检察机关在审查起诉环节就应当把好"证据关"和"事实关"。① 检察机关在对监察机关移送的职务犯罪案件进行审查起诉时，应当严格审查监察委移交的证据材料，即使是犯罪嫌疑人认罪认罚，也应当综合全案证据来认定案件事实，审查证据能否形成完整的证据链，不能仅凭职务犯罪的犯罪嫌疑人的口供定罪。对于犯罪嫌疑人认罪认罚但是经审查证据不足的案件，检察机关仍要依法退回监察委员会"补充调查"，对于经过两次补充调查仍然事实不清、证据不足的案件，检察院应当依法做出"存疑不起诉"的决定，严格坚守刑事诉讼的犯罪证明标准，健全监察证据的诉讼审查机制。

---

① 韩旭：《认罪认罚从宽制度研究》，中国政法大学出版社 2020 年版，第 120 页。

三　加强认罪认罚自愿性审查以保障监察程序被调查人权利得到保障

我国《宪法》第三十三条规定，国家尊重和保障人权。《监察法》第5条则是对宪法保障人权规定的具体落实，故加强对职务犯罪被调查人认罪认罚自愿性的审查对于保障被调查人的基本权益具有举足轻重的意义。刑事诉讼程序中规定了对认罪认罚具结书的真实性和合法性的审查程序，但是在监察程序中并未涉及。同时，刑事诉讼中规定值班律师制度，允许律师在侦查阶段介入，且值班律师的参与能够有效保障认罪认罚从宽的自愿性，维护被追诉人的合法权益，也在很大程度上避免认罪认罚程序中冤错案件的发生。[①] 刑事诉讼程序中规定的上述制度都是对认罪认罚自愿性的保障措施。

而在监察机关调查程序中，被调查人认罪认罚的自愿性存在更大风险，监察机关与被调查人容易形成压迫关系。因为在监察委调查程序中，一方面监察机关的调查活动没有外在的制衡机关，作为法律监督机关的检察院也只能在监察机关移送审查起诉时才能介入职务犯罪案件，无法确定调查过程中被调查人认罪认罚的自愿性，另一方面也不存在被调查人向律师等求助的"外部救济"途径，律师无法对监察机关的调查行为进行监督。[②] 此种规定的合理性在于监察机关进行职务犯罪案件的调查需要保密，防止被调查人向外传递消息，影响到职务犯罪案件的侦破。因此我们更要进行其他的制度设计来加强认罪认罚自愿性的审查，防止出现非自愿性的认罪认罚，违背认罪认罚制度的初衷。

加强认罪认罚自愿性审查，首先应当从程序上进行完善。现代社会信息技术的快速发展对于法治的发展具有推动作用，可以通过在监察机关调查程序中对被调查人认罪认罚进行全程录音录像，以证明被调查人

---

① 汪海燕：《三重悖离：认罪认罚从宽程序中值班律师制度的困境》，《法学杂志》2019 年第 12 期。

② 杨莉：《监察机关认罪认罚从宽处理建议制度的完善》，《四川警察学院学报》2020 年第 3 期。

认罪认罚的自愿性与真实性。虽然《监察法》第四十一条规定了调查人员进行讯问以及搜查、查封、扣押等重要取证工作，应当对全过程进行录音录像，留存备查。但是该条仅是规定对讯问和重要的取证工作进行全程录音录像，并且其作用也仅是用于留存备查。法律对于认罪认罚的全过程同步录音录像的规定处于"空白"，仅规定了对讯问以及搜查等程序的录音录像，被调查人主动自首的认罪认罚过程有可能不在此列。[①] 我们应该充分认识到"人权保障是要付出代价的"，即使全程录音录像会增大办案机关的工作成本，但是要使认罪认罚案件经得起司法机关的检验和避免冤假错案的出现就必须采取措施加强对认罪认罚自愿性的审查。

认罪认罚从宽制度是在 18 个城市历经两年试点以后才被《全国人民代表大会常务委员会关于修改〈中华人民共和国刑事诉讼法〉的决定》纳入其中，可以说认罪认罚从宽制度是经过时间和实践检验的产物。2018 年 3 月 20 日，第十三届全国人大一次会议表决通过了《中华人民共和国监察法》，在其中规定了认罪认罚从宽制度，可以说在监察委调查案件中适用认罪认罚从宽制度具有十分重要的意义，认罪认罚从宽制度设立之初，就承担着准确及时惩罚犯罪、强化人权司法保障、推动刑事案件繁简分流、节约司法资源，化解社会矛盾、推动国家治理体系和治理能力现代化的重要使命。

除了一般刑事诉讼中认罪认罚从宽制度适用所产生的作用以外，认罪认罚从宽制度在监察委调查案件中的适用有其独立的价值和意义。办理职务犯罪案件一方面肩负着刑事诉讼惩罚犯罪，保障人权的诉讼任务和坦白从宽与宽严相济的刑事政策，另一方面更有打击腐败，巩固反腐败斗争成果的任务。在职务犯罪案件中，因为被调查人大多为受过高等教育的官员，犯罪过程往往也比较隐蔽，办案人员很难收集到能够直接证明犯罪行为的实物证据，无法形成完整的证据链条，再加之职务犯罪被调查人通常心理抗压能力较好，普通的刑事询问手段可能并不能获得

[①] 杨莉：《监察机关认罪认罚从宽处理建议制度的完善》，《四川警察学院学报》2020 年第 3 期。

有效的言词证据，出于保障被调查人权利的考虑，办案人员也要杜绝使用严刑逼供的方式获取证据，因此其具有的社会危害性远大于一般刑事犯罪，并且办案难度远高于一般刑事案件。① 在这种情况下，认罪认罚从宽制度的适用就显得尤为重要，通过赋予监察机关对认罪认罚的被调查人采取从宽处罚建议权，促使被调查人如实向办案人员供述自己的罪行，同时交代其他同案犯的罪行，这样不仅可以扩大腐败打击面，提高腐败打击力度，同时也可以提高监察委调查职务犯罪案件效率，合理配置监察资源，落实刑事诉讼宽严相济的刑事政策，通过教育的方式来使被调查人改过自新。

贝卡利亚曾经说过："诉讼必须尽可能地在短暂的时间里结束，这是因为惩罚犯罪越迅速，及时，对公平、公正就越有利。"② 认罪认罚从宽制度使程序得以简化，缩短了诉讼流程，在我国现如今司法改革法官、检察官员额制的情形下，可以有效地避免案件久拖不决，侵害被告人合法权利的问题。与此同时，我们也不能一味地注重案件程序的简化，追求诉讼效率，而忽视了被告人诉讼权利的主张，尤其是在职务犯罪案件中，我们更要重视被告人认罪认罚的真实性和自愿性的审查，通过探索证据开示制度和建立健全监察证据的诉讼审查机制等，避免被告人非自愿性的认罪认罚，使得认罪认罚从宽制度在监察委调查案件中真正得到适用，发挥出该制度的作用，提高我国的反腐败效率，优化司法资源配置，同时保障被告人的合法权利，实现司法公正。

---

① 潘金贵、王霈：《职务犯罪监察调查中的从宽处罚建议制度研究》，《重庆社会科学》2021年第1期。

② ［意］贝卡利亚：《论犯罪与刑法》，黄风译，北京大学出版社2014年版，第57页。

参考文献

中文著作

陈瑞华：《刑事审判原理论》（第 2 版），北京大学出版社 2003 年版。

陈瑞华：《刑事诉讼前沿问题》，中国人民大学出版社 2005 年版。

陈瑞华：《程序正义理论》，中国法制出版社 2010 年版。

陈瑞华：《刑事诉讼的中国模式》（第 3 版），法律出版社 2018 年版。

杜兴洋：《国家监察概论》，武汉大学出版社 2019 年版。

季卫东：《法治秩序的建构》，中国政法大学出版社 1999 年版。

江国华：《中国监察法》，中国政法大学出版社 2018 年版。

姜明安：《监察工作的理论与实务》，中国法制出版社 2018 年版。

焦利：《清代监察法及其效能分析》，法律出版社 2018 年版。

李辉：《当代中国反腐败制度研究》，上海人民出版社 2013 年版。

李晓明：《国家监察学原理》，法律出版社 2019 年版。

马怀德：《中华人民共和国监察法理解与适用》，中国法制出版社 2018
年版。

马怀德：《监察法学》，人民出版社 2019 年版。

彭勃：《中国监察制度史》，中国政法大学出版社 1989 年版。

皮纯协：《中外监察制度简史》，中州古籍出版社 1991 年版。

秦前红：《新宪法学》，武汉大学出版社 2015 年版。

秦前红：《监察法学教程》，法律出版社 2019 年版。

孙笑侠：《程序的法理》，商务印刷馆 2005 年版。

吴建雄：《监督、调查、处置法律规范研究》，人民出版社 2018 年版。

吴建雄、廖永安：《反腐败，监察与司法的法法衔接》，中国检察出版社 2018 年版。

吴建雄、廖永安：《监察法学》，中国人民大学出版社 2020 年版。

杨宇冠：《监察法与刑事诉讼法衔接问题研究》，中国政法大学出版社 2018 年版。

姚文胜：《国家监察体制改革研究》，中国社会科学出版社 2019 年版。

易延友：《刑事诉讼法——规则、原理与应用》（第 4 版），法律出版社 2013 年版。

张建伟：《刑事诉讼法通义》（第 2 版），北京大学出版社 2016 年版。

张晋藩：《中国古代监察制度史》，中国方正出版社 2013 年版。

张晋藩：《中国近代监察制度与法制研究》，中国法制出版社 2017 年版。

张晋藩：《中国古代监察制度史》，中国方正出版社 2019 年版。

中共中央纪检监察委员会、中华人民共和国国家监察委员会法规室：《〈中华人民共和国监察法〉释义》，中国方正出版社 2018 年版。

中文论文

卞建林：《监察机关办案程序初探》，《法律科学》（西北政法大学学报）2017 年第 6 期。

陈光中、姜丹：《关于〈监察法（草案）〉的八点修改意见》，《比较法研究》2017 年第 6 期。

陈光中、邵俊：《我国监察体制改革若干问题思考》，《中国法学》2017 年第 4 期。

陈卫东：《职务犯罪监察调查程序若干问题研究》，《政治与法律》2018 年第 1 期。

程雷：《刑事诉讼法与监察法的衔接难题与破解之道》，《中国法学》2019

年第 2 期。

姜明安：《国家监察法立法应处理的主要法律关系》，《环球法律评论》2017 年第 2 期。

姜明安：《中国传统御史监察制度的经验教训》，《环球法律评论》2017 年第 2 期。

姜明安：《国家监察法立法的若干问题探讨》，《法学杂志》2017 年第 3 期。

姜明安：《论监察法的立法目的与基本原则》，《行政法学研究》2018 年第 4 期。

刘艳红：《程序自然法作为规则自治的必要条件——〈监察法〉留置权运作的法治化路径》，《华东政法大学学报》2018 年第 3 期。

刘艳红：《〈监察法〉与其他规范衔接的基本问题研究》，《法学论坛》2019 年第 1 期。

刘艳红：《职务犯罪案件非法证据的审查与排除—以〈监察法〉与〈刑事诉讼法〉之衔接为背景》，《法学评论》2019 年第 1 期。

刘艳红、刘浩：《政务处分法对监察体制改革的法治化推进》，《南京师大学报》（社会科学版）2020 年第 1 期。

龙宗智：《监察与司法协调衔接的法规范分析》，《政治与法律》2018 年第 1 期。

龙宗智：《监察体制改革中的职务犯罪调查制度完善》，《政治与法律》2018 年第 1 期。

马怀德：《国家监察体制改革的重要意义和主要任务》，《国家行政学院学报》2016 年第 6 期。

马怀德：《〈国家监察法〉的立法思路与立法重点》，《环球法律评论》2017 年第 2 期。

马岭：《论监察委员会的宪法条款设计》，《中国法律评论》2017 年第 6 期。

苗生明、张翠松：《职务犯罪案件监检衔接问题研究》，《国家检察官学院学报》2019 年第 3 期。

秦前红：《困境、改革与出路：从"三驾马车"到国家监察》，《中国法律评论》2017 年第 1 期。

秦前红：《国家监察法实施中的一个重大难点：人大代表能否成为监察对象》，《武汉大学学报》（哲学社会科学版）2018 年第 6 期。

秦前红：《两种"法律监督"的概念分野与行政检察监督之归位》，《东方法学》2018 年第 1 期。

秦前红：《我国监察机关的宪法定位：以国家机关相互间的关系为中心》，《中外法学》2018 年第 3 期。

秦前红：《我国监察机关的宪法定位——以国家机关相互间的关系为中心》，《中外法学》2018 年第 3 期。

秦前红：《人大监督监察委员的主要方式与途径——以国家监督体系现代化为视角》，《法律科学》（西北政法大学学报）2020 年第 2 期。

秦前红、刘怡达：《监察全面覆盖的可能与限度——兼论监察体制改革的宪法边界》，《甘肃政法学院学报》2017 年第 2 期。

秦前红、刘怡达：《监察全面覆盖的可能与限度——兼论监察体制改革的宪法边界》，《甘肃政法学院学报》2017 年第 2 期。

秦前红、刘怡达：《制定《政务处分法》应处理好的七对关系》，《法治现代化研究》2019 年第 1 期。

秦前红、刘怡达：《制定〈政务处分法〉应处理好的七对关系》，《法治现代化研究》2019 年第 1 期。

秦前红、石泽华：《监察委员会调查活动性质研究——以山西省第一案为研究对象》，《学术界》2017 年第 6 期。

秦前红、石泽华：《论监察权的独立行使及其外部衔接》，《法治现代化研究》2017 年第 6 期。

秦前红、石泽华：《〈监察法〉派驻条款之合理解释》，《法学》2018 年第 12 期。

秦前红、石泽华：《基于监察机关法定职权的监察建议：功能、定位及其法治化》，《行政法学研究》2019 年第 2 期。

秦前红、石泽华：《论依法监察与监察立法》，《法学论坛》2019 年第

5 期。

秦前红、石泽华：《新时代监察法学理论体系的科学建构》，《武汉大学学报》（哲学社会科学版）2019 年第 5 期。

王希鹏：《国家监察权的属性》，《求索》2018 年第 4 期。

魏昌东：《国家监察委员会改革方案之辩正：属性、职能与职责定位》，《法学》2017 年第 3 期。

吴建雄：《国家监察体制改革的法治逻辑与法治理念》，《中南大学学报》（社会科学版）2017 年第 4 期。

吴建雄：《国家监察体制改革与新时代中国特色社会主义监督体系构建》，《统一战线学研究》2018 年第 1 期。

吴建雄：《监察体制改革试点视域下监察委员会职权的配置与运行规范》，《新疆师范大学学报》（哲学社会科学版）2018 年第 5 期。

吴建雄：《国家监察体制改革的法哲学思考：立场、观点与方法》，《中南大学学报》（社会科学版）2019 年第 4 期。

吴建雄：《新起点上深化国家监察体制改革的法理思考》，《武汉科技大学学报》（社会科学版）2019 年第 5 期。

吴建雄：《坚持和完善党和国家监督体系的重要抓手——试论纪检监察工作规范化、法治化》，《中国延安干部学院学报》2019 年第 6 期。

吴建雄、李春阳：《〈监察法〉实施中的若干疑难问题及其破解对策》，《湖南大学学报》（社会科学版）2019 年第 6 期。

吴建雄、张咏涛：《论国家监察创制的文化自信》，《中共中央党校（国家行政学院）学报》2019 年第 4 期。

熊秋红：《监察体制改革中职务犯罪侦查权比较研究》，《环球法律评论》2017 年第 2 期。

徐汉明：《国家监察权的属性探究》，《法学评论》2018 年第 1 期。

徐汉明、李少波：《〈监察法〉与〈刑事诉讼法〉实施衔接路径探究》，《法学杂志》2019 年第 5 期。

叶青、程衍：《关于独立监察程序的若干问题思考》，《法学论坛》2019 年第 1 期。

叶青、王小光：《域外监察制度发展评述》，《法律科学》2017 年第 6 期。

张建伟：《监察至上还是三察鼎力——新监察权在国家权力体系中的配置分析》，《中国政法大学学报》2018 年第 1 期。

周佑勇：《监察委员会权力配置的模式选择与边界》，《政治与法律》2017 年第 11 期。

周佑勇、周维栋：《宪法文本中的"执法部门"及其与监察机关之配合制约关系》，《华东政法大学学报》2019 年第 6 期。

朱福惠：《国家监察体制之宪法史观察——兼论监察委员会制度的时代特征》，载《武汉大学学报》（哲学社会科学版）2017 年第 3 期。

朱福惠：《论检察机关对监察机关职务犯罪调查的制约》，《法学评论》2018 年第 3 期。

朱福惠：《国家监察法对公职人员纪律处分体制的重构》，《行政法学研究》2018 年第 4 期。

朱福惠：《论监察法上政务处分之适用及其法理》，《法学杂志》2019 年第 9 期。